本书为国家哲学社科基金一般项目"中国境内少数民族语言数词类型学研究"(18BYY011)的阶段性成果,同时得到了中南民族大学学术团队项目"英语语言学及应用语言学研究"(立项号：KTS20026)的资助。

称数法结构类型研究

刘 苹 ◎ 著

中国社会科学出版社

图书在版编目(CIP)数据

称数法结构类型研究 / 刘苹著 . —北京：中国社会科学出版社，2023.10

ISBN 978-7-5227-2818-6

Ⅰ.①称… Ⅱ.①刘… Ⅲ.①数量词—研究 Ⅳ.①H042

中国国家版本馆 CIP 数据核字（2023）第 229250 号

出 版 人	赵剑英
责任编辑	宫京蕾　周怡冰
责任校对	周　昊
责任印制	郝美娜

出　　版	中国社会科学出版社
社　　址	北京鼓楼西大街甲 158 号
邮　　编	100720
网　　址	http://www.csspw.cn
发 行 部	010-84083685
门 市 部	010-84029450
经　　销	新华书店及其他书店
印刷装订	北京君升印刷有限公司
版　　次	2023 年 10 月第 1 版
印　　次	2023 年 10 月第 1 次印刷
开　　本	710×1000　1/16
印　　张	18
插　　页	2
字　　数	309 千字
定　　价	108.00 元

凡购买中国社会科学出版社图书，如有质量问题请与本社营销中心联系调换
电话：010-84083683
版权所有　侵权必究

序

　　刘苹是我在武汉大学带的博士生，现任教于中南民族大学外语学院。她的博士论文《称数法结构类型研究》经修改，将由中国社会科学出版社出版。我非常高兴，乐意为其新书作序，以资祝贺。

　　二十余年来，我的博士生学位论文选题，大多是做汉语、外语本体的事实研究或理论研究，汉语国际教育研究、语言信息处理的理论、资源或技术研究。选题一般是结合学生的研究兴趣、特长和学科前沿，做一些适当难度和坡度的学科本体或应用推进。鉴于刘苹硕士阶段是外国语言学及应用语言学专业，外语能力、语言现象发掘和分析能力突出，理论思维清晰，身边学术环境好，经过与其多次讨论，她选择了语言类型和语言认知两个学科方向结合的跨语言共性研究。其研究方向之新，老实讲，可谓学科的一种破冰之旅。

　　语言，从一方面看，是人类交际的工具和符号系统，从另一方面看，是人类认知的工具、认知产物和认知成就。综观人类的语法语义范畴构成，我们看到，不同类型的语法范畴，常常一部分或大部分，会为一部分甚至大部分语言所具有，而另一部分语言所没有，但表数范畴和词类则不然，其语言和认知类型的全人类覆盖比，是最大或最为充分的。因此，认知语义的数范畴和语言表达的称数法系统研究，是一个比较理想的新方向新目标的研究入口。做得好，可收一滴水反映太阳的光辉、一滴血诊断人体的健康之效。

　　与名词（实体）、动词（事件）和形容词（性质和状态）等相对具象和实在的词类相比，数，则是前者的抽象属性和主观认知特征，在认知发生和成熟的进程中，是晚于前者且高于前者的系统发生，因而语言范畴数词，在某种程度上反映的人类认知和智能的进化和级阶，代表着更高阶的认知发生和语言哲学范畴。不过，具体讲，数是认知和语义范畴，数词是语法范畴。汉语是数词的表述类型相当丰富的语言，其二者的联系和对立，可较好地体现这种差异性和相关性。比如，若把数词界定为"述数词"，那么表述数的语言形式——数词就有如下种类：

（一）确数：1. 自然数（整数）：a. 单纯数词：一、二、……九，b. 复合数词：十一、十二、……一万五千五百零五、……；2. 小数或分数：零点三、四分之一、七成（=70%）；3. 倍数：三倍、五倍。（二）概数（或称约数）：五十多、两三百、三四（斤）；五十有余、二至七不等、三斤多、吨把、十八以上（/下）、（限速）120（=120公里以内）、十七至二十五、三倍多；……

如果把数词界定为用在量词前面，与之组成数量短语的表数形式，那么，上面的"数词"七成、五倍就是数量结构，不属于语法数词；自然数前加"第"或可加"第"表顺序的结构是"序数词"，如：第三（名）、第十二（层）、第一百零五天、十九（楼）等，是包含数概念和数词形式的数标（mark）"表序词"。但是，本书《称数法结构类型研究》，不是词典或一种语言数词的穷尽研究，不做一个个数词的尽可周全的描写，而是聚焦语言称数法的结构系统和类型，进行第三代类型学的升级研究。①

称数法，是一个普世的语法范畴。世界各民族的称数法存在较大差异性，不仅指称具体数目的基本数词不同，而且称数法系统的构成情况也各不相同。大多数语言像汉语一样有复杂而完整的称数法系统，有的语言却只有几个表达具体数目的词。例如安达曼群岛的大安达曼语只有表示"1、2、3"的三个词，甚至有的语言完全没有称说具体数目的基本数词，例如亚马孙河流域的皮拉罕语和锡兰岛的维达语。大多数语言也像汉语一样用加和乘的语义运算构成其复合数词，如英语等。有的语言还用减和其他方式实现其语义运算，如拉丁语就是用"20-2"的方式来表达18。如

---

① 语法理论研究，一般把语言类型研究粗分为三代：1. 谱系类型研究；2. 词法或形态的语法类型研究；3. 语法语义或认知特征的蕴涵类型研究。所谓蕴涵，大致可表述为：有A则一定有B，或有B或C一般无D，等等。进一步的思考可参看萧国政《汉语语法研究论——汉语语法研究之研究》，华中师范大学出版社2001年版。

此种种，不胜枚举。这些差异在一定程度上反映了所在语言的系统特征、相互间的深层共性和普遍性特征，以及人类认知和表达抽象概念的语言过程、表达模式和智能策略。

刘苹的新著联系哲学、数学和语言学对数及其相关概念的认识，廓清了称数法与其他相关概念的区别，分析了不同语言称数法系统构成所存在的共性和差异，并在此基础上建构了面向普遍语言特征研究的称数法系统，对不同语言的基本数表达法和相对数表达法进行系统、细致的描写和分析。书中通过对136个语系的365种语言基本数词语料的分类、统计和分析，发现了不同语言复合数词内部语义运算类型、不同语义运算的显性标记和成分排列顺序等三方面的类型学特征，还通过对汉英相对数表达法的比较研究，发现了一些结构类型，最后总结了不同语言称数法系统的普遍特征，探讨了不同语言称数法系统各个层级的涉身现象。

该著作集中探讨了五个方面的重要问题：第一，世界不同语言基本数词系统中的语义运算类型到底有哪些，都发生在基本数词系统的哪些成分之间，它们之间有哪些蕴涵共性？第二，预设数词的内涵和特征是什么，其地理和谱系分布是怎样的，其组合语义有哪些共性和个性，预设数词内部成分语序与它们所在语言的基本语序有哪些蕴涵共性，循序数词与预设数词的历时发展过程和模式是怎样的，其产生、形态类型和历时发展的动因有哪些？第三，不同语言中语义运算为加、乘、减的复合数词成分语序分别有哪些类型，它们的数量分布情况是怎样的，影响成分语序历时变化的因素有哪些，不同语义运算成分语序存在哪些关联？第四，不同语言称数法系统中加、乘、减和乘方等语义运算有哪些显性标记形式，显性标记与语义运算之间有哪些对应关系，其具体选择存在哪些制约因素？第五，称数法系统的总体结构有哪些共性特征，体现了人类认知数量的哪些策略？

每一本学术著作都凝聚了作者多年的心血。刘苹做学问能吃苦，很细心，而且也很耐心。在确定这个研究选题之后，她学习和钻研语言类型学和认知语言学的理论，努力收集语料，为准确分析和解释语料查找相关文献多方求证，"十年磨一剑"。她在博士论文写作过程中认真按照老师的要求，善于接受和吸收各方的建议，较好地完成了学位论文。在书稿的修改阶段，她精益求精，不仓促出书，而是进一步收集语料，最后收集了4600多种语言的基本数词语料，对它们的结构进行分析，寻找和总结结构类型，解释相关规律背后的动因，付出了很多的时间和精力。本书语料充足、论证充分、结论可信，对世界语言称数法结构做出了系统的研究，有不少新的发现和突破。作为她的导师，我对其做出的成果、取得的成绩感到非常欣慰。

当然，称数法研究是一个庞大的系统性课题，其难度高、工程大，不是短时间内能做完的，必然还有很多现象等待我们去探索，还有很多规律等待我们去揭示。希望刘苹和学界把这本著作当作一个新的起点，继续挖掘和钻研，做出更多、更好的多学科新成果。

是为序。

萧国政
2023 年 5 月 15 日
于武汉名都花园未逸阁

目　录

第一章　绪论 …………………………………………………………（1）
　　第一节　研究对象和考察范围 ……………………………………（2）
　　第二节　研究方法与研究思路 ……………………………………（3）
　　第三节　语料来源及相关说明 ……………………………………（5）

第二章　称数法类型学研究概况 ……………………………………（8）
　　第一节　比较研究 …………………………………………………（8）
　　第二节　类型学研究 ………………………………………………（9）
　　第三节　本章小结 …………………………………………………（15）

第三章　面向普遍语言特征研究的称数法系统 ……………………（17）
　　第一节　称数法系统构成相关研究概况 …………………………（17）
　　第二节　称数法及相关概念 ………………………………………（26）
　　第三节　面向普遍语言特征研究的称数法系统 …………………（33）
　　第四节　本章小结 …………………………………………………（44）

第四章　基本数词系统中的语义运算类型 …………………………（45）
　　第一节　语义运算类型及相关研究 ………………………………（46）
　　第二节　相关研究的歧见及其解释 ………………………………（47）
　　第三节　语义运算方式的类型学分析 ……………………………（56）
　　第四节　本章小结 …………………………………………………（63）

第五章　特殊的语义运算类型——预设计数 ………………………（64）
　　第一节　预设数词的跨语言分类 …………………………………（64）

第二节　预设数词的分布情况 …………………………………（67）
　　第三节　预设数词的类型学考察 ………………………………（71）
　　第四节　预设数词的动因分析 …………………………………（77）
　　第五节　本章小结 ………………………………………………（81）

第六章　复合数词语义运算的显性标记类型 ……………………（83）
　　第一节　显性标记的内涵 ………………………………………（84）
　　第二节　显性标记的种类 ………………………………………（86）
　　第三节　显性标记的分布状况和分布规律 ……………………（90）
　　第四节　本章小结 ………………………………………………（96）

第七章　复合数词的成分语序类型 ………………………………（97）
　　第一节　不同语义运算的成分语序 ……………………………（97）
　　第二节　不同语义运算成分语序之间的关联 …………………（109）
　　第三节　内部语序与外部语序的关联 …………………………（110）
　　第四节　成分语序的历时变化 …………………………………（112）
　　第五节　本章小结 ………………………………………………（113）

第八章　相对数表达法结构类型 …………………………………（115）
　　第一节　汉英概数表达法结构类型比较 ………………………（116）
　　第二节　汉英分数表达法结构类型比较 ………………………（142）
　　第三节　汉英倍数表达法结构类型比较 ………………………（161）
　　第四节　汉英问数表达法结构类型比较 ………………………（175）
　　第五节　本章小结 ………………………………………………（186）

第九章　世界语言称数法系统的类型及普遍特征 ………………（188）
　　第一节　称数法系统类型 ………………………………………（188）
　　第二节　结构特征 ………………………………………………（192）
　　第三节　历时演变的阶段性 ……………………………………（204）
　　第四节　数量认知的普遍特征 …………………………………（207）
　　第五节　本章小结 ………………………………………………（226）

第十章　结语 ………………………………………………（228）
　第一节　本书的主要结论 ……………………………………（228）
　第二节　本书的局限和有待研究的问题 ……………………（231）

附录Ⅰ …………………………………………………………（233）

附录Ⅱ …………………………………………………………（258）

参考文献 ………………………………………………………（263）

后记 ……………………………………………………………（277）

第一章

绪　　论

　　语言是认知方式的折射，是民族文化和心理的标记。

　　不同语言存在着很多深层的共性以及诸多表达差异，而不同语言的称数法系统作为语言系统的一部分，也必然存在着一些共性和差异，认识这些异同能给我们重要启示。

　　第一，语言结构是客观的，是其他内容沉淀的结果，不同的称数法能反映不同的认知、心理、文化等方面的民族性特征。正如洪堡特所说的，"语言的所有最为纤细的根茎生长在民族精神力量之中"（洪堡特，1997：62），而且"每一种语言都包含着一种独特的世界观"（ibid.：70），对不同民族数词结构进行研究能帮助我们了解其认知和文化特征。

　　第二，数的概念在社会生活中很常用，而且在原始社会也就是在语言产生之初，数以及与数相关的语言是最初产生的语言要素之一，因此称数法较多地反映了一种语言产生之初的状况，研究称数法有助于推知语言产生和发展的历程。

　　第三，称数法是语言的一个重要组成部分，但与名词、动词、形容词等实词不同。由于称数法本身结构清晰，结构方式规律性强，把称数法的结构认识清楚，然后把它与语言的其他概念系统的结构进行比较，找出共通性和差异性，可以找到以简驭繁的思路。

　　第四，立足于跨语言的类型学视角，深入比较不同语言的系统，能够给研究不同语言的称数法提供更宽阔的视野，从而得出更有价值的研究成果。尽管数量概念是世界不同民族所共有的，但是对数量概念的理解却各不相同。前者决定了不同语言称数法系统内部存在着深层的共性，后者决定了它们的差异。王力先生曾指出，"称数法在各族语中的歧异往往是很大的……凡语言的结构方式在世界族语中各有不同者，一定是语法中的重要部分"（王力，1985：235）。研究不同语言称数法系统的共性和差异，不仅有助于对称数法的研究，同时对世界语言的比较研究、对现代语言学理论的发展都将具有较大价值。

第五，目前学界对称数法内部结构的类型学研究成果不系统，具有广阔的研究空间，这给相关研究提供了契机，只要细心观察，深入思考，仍可作出有学术价值的研究。

第一节　研究对象和考察范围

一　研究对象

本书的研究对象是不同语言的称数法，包括基本数表达法和相对数表达法。在本书中，基本数表达法即基本数词，相当于基数词，亦即学界通常所说的数词（不包括序数词、概数词和分数词等），相对数表达法包括概数表达法、分数表达法和倍数表达法。

之所以把称数法作为研究对象而不仅限于数词，是因为本书想了解不同语言表达数目的不同方式。而表达数目概念的语言单位有很多，并非全都是词。有的是词，如"一""二""eighteen"；有的是短语，如"三分之一""three fourth"。表达相同的某一个数的概念时，有的语言用词，有的语言用短语，如英语中的"quarter"在汉语中是"四分之一"。

因此，本书将以与数相关的功能作为比较的依据，讨论在不同语言中表达同一功能的语言方式有何不同。表达某一数值概念（例如一个具体的基数数值）的是词、短语还是其他语言单位，这不是本书所关注的重点。因为尽管从形式上来说，其组成成分有些可以切分，有些不可以切分，但是从语义上来说，某一数值概念的实现方式是一个不可分割的整体。本书只会把它当作一个功能整体，分析其结构特征，比较不同语言中表达同一功能的实现方式的类型特征。

二　考察范围

本书更多地关注称数法的语形和语义特征而不是语法属性与句法表现。

尽管有些学者认为名词的单、双、复数形式能够表示数量，但是因为这些是数量的语法表现，只是对数量的大体判断，其语义功能是表示这些语法形式所描述的主体的数量大致是单数、双数还是多数，不是对数量本身的表达，因此不在本书的研究范围之内。

小数和负数等也不属于本书的研究范围，因为它们都属于科学数的范畴，是数学概念的"翻译"。日期、时间、电话号码等内容也不是本书的研究对象，因为它们不属于称数法系统，而只是对称数法系统的应用。虚数也不在研究范围之内，因为它们也是对称数法系统中的表达法的应用，只是表示大体的多或少，而不是对数量本身的描述。

因此，本书的研究范围将是不同语言数词的不同形式，它们的语义构成方式，以及它们所反映的人类认知特征。主要研究内容包括不同语言复合数词结构成分的语义运算类型以及它们的蕴涵关系，不同语义运算类型的显性标记，语义运算不同的基本数词的成分排列顺序，相对数表达法的结构以及不同语言称数法系统的总体结构特征等。

第二节　研究方法与研究思路

一　研究方法

本书主要采用以下几种研究方法。

第一，语料事实分析法。把所收集的语料整合成语料库，对语言事实进行分析、整理和分类。由于数量概念的共通性，世界语言的称数法必然具有一些共性，而由于各民族对数量概念的理解和分类方式有差异，不同语言的称数法不可避免地存在一些差异。只有通过对语言事实进行分析、整理和分类，才可能找到并归纳出这些共性和差异。

第二，共时与历时相结合的方法。共时特点和历时演变是语言相互联系的两个重要方面。语言的共时特点在一定程度上是历时演变的结果，不同语言的不同特点从不同层面反映了历时演变的过程，语言的历时演变受一定因素的制约，其演变历程反映了制约共时特点的各种因素。本书首先对语种库中语言的基本数词系统进行共时比较，然后对具有历时发展变化的现象进行历时比较。此外，根据同一数词现象在不同语言中的不同发展阶段推演该现象的历时演变历程。例如从不同语言预设数词的运用范围及与循序数词共存的情况推测预设数词的产生动因类型和被循序数词取代的过程和模式。

第三，内部分析与外部比较相结合的方法。一方面，称数法是整个语法体系的组成部分，与其他语法成分是一种对立统一的关系。例如复合数词内部成分的语序与所属语言的其他语序存在着一定对应关系。另一方面，一种语言中称数法的某些特点需要通过与其他语言的比较才能得以显现。例如通过对世界语言预设数词的分类和分布的整理结果，我们可以发现西部裕固语预设数词不同于其他语言预设数词的特点。

第四，统计法。统计法是语言类型学研究的一个重要方法，通过统计不同类型参项能够发现它们之间的蕴涵关系。例如通过对复合数词内部成分语序与基本语序类型之间关系的统计，本书发现了复合数词数值语序为"大-小"的语言优势使用"名-数"语序，而复合数词数值语序为"小-大"的语言优势使用"数-名"语序。

第五，认知解释法。称数法是人类认知数量概念的结果，反映了认知数量的过程和方式。运用认知语言学的概念隐喻理论尤其是涉身理论，能解读数词和基本数词系统的结构特征以及词源特征。例如大多数语言基本数词系统都是采用十进制或二十进制，这反映了原始先民在认知和表达数量时参照了手指的数目和手指脚趾的数目。

二 研究思路

本书采用先描写后解释，先分析后归纳，先部分后整体的研究思路，具体过程如下。

1. 通过比较称数法与几组相关概念的区别与联系厘清称数法的定义，并且在分析不同语言的称数法和整理前人对称数法的研究的基础之上建构一个面向普遍语言特征研究的称数法系统。其目的是为了避免从单种语言称数法出发而得出片面的结论，为了对不同语言称数法以及称数法的构成有大体一致的理解，并使得不同语言称数法的比较研究具有一致的框架和标准。

2. 根据不同语系的多样性值抽取样本语言建构语种库，收集它们的基本数词建构语料库。对语料库中每种语言的基本数词内部的语义运算类型、显性标记类型、成分语序，数值排列顺序等方面的特征加以标注和记录。统计、分析这些特征，并且建立一个总表，每一种语言基本数词的特征表现就是它相应的特征值。

3. 分别抽取语义运算类型、显性标记类型、成分语序、相对数值排列顺序这四个方面的数据，建立分表，对它们加以分析和总结。

4. 比较以上类型及相关参项与其他语法结构和参项之间的对应关系，以及某些语言的特征与其他语言的对应关系，从而得出类型学结论。

5. 分别比较汉语和英语的概数、分数和倍数表达法，总结它们的结构类型，并在这些类型的基础上推测不同语言相对数表达法的结构类型，以此作为对相对数表达法结构的"前"类型研究。在必要的时候，也把古代汉语的称数法列入比较范围，因为古汉语的称数法尽管是历时层面的内容，但是也反映了汉语称数法的一些特征，同时它本身就是称数法的一种存在状态。

6. 在以上第三、第四和第五点的基础上，总结世界语言称数法的总体结构特征、它们所反映的数量认知过程和方式以及历时演变的阶段性。

第三节　语料来源及相关说明

为了系统、深入地考察世界语言称数法系统的类型学特征，笔者在研究过程中力求语料的全面性、多样性和代表性，从多种渠道收集到4600多种语言的基本数词语料。由于数量巨大且同一语系同一语族同一语支的语言的称数法系统具有很大的相似性，因此在语料的选用上需要加以考量。

一　语料来源

本书所采用的语料主要有以下几个来源。

（一）文献资料

中文的文献资料主要是研究中国民族语言的著述，包括《中国的语言》（孙宏开等）、《中国少数民族语言》（中央民族学院少数民族语言研究所）、《中国少数民族语言简志》等著作。

外文的文献资料主要是研究数词的一些著述，包括 *Number Words and Number Symbols*，*Numerals：Comparative - etymological Analyses of Numeral Systems and Their Implications*，*Indo-European Numerals*，*Numeral Types and*

Changes Worldwide, *Number building in Tibeto-Burman languages*, *Sino-Tibetan Numeral Systems: Prefixes*, *Proto-forms*, *Problems*, *Counting Systems of Papua New Guinea* 等。

（二）网络资源

由于本书涉及的语言种类非常广，因此很多语料来源于网络资源。其中有大部分来自陈西林在 Comrie 的指导之下建立起来的数词网站 Numeral Systems of the World's Languages（世界上 7000 种人类语言的计数方法）。网站二十多年来共收集了世界各地语言学家贡献的近 4600 种语言基本数词的读音和拼写。还有部分语料来自一个语言学习网站 Number Systems of the World（世界上的数系）。这个网站依照复杂程度由大到小排列的顺序列出了 69 种语言的数值为 1—100 的基本数词。此外还有一些语言学习网站，例如 Omniglot（The Online Encyclopedia of Writing Systems and Languages）。

（三）各种语言教学书籍，包括外语学习资料。

二 语料选用方式

对以上多种来源的语料，本书在确定使用之前先把不同来源的语料加以比对，对有分歧的地方优先采用文献资料的语料。

为了尽量保证研究结论的可靠性，本书以收集的 4600 多种语言的语料为基础，采用 Jan Rijkhoff & Dik Bakker（1998）的多样性取样方法以美国 SIL 第 25 版 Ethnologue（民族语）（Eberhard et al. 2022）的谱系分类为基础建立语种库。由于考察的语种数较多，为了保证所选取语种的多样性，以覆盖最多种类的数词结构类型并且尽量从每一个独立语系选取一种代表语言，本书建立的语种库所选取的语种数大于语系的数量，而且从每个语系取样的语言数目尽量在比例上反映各语系的语言多样性，按照每个语言的多样性值（Diversity Value）决定在每个语系中选择的语言数目并且在同一语系中选择不同群支的语言，同时尽量选择称数法系统结构及语义运算方式差异比较大的语言。

第 25 版 Ethnologue 把已认定的 7151 种语言分为 153 个语系，包括人工建构的世界语，也包括洋泾浜语、克里奥语、混合语、手语、孤立语和未分类语言。由于本书考察的对象主要是自然语言，因此语种库中不包括这七个语系中的前五个以及未能获得语料的 12 个语系①，众多孤立语和未分类语言中各选择一种，最后确定选用来自 136 个语系的具有代表性的 365 种语言的基本数词系统。

相对数表达法部分的语料主要来自于研究文献，为保证语料的丰富性和结构的多样性，也从大型网络语料库（例如北京语言大学的语料库和英语国家国家语料库）中搜索语料。

---

① 未能获得语料的几个语系分别是 Chinookan、Chumashan、Cholonan、Jicaquean、Lencan、Kamakanan、Katukinan、Maiduan、Purian、Takelman、Tiniguan 和 Yukian。

第二章

称数法类型学研究概况

国内外对称数法的研究比较多，大体上可以分为以下五类。

1. 对数、数词、称数法等的概念和语法属性等进行界定。

2. 研究称数法的系统构成，对称数法进行分类，对称数法构成部分（如约数、概数等）进行梳理。

3. 分析具体数词的不同方面：a. 音形义，b. 词法和句法特征，c. 功能（修辞功能和文化功能）。

4. 对数词历史发展情况的研究（包括具体数词、某段时间或某个作品中的数词运用情况）。

5. 不同语言数词的比较与类型学分析。有的只是对不同数词进行比较，有的是进行类型学的考察。

因为研究主题的关系，本书只对第五类的相关方面加以概述。

第一节 比较研究

比较汉语称数法与其他语言称数法的研究有很多，大多数都是对数词的用法、数词或涉数结构的修辞、语用特征以及它们所反映的文化异同等方面的研究。研究不同语言称数法的结构系统和相对应的表达方式的主要有以下成果：王力（1944），赵世开（1999），许高渝、张建理（2006），高久见（2003），路伟、杨文伟（2007），黄杨春（2006），王莉娟（2001），魏荣华（1997），赵淑贤（2005），陆应飞（1996），张笑梅（1997），赵博源（1999），古丽江（2015），古珺（2018），陈丽（2019），道如娜（2022），等等。他们对称数法的某些、某个部分或某一个方面进行了比较。尽管这些比较大多是一对一的称数法比较，没有从比较的基础上得出类型性的结论，也没有对这些异同进行规律探索和理据探索，但是对称数法的类型学研究具有参考价值。

其中，王力（1944）比较了汉语和其他语言的称数法，把汉语称数法放在其他语言背景中总结汉语称数法的特点。他从数目的名称上讨论各民族语言称数法的歧异：特称、加法（隐加法、明加法）、乘法、双数，等等，并总结出"明加法"和"隐加法"以及"乘法"等数词中语素之间的数值关系类型。这是最早的汉外称数法比较研究之一，也是国内最早运用跨语言视角对称数法进行研究的成果之一，具有开创性意义。正是因为运用了跨语言的视角，他的研究成果对今天的研究仍然具有参考意义。

赵世开（1999）系统地描述了数词的构成情况，其中英汉数词比较的内容包括英语和汉语中对数词的定义，数词的分类，大数，基数词的结构系统，数词的实义和虚义，基数词的组合能力，序数词的表达方法，概数词的分类和表达方法，分数、小数、倍数中一些特别的表达现象，数词的语法功能、修辞功能，等等，并且在余论中提出了一些值得思考的问题。不过，尽管这个研究很系统，而且在"基数词的结构系统"这一部分比较了英汉基数词的内部结构和词汇结构，但只是单纯地比较而没有上升到类型的高度。如果把英汉数词比较放在更广阔的视野中，可能会有更高的价值。

第二节 类型学研究

学界一般认为语言类型学的发展经历了两个阶段：古典类型学和当代类型学。以施莱格尔和洪堡特为代表的古典类型学根据形态特征的差异把世界语言划分为孤立语、黏着语、屈折语和多式综合语等类型。以 Greenberg、Givon、Dik、Hawkins、Haiman、Comrie、Croft、Whaley、Hopper 和 Thompson 等为代表的当代语言类型学家关注语言内部具体特征（主要是句法，尤其是语序）的结构类型，并认为不同语言并不是非此即彼地属于某种类型而是可能处在一种类型连续统的某个位置。他们归纳概括并验证跨语言的结构规律和模式，即语言共性，"再以语言共性为背景更透彻地揭示具体语言的特点并以此将众多语言归为若干类型"（刘丹青，2003：5），并进一步深化研究得出语言共性的蕴涵关系。

对称数法的类型学研究起源于对基本数词系统的概括性研究或者地域

分布调查。这些研究反映了基本数词结构的类型多样性和不同的地域分布，其研究性质属于古典类型学研究。这类研究较早，主要有 Pott（1849）、Conant（1896）、Fettweis（1927）、Thomas（1897）、Dixon and Kroeber（1907）、Schmidt（1915），最突出的是 Kluge，他收集了全球范围内的很多数词。这些研究表现了不同语言数词基本数学结构的类型多样性和地域分布。但是这些研究的年代都比较久远，而且都没有研究基本数词系统的语法构成以及基本数词的内部结构。

自 Greenberg1963 年开创现代类型学以来，语言学家们开始从现代类型学角度研究不同语言单位的普遍共性和类型特征，在 20 世纪 70 年代中后期，对数词的现代类型学研究也开始发展起来。这些研究的内容分别有复合数词内部结构、数词的句法和语义、数词的派生及其语法性质、基本数词系统的结构、基本数词系统的普遍性特征和数词的历时变化等五个方面。这些研究成果主要来自国外，国内的研究较少而且大部分都是关于数词与其他语言单位的关系。

一 复合数词内部结构

汉语学界关于复合数词内部结构的研究成果主要有朱德熙（1958）和萧国政、李英哲（1997），前者提出了"系位结构（系数词-位数词结构）"的概念，后者提出了"整零结构（整数-零数结构）"。这两个概念主要是指复合数词内部的语法结构，但是也反映了复合基本数词内部成分的相对数值关系（尤其是后者）。

国外的相关研究成果比较系统全面，Menninger（1969）、Hurford（1975，2001）、Greenberg（1978）和 Comrie（2013，2022）等系统地研究了基本数词的结构。这方面的研究取得的成果比较深入，对系统、深入地了解世界不同语言的基本数词具有非常重要的意义。它们的研究内容大体有如下四个方面：

1. 基本数词内部成分之间的语义运算关系。Menninger（1969）把复合数词内部的构成方式分为加、减、乘、除、越级计数（overcounting）[①] 和顺级计数（undercounting）；Hurford（1975）提出基本数词的语义成分运算方式（operation of semantic component）有加、减、乘、除、幂、越级计数等

[①] 学界对 overcounting 的内涵有不同的理解，本书把它称为预设计数，详见第四章第二节。

六种。Greenberg（1978）称之为基本数词系统内部成分的数学运算关系（arithmetical operation），他保留了加、减、乘、除，否认了幂，把"越级计数"修改为"前进计数（going-on）"。Comrie（2022）保留了加、减、乘、除和越级计数。

2. 内部成分的排列顺序。Greenberg（1978）的共性26—34详细讨论了复合数词成分的排列顺序以及不同排列顺序的蕴涵关系。Comrie（2022）总结了当成分之间的语义运算关系为相加时，不同语言复合数词内部成分的四类排列顺序。

3. 不同语义关系的显性标记。Greenberg（1978：264）指出不同语言基本数词内部成分之间的不同关系用不同的显性标记加以标示。例如：连接符号（包括词、语素和连字符号等）、韵律关系、屈折变化、顺序，或者这几种形素结合。该书还以"加"这种数值运算关系的形式表达为例，详细讨论了连接符号的四种形式：没有语素或词表达的形式，表达为词缀的表示"和""与"意义的形式（即伴随型连接（comitative link）），表示"在……之上"的词或词缀（即附加型连接（superessive link）），以及表示"有"的"所有型连接（possessive link）"。

4. 不同关系的限制条件。当基本数词成分之间的关系为减和除时，成分之间的相对数值关系有一定的限制性特征。Greenberg（1978：259）指出，在成分语义关系为"减"的基本数词中，减数的数值绝不会大于这个数词所表达的数值，例如不存在用"10-8"表达"2"的情况。

以上研究对于认识不同语言基本数词内部结构关系的共性和差异具有重要意义。不过，对于第一个方面的研究还值得进一步深入探讨，对于第二个和第三个方面的研究还可以做得更深入更全面。

二　数词的句法和语义

这类研究中第一类是关于数词与名词中心语之间的关系。

Greenberg（1978）研究了数词与名词中心语的句法关系。该书简单讨论了基数词的其他句法功能以及与其他序列（如序数）的关系，并从语言接触和文化发展角度探讨了数词系统。Hurford（2003）考察了数词与名词的关系。他以欧洲语言为样本，放眼世界所有语言，以考察数词与名词之间的修饰关系为目的描写了简单基数词和复合数词的结构特征以及它们修饰名词的各种现象，如数词与名词的标记、语序问题以及形态之间的对应。他认为复合数词的内部结构与简单数词修饰名词的情况相似，复合数词与名词之间的关系也取决于复合数词的内部结构，复合数词还可以是简单数词与名词之间关系的调整或延伸形式，同时，简单数词修饰名词的方式常常反映形容词修饰名词的情况。①

第二类是研究含数词的结构的语序类型。

主要研究成果有宋丽萍（2006）、蒋仁萍（2007）、彭茹（2017）。宋丽萍（2006）统计了数量名结构可能出现的六种语序中不能作为主要语序出现的三种，并探讨了制约数量名结构语序的动因。蒋仁萍（2007）从112种民族语言语料样本出发，讨论了基数词和序数词的语序及其相关问题。该文运用语言类型学的蕴涵共性等理论，结合描写和统计的方法，研究基数词和序数词的语法特点及其在语序上呈现出的相关性，并对这些现象进行了功能解释。彭茹（2017）描写和分析了70多种汉藏语言基数词的结构系统、句法特征、同源对应及借用关系等，并在此基础上对汉藏语基数词结构进行类型学分析，发现了七条倾向性共性。

第三类是数词的句法语义界面研究。

这类研究的代表是贺川生（2021）。该书从形式语言学的角度研究自然语言数词系统句法语义接口现象，目的是以汉语为代表性语言建立一种数词系统的结构—诠释接口理论（structure-interpretation mapping），为自然语言处理提供理论基础。尽管该成果不是类型学研究，但是它涉及不同语系的100多种语言，通过大量语言事实论证数词的语义，为对数词语义结构的类型学研究提供了很好的方法参考。

三 数词的派生及其语法性质

Hanke（2005）的数词语法是这类研究的唯一成果，其研究主题是（复合）数词的派生。他总结了300种语言中有关数词形式的数据并得出了派生过程的规律性特征。这无疑是关于数词类型的重要数据，对于研究序数词、集合数词以及其他类型数词的派生很有价值。

该书描述了数词系统的范围及其连续性特征，并探讨了数词形式与意义的非标准联系。首次提出了数词化（numeralization）这个术语，表示复

---

① 由于研究目的是基本数词与名词之间的修饰关系，该文只是介绍了与基本数词内部结构相关的研究成果，从基本数词内部结构中系数词与位数词的修饰关系来观察基本数词与名词的修饰关系。

合数词内部结构中的语法和语义转换：他发现数词从来不会成为同音异义词或同音异形词，而且数词在使用的过程中从来不会完全失掉自己本身所表达的数值意义，同时，数词结构的原始义以及复合数词成分之间的关系可以发生改变，但是这些改变不会影响数词所表达的数值。而且很多语言中存在融合或简化了的数词，它们所采用的形式简化的方法是省掉复合数词的某些结构成分。

Hanke 的研究也存在着一定问题。首先，他所运用的理论和语料不兼容，因此得出的结论不全面，例如他得出数词是介于名词和形容词之间的一种混合类型的结论，而实际上，在有些语言中，数词的语法性质是一定的，如俄语、波罗的语和斯拉夫语中的数词在独立使用的情况下是名词，而在做修饰成分时是形容词。其次，数词化的概念解释得不清楚，数词化和语法化之间的不同未能解释清楚，而且他在解释数词化时所运用的 RCG 理论似乎与主题相关度不高。

四 数词系统的结构

Hurford（2001）发现不同语言的数词系统中数词形式发生改变的转折点大多都很相似：三、十、二十以及数值较大的某个位数词，并指出这反映了数词系统是一个阶段一个阶段发展起来的。

Comrie（2013）专门研究了数词基。他总结出六种数词基类型：十进制、纯二十进制、十进制和二十进制混合、十进制和二十进制之外的进制、身体部位计数系统、有限数词系统（指构成数词不超过 20 的数词系统），并指出了识别不同数词系统所属进制类型时所遇到的具体情况以及不同类型的地理分配情况。

Hanke（2005）也探讨了已知数词序列不同类型的来源，并认为不同语言中存在不同类型的加数和数基。

五 数词系统的普遍性特征和数词的历时变化

这类研究的代表人物是 James R. Hurford。尽管他的数词研究大多数并不是严格意义上的类型学研究，但是由于受到生成语法理论和形式语言学研究的影响，他的研究大多采用形式语言学的方法，构拟数词的结构，考察语言的发展，对认识数词系统的普遍性特征具有极重要的价值。他在考察不同语言的基础上，建立一个形式规则系统，然后运用到更多的语言中。在《人工建立一个数词系统》（Artificially growing a numeral system）一文中他甚至设想并描述了运用计算机技术人工模拟自然语言数词系统的产生和发展过程。他认为，同样的技术原则上也可以用来模拟其他语法子系统的发展。这个研究的长期目标是模仿语言的多种组织特征的发展演变过程。

受 Brandt Corstius（1968）关于不同数词系统的形式语法分析集的影响，Hurford 以数词生成为目标，考察了很多不同类型的数词系统，寻求更多一般性的特征。1975 年，他的《数词语言学理论》（The Linguistic Theory of Numerals）出版。该书解释了自然语言数词系统的重要形式特征，所运用的分析工具是生成语法理论，但是其研究成果很大程度上反映了不同语言数词系统的共性和差异，Greenberg（1978）的一些结论就是以该书为基础。

Hurford（1987）探讨了数词的认知起源以及数词与语言的关系，通过研究数词系统考察整个语言系统。其中的第三、四、五章讨论了数词的性质（他认为这些也是语言的性质）。他指出：人们对数的了解实际上是因为人们具有语言能力以及通过计数过程建构完整的表达方式的能力。他在书中解释了数序列的出现，也解释了表达加和乘这两个基本数学运算方式的结构的出现。他还提出，后者是通过把指称语义的方法运用于数词之上的方式实现的。

Hurford 最突出的成果是在《数词语言学理论》中提出的普遍数词短语结构规则（Universal Phrase Structure Rules）[①] 以及"组合策略（Packing Strategy）[②]"。他认为这两个规则广泛地适用于各种数词系统，后者反映了在实际计数过程中所遵循的两个自然法则："数词可以描述无穷多的

[①] 即：NUMBER→$\begin{Bmatrix}\text{DIGIT}\\\text{PHRASE (NUMBER)}\end{Bmatrix}$ （Interpreted by addition）

PHRASE→（NUMBER） M （Interpreted by multiplication）

在此处，Number 是指数词而不是数或数值；Digit 是指不同语言中表示 1 到 9 这些数值的相应的基本数词，如英语中的"one、two、three……nine"；Phrase 是指数词短语；M 是指表示乘法的数基语素（相当于汉语中的位数），如英语中的"-ty, hundred, thousand 和 million 等"；花括号表示"二选一"，圆括号表示"可有可无"。

[②] 由 James R. Hurford 1975 年在《数词语言学理论》中首次提出。其内容是：在数词结构的任何一部分，Number 的同层级相邻成分必须具有最大的可能的数值。"最大数值"是指"小于或等于整个数词的数值"。"可能"是指"也是遵循普遍数词结构规则生成的"。这是对复合数词中各个组成成分之间数学组合的强制性限制规则，是对普遍数词结构规则的补充。

量"和"尽量运用最少的词来描述数量"。当然，尽管认为"组合策略"对多数语言都起作用，但他并不否认例外的存在。

不过，在他自己所列的例外之外，还有一些问题是这两个规则无法说明的，例如：a. 有些语言的 M 隐藏着；b. 对汉语"两千零八十"一类结构中的"零"无法解释。

第三节　本章小结

以上概述表明，从研究的数量、理论深度和系统性以及考察的语种来看，国内和国外的研究呈现出一种不平衡的状态。

国内早期的称数法比较研究主要对不同语言数词以及数词文化进行非系统性比较，研究的目的不在于把比较的结果加以系统性的归纳和总结从而得出类型学意义上的结论。近年来国内称数法的类型学研究呈现增长趋势，尤其是对我国民族语言数词的类型学研究较多，不过这些研究更多是对数词的外部句法类型研究，对内部结构的类型学研究成果很少，而且这些研究更多是对我国民族语言的类型比较，对世界语言数词进行类型学研究的成果很少。

国外对称数法的类型学研究主要有以下特征：

1. 考察的语种范围多，通过对多种语言基本数词的系统性比较，总结出普遍性特征和类型差异。考察内容的范围广，不仅有对不同语言基本数词的语法特征及语法属性的比较，还有对基本数词表达方式内部结构的比较，对不同基数表达方式之间的关系也有考察。

2. 注重考察适用于不同语言的普遍规则。这是一种对语言共性的考察。

3. 把对基本数词的研究放在整个语言系统的背景之下，基本数词在整个语言系统中的特殊地位也得到了重视。而将基本数词放在宏观的语言系统背景下进行探讨很有必要，在这种背景下对数词本身进行系统性的研究具有较大价值。

4. 研究的对象主要是基本数词，对倍数、分数、概数等表达法的类型研究几乎没有。

5. 研究方法既有 Hurford 的演绎法，又有 Greenberg 和 Comrie 的归纳法。前者的方法是提出一般的形式规则及限制条件，然后加以说明并寻找例外；后者的方法是考察、比较世界不同语言，然后就不同的形式表达总结出蕴涵性共性及类型。

尽管国内外对于称数法的类型学研究取得了较多的成绩，但是仍然存在一些可以拓展的空间，对称数法系统中所表现的人类认知的特征和类型有少数研究，但是不系统。

因此，厘清相关概念，深入分析和比较不同语言的数词，系统考察称数法系统的类型学特征，归纳关于称数法及其背后的认知特征和类型的结论，对称数法的类型学研究具有较大价值，对于类似研究相对欠缺的汉语学界更是如此。

第三章

面向普遍语言特征研究的称数法系统

由于哲学、数学和语言学领域对数及其相关概念的理解各不相同，不同语言对称数法的定义不同，称数法系统的构成也不一样，为了避免从单种语言称数法出发而得出片面的结论，为了对不同语言称数法以及称数法的构成有大体一致的理解，并使对不同语言称数法的比较具有一致的标准，有必要在分析整理称数法与相关概念的区别和联系的基础上给称数法下定义，并且建构面向普遍语言特征比较研究的称数法系统。

第一节 称数法系统构成相关研究概况

对称数法的不同分类方式以及对不同类别的称呼方式，体现了研究者对称数法系统中不同类别之间关系所持的不同观点以及对与数相关概念的不同定义。称数法分类研究看似简单，现有研究对称数法的分类表面上看来一般差异不大，但是实际上由于每个研究对称数法的分类都是服务于当时的研究目的，因此分类标准各不相同，分类方式存在着各种各样的差异。分析总结这些分类方式能够了解学界相关研究的状况，分析分类中有分歧的地方有利于廓清相关概念、纠正一些矛盾的观点以及合理运用相应分类标准，对称数法的研究具有重要意义。本节首先介绍称数法分类研究的概况，其次分析和评价学界的主要分类方式，最后总结称数法分类中所存在的分歧并初步探讨分歧的原因以及解决分歧的粗略方案。

一 称数法分类研究概况

迄今为止，专门研究称数法分类的成果较少，散见于各种语法书或语言教材之中，但是已经有了很多有价值的探索，取得了比较完备的研究成果。相关研究可以总结如下。

从对称数法的整体分类来看，有两分法、三分法以及多分法三种。两分法把数词①两分为定数（词）和不定数（词）、基数（词）和序数（词），或者简单数词和复合数词。前两种两分法是从功能角度分类，例如，杨树达（1991），黎锦熙（1998），丁声树（1968），张志公（1991），邢福义（2002），萧国政、李英哲（1997），郭攀（2004），刘月华（2004），蒋仁萍（2007）的研究，以及 Routledge Dictionary of Language and Linguistics（2000），Ferdinand von Mengden（2010）和王敏、黄锦荣（1998）对其他语言数词的分类等；后一种两分法是从结构角度分类，例如朱德熙（1958，1982）的研究。三分法把数词或数词三分为数目基数（词）、序数（词）和概数（词）或者基数、序数和问数，前者如马建忠（1983）和赵世开（1999）的研究，后者如王力（1984）的研究。王力认为第三类是"问数法"，而马建忠和赵世开认为是"约数（概数）"。多分法把数词或数词多分为基数（词）、序数（词）、分数、倍数、约数、问数、序数，例如廖振佑（1979）、胡附（1984）、李宇明（1986）、张斌（2002）、梅轶洁（2005）等的研究。这些分类多数只是对数词的大体类型的列举，并未从逻辑角度对它们加以整理，只有李宇明和梅轶洁的分类是分了层次的。

从分类角度来看，目前对称数法系统构成有功能属性和形式结构两种角度，大部分是从功能属性角度进行分类，最早从结构角度分类的是朱德熙（1958），之后有李宇明（1986），还有一部分同时采用了两种角度，例如赵世开（1999）、邢福义（2002）。

二　主要分类方式及其评价

在这些研究中有下列重要成果，它们对称数法系统分类研究既有重要意义又有值得商榷的地方。

朱德熙的《数词和数词结构》（1958）是最早系统地研究汉语数词和数词结构的成果之一，他第一次从结构角度来分析数词和数词结构。他对数词的分类如表3.1所示。

---

① 由于目前很多研究没有理清数概念、科学数、数表达形式之间的关系，因此汉语学界通常用数、数词和（或）数词结构指称本书所说的称数法，英语学界通常用numeral。本书在介绍现有相关研究成果时仍保留他们原来的说法。

表 3.1　　　　　　　　朱德熙（1958）对数词的分类

数词				数词结构				
系数词	位数词	概数词（多、来）	半	系数结构	系位结构	系位结构组合	复杂的系位结构	序数结构

在《语法讲义》（朱德熙，1982）中他作出了一些调整。

表 3.2　　　　　　　　朱德熙（1982）对数词的分类

数词					数词结构		
系数词	位数词	概数词（多、来、好几）	好些、若干	半	系位构造	系位组合	复杂的系位构造

朱德熙的这两个研究区分了数词和数词结构，首次提出了系数结构、系位结构、系位结构组合、复杂的系位结构等概念，对数词的结构分类具有开创性意义。他"从形式和意义相结合的角度描述汉语复合数词的结构，第一次建立了汉语数词的结构系统，其理论和方法上的贡献都是不言而喻的"（萧国政、李英哲，1997），但是仍然存在着下列问题。

第一，系数词和位数词是语法角度的分类，而概数词是概念功能角度的分类，这三者分类标准不一样，不应该放在同一级别。

第二，有些概数表达法不是词而是短语，他所列举的"多、来、好几"本身并不是概数词，而是构成概数表达法的元素或称辅助词，"好些""若干"是表达概数的方式却被单列出来，这种分法不合理。

第三，他认为"数词有基数和序数的区别。基数表示数量的多少，序数表示次序先后"（朱德熙，1982）。这种观点值得商榷。首先，基数和序数的上位概念应该是数。数词是语言学术语，确切地说是语法术语，而基数和序数是数学术语。其次，即使把两者相应地改为"基数词"和"序数词"，仍然需要考虑"第三"之类的表达方式到底是数词还是运用数词的有序性表次序，亦即，根据"数词是表达数目的语言形式"这个定义，既然序数词特指顺序而不是数目，因此"序数词"不是数词。

李宇明（1986）阐述了汉语数词的构成要素：数码（语素）：一、二、三……九、十；数位（语素）：十、百、千、万、亿（万万）；数符（语素）：零、分、之、又、点、第，并且以这些构成要素为结构单元考察了数词系统中各个级别的词或短语的构成方式。他认为汉语数词系统由整数、分数、小数、概数和代数词构成。整数词又有单纯的数码或数位、简单的系位构造、系位组合和复杂的系位构造等几类，代数词有疑问代词和非疑问代词两类。他所构建的系统以数码、数位、数符等语法单元为基础，论证翔实，结构清晰。但是概数与整数、分数、小数不应放在同一个层面上，同时由于他的研究对象是数学语言并且他认为序数词也是数词，所以他把字母也看作了代数词。

邢福义（2002）在《汉语语法三百问》中，对数词分类有详尽的描述。

表 3.3　　　　　　　　邢福义（2002）的数词分类

数词						
统数						序数
基数			倍数	分数	概数	第+基数	基数形式
个位数	段位数	数词短语					

他认为基数的表达形式是数词，个位数、段位数、段位系连法构成的复合表数形式（即数词短语）一起构成了基数词系统，倍数和分数都是数量词而不是数词，概数有的是数词有的不是单纯的数词。

在这个分类系统中，"统数"取代了"基数"，与"序数"相并列，这个颠覆了数学中基数与序数在数王国中的两分结构，而是把基数与倍数、分数和概数并列于统数之下。这种做法体现了基数、倍数、分数和概数与序数的对立。确实，前几类表达的是数目，而序数表达的是次序，它们在功能上是不一致的。而且他把用基数形式表达序数这个现象纳入了系统之中，这在同类研究中是没有的。但是，仔细研究这个系统就可以发现：第一，有一部分混淆了语言意义上的数词与数学意义上的数。第二，该书中提出"位数系连中，有时出现多个段位。这时会形成'数词结'，严格地说，已经成为'数词短语'"，但是仍然认为"数词短语"属于"数词"。第三，"统数"是一个新的提法，它在该系统中是"基数"的上位概念，这个"基数"指"由基本数目字表示的确定数目，其表达形式是数词"，但是传统的基数的概念是什么，与该系统中基数的内涵是否有冲突，有没有更好的术语来替代，这些都是需要进一步考虑的。第四，这个分类系统与邢福义的《现代汉语》有冲突。《现代汉语》中，基数词包括了表不确定数的词（邢福义，1991：146），而《汉语语法三百问》

中，表不确定数的词是概数词。

萧国政、李英哲（1997）以现有对于汉语数词的历时研究和共时研究为基础，探讨了基本数词和确数复合词的分类、使用特点和历史演进情况。他们所陈述的数词分类情况可以总结如表 3.4 所示。

表 3.4 萧国政、李英哲（1997）的数词分类

数词				
表数数词（基数词）				表序数词（序数词）
述数数词（陈述数目多少） 基本代表和反映着一种语言的称数语法			问数数词（询问数目多少）	
确数词（如：三、十五）			概数词	
基本数词			如：四十多万、三万多、七八百、万把	
单纯数词	复合数词			
系数词、 位数词、零	系位结构	整零结构	缺位结构 （用"零"补位）	
如：三、十、零	如：三十	如：三十五	如：三百零五	

他们的研究陈述了对数词的认识，并第一次提出了"述数词"这个术语以及"整零构造"的概念。整零构造从数值和结构角度解释了一类复合数词，对数词的研究具有重要意义。赵世开曾说过："关于基数词的结构系统，朱德熙曾经提出过系数词和位数词及系位结构的概念，萧国政与李英哲又增加了'整零构造'的概念。这就建立了完整的汉语基数词的结构体系。……基数复合数词是系位结构和整零结构两种表数模式组成的体系。"（赵世开，1999：180）不过，有的学者认为"系位构造/'十'+个位数"中的个位数是系数乘以省略了的位数"一"的简写形式，那么，整零构造和系位构造的本质区别是什么、两者是否属于同一层面就需要进一步讨论。同时，该系统中认为基本数词和复合数词的上位概念是确数，确数和概数的上位概念是述数词的观点比其他对数词的描述更合理，不过"确数"和"概数"应表达为"确数词"和"概数词"，而且概数表达很多时候是短语，还是需要考虑表述方式的一致性。

赵世开（1999）把分数、小数和倍数看作固定词组或固定短语，不放在基数词、序数词和概数词一个层面上。他的分类系统可以总结如表

3.5 所示。

表 3.5　　　　　　　　　赵世开（1999）的数词分类

数词								
基数词		序数词			概数词			
简单基数词	复合基数词	基数词前加"第"	基数词前不加"第"	其他惯用类	[附]序列词	简单概数词	复合概数词	
系数词 位数词	由系数词和位数词组成			"老大、头排"等	天干与地支	"两、几、数、若干"等	相近数词连用	数词前加"成、上、小、约、近"等字	数词后加"把、多、来、左右"等字

这个研究的长处在于对序数词和概数词的详细分类，但是基数词、序数词和概数词不应放在同一层级，同时，与前文对朱德熙的研究所做的分析一样，序数词及其子类"其他惯用类"和"序列词"严格来说都不是数词。

张斌（2002）对汉语数词的讨论较详细，他区分了数词和数，数词是有限的、封闭的，数目是无限的、开放的，把数词分为系数词、位数词、系位数词、数量数词和概数词，并提出表示数目的方法除了直接用数词表示以外，也可以用各种数目表示法来表示，有概数方式、序数方式、倍数方式、分数方式。这个分类方法区分了数词和数以及直接用数词表数目和用数目表示法表数目，这是其特别之处。但是与前面对其他研究的分析一样，序数方式不表数目而是表顺序。

郭攀（2004）的《汉语涉数问题研究》是国内专门研究涉数问题的少数专著之一，该书认为数词有基数、序数、倍数、约数（包括问数）和虚数等几类，数词之外还有数词性短语，例如分数。同时，他认为汉语数词中还有一些非典型形式。如：方言数词（廿、卅）；俗语数词（幺、方）；数量兼容（俩、仨）。他还认为数位分固定性数位和相对性数位，固定性数位又分自然数系和社会性数系（如方位范畴的"一"至"四"，"一"至"八"）另外，对解释特定数目形式时他使用了几个概念。极数：从程度关系角度表现极致的多；全数：从范围角度定义（如：全部、所有、一切）；成数：从整散关系角度表示不带零头的整数或"多"。

该书材料多样化，论证深入，角度涵盖了语法、语汇和语用，理论视角包括认知心理学和发生学等。"社会性数系"的提出也是独树一帜的。只是该书主要是以古代汉语数词为研究对象,所选语料多为古代汉语。而且所做研究不够系统,对数词的认识有一些问题:第一,基数、序数、倍数、约数等不属于同一级别。第二,作者把虚数放入数词之中,不过虚数应该是不同表数方式在语用层面的应用,而不属于系统本身。第三,混淆语言意义上的数词与数学意义上的数。第四,"社会性数系"实为对数词有序性的运用而不是数词系统本身的一部分。

国外语言学界(主要是英语语言学界)一般"把数词分为确数词(definite numeral)和模糊数词(indefinite numeral),如:ten(十)和several(几)。确数词又可以分为:a. 基数词(cardinals):one(一),two(二),three(三);b. 序数词(ordinals):first(第一),second(第二),third(第三);c. 分配数词(distributives):six each(每人六个);d. 频次数词(iteratives):once(一次),twice(两次),thrice(三次);e. 倍数词(multiples):eightfold(八重的、八倍的);f. 集合数词(collective numerals):a dozen(一打);g. 分数词(fractions):a tenth(十分之一)。"(Bussmann 2000:333)此观点见表3.6。

表 3.6 **Bussmann(2000)的数词分类**

数词								
确数词							模糊数词	
基数词	序数词	分配数词	频次数词	倍数词	集合数词	分数词		

还有一些只是粗略地把数词分为简单数词和复合数词,并认为不同语言的数词系统都有数基、算子和算术运算符等。例如,Ferdinand von Mengden(2010:49)。

国内对英语数词分类情况也有一些研究,例如赵世开(1999)、王敏、黄锦荣(1998)等。前者把英词数词分成基数词和序数词。他指出,英汉语的数词在分类上大同小异,但在具体表示方法上有较大差异。英语表达数量除用数词之外,还可用可数名词的单复数形式,这和汉语是不一样的。后者通过分析英语数词本身的特点,以伦敦大学编著的《当代英语语法》为主要依据,同时以汉语数词、量词分类为基础,并借鉴俄语、德语的数词分类方法,把英语数词划分为基本数词与合成数词两大类。英语语言学界的分类比一般的汉语数词的类别多了分配数词[例如,six (dollars) each,"每个六美元"]、频次数词（例如，twice,"两次"）和集合数词（例如，a dozen,"一打"），这说明英语数词的外延比汉语数词宽泛，在一定程度上反映了英汉数词的差异。两个基本大类的再次分类如表3.7所示。

表3.7　　　　　　　　　　国内对英语数词的分类

数词									
基本数词		合成数词							
基数词	序数词	零数词	配分数词	不定数词	分数词	小数词	部分数词（包括倍数词）	倍数词（包括集合数词）	比率数词（包括折扣数词）	约数词（包括数词词组）

三　分类方式的分歧及其原因分析

总结以上分析，目前称数法分类的研究总体来说对下列问题的看法有分歧：

1. 基数与基数词、序数与序数词概念混淆。尽管多数从功能角度分类的研究都一致认为数词可以分为基数词和序数词，但有的写成基数和序数，有的写成基数词和序数词。对序数词的性质看法也有差异，分别有序数、序数词、序数表达法和序数形式等四种称呼方式。这反映了对语言范畴中的"数词"和科学范畴中的"数"两个概念混淆不清。

2. 对复合数词到底是词还是短语意见不一致。有些学者认为"二十二、二百二十二"这类都是数词，有些明确地称之为复合数词，有些学者［例如，胡附（1984）］则认为它们是词组。

3. 对基数、序数和确数、概数之间到底应该是上下位关系还是同一级别概念的看法不一。

4. 关于倍数、分数、小数的表达法的看法不一。以上研究一般都认为数词有基数词和序数词之分，但有些没有涉及倍数、分数、小数的表达法。有些涉及了，但有的把它们放在同一个层级，有的把它们放在不同层级，分属不同的上位概念。

5. 对问数词的地位和属性看法不同。有些把问数词放在概数词的下位（例如，郭攀，2004），有些把问数词与基数词、序数词并列（例如，王力，1984），有的认为问数词不是数词而是疑问代词（例如，周彩莲，

2002）。

6. 对"序数词""天然数词"或"社会性数系"到底属不属于数词意见不一致。

7. 关于"来""多""好几""若干""好些"的看法各不相同，有些认为这些是概数词，例如朱德熙（1958，1982）；有些认为是助词，例如周彩莲（2002）。

8. 有些认为"零"是基数词，外语学界则认为"零"不属于数词，例如 Greenberg（1978：249）。

经过分析，之所以存在以上分歧，主要是因为以下原因。

1. 目前学界的研究一般只是从一种语言来定义数词以及考察称数法系统构成，而未参考其他语言的数词，因此难免片面。

2. 对数意识、数概念、数词、数词、科学领域的"数"，以及语法中的"数范畴"等概念混淆不清。

3. 分类标准不统一。由于目的不同，采用不同的分类标准没有问题，在不同级别也可以有不同标准，但是有的分类在同一级别也糅杂，例如梅轶洁（2005）把基本数词、合成数词和天然数词及数词辅助词放在同一级别，前面两类是采用的结构标准而后面两类是从功能角度来分类，这样的分类放在同一级别，因而不合理。有的甚至根本就不分，把所有类别全放在一个层面上，例如廖振佑（1979）。

4. 对称数法的定义不准确。由于目前对数词或称数法较为一致的定义是"表示数目和次序的词"，因而导致了对数词的外延理解过宽。实际上，表示数目和次序的词并非都是称数法，而且用来表示数目和次序的语言手段并非都是数词或称数法，而且用来表示数目和次序的语言手段并非只有词。

5. 由于只把视角局限在"词"的范围之内，所以会出现上位概念"词"包括了不是词的下位概念的情况。

6. 汉语称数法分类受英语语言学的影响。

四　分歧解决方案

要解决以上问题需要厘清数意识、数概念、数词、科学数以及语法数等概念之间的区别和联系，了解不同语言称数法系统的区别而从不同语言的普遍特征来定义数词，并采用统一的分类标准对称数法的系统构成加以整理。

本章的第二节和第三节将分别解决以上问题。

第二节 称数法及相关概念

目前学界对数词的定义以及对称数法系统构成的研究表明，对称数法与相关概念的理解有混淆之处，对数词的定义有失准确。为了阐述称数法的内涵和外延，有必要厘清称数法与相关概念的区别和联系，为称数法正名。同时，区分称数法与相关概念并科学合理地对它下定义也是本书研究的需要，是进一步研究的基础。

本节将在区分称数法与相关概念的基础上定义称数法，并进一步说明称数法的层级。

一 称数法与几组相关概念的区别与联系

学界相关研究表明目前对称数法的研究中有些问题是由于混淆了称数法与其他概念，因此有必要说明它与相关概念的区别和联系。

（一）数意识、数概念、数的表达、数学的数系统和称数法

意识，即"注意"和"认识"，是感觉、思维和理解等各种心理过程的总和。所谓数意识，是指作为认识主体的人对事物和行为等的数量的认识和理解。它既包括对数量的直接的感性认识，也包括对数量的理性认识；既包括对数量的具体取值的认识，也包括对模糊数量的认识。在人类认识和定义具体数量的取值之前就存在着数意识，最初的数意识是对数量"多"与"少"的直观感受。例如，一个还未学会数数的儿童能分清楚分放成一多一少两堆的糖果的多与少，从而选择较多的一堆，这说明了他们已经对数量多少的特征有了意识。

数概念是指人类对事物的精确的、抽象的量的认识和概括。例如，儿童在认识过程中，把一支笔、一个本子、一张桌子、一把椅子等凡是代表一个物体的许许多多具体实物的共同抽象特征与"1"所代表的数量联系对应起来，就形成了对"1"的认识。数概念不包括最初的数意识阶段。

先有数概念，后有数的表达系统，数的表达系统在科学领域即成了数学的数系统；在语言领域的运用又分两类，一类是运用语言对数学中的数加以表达，一类是人们运用语言表达数概念，后者的结果是本书所说的称

数法。现代人的称数法系统有基本数表达法和相对数表达法，同时，为了把数运用于语言交际，问数法应运而生。

数学是一门科学，其研究对象包括数量、结构、变化以及空间模型等概念，也就是说，它的研究对象包括数概念，但是不包括数意识。其研究内容是通过运用抽象化和逻辑推理，进行计数、计算、量度以及对物体形状和运动的观察。逻辑和直观、分析和推理、共性和个性是数学的基本要素。

数术语是指称呼数学中不同类别的数的术语，包括整数、小数、分数、整数、负数、自然数、有理数、实数，等等。

这几个概念之间的关系大致是先有数意识，后有数概念，再有表达数的需要。数的表达在语言领域即是称数法系统，进入科学领域就成了数学的数系统，具体又表达为数规则、科学数和数术语。它们之间的关系可以用图 3.1 表示。

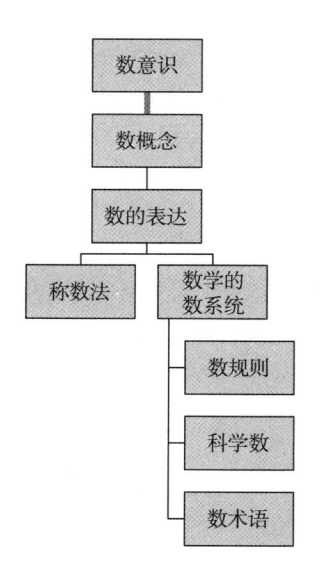

图 3.1 称数法与相关概念

（二）数、科学数、数字和称数法

人们通常所说的"数"一般包括三个层面的所指：（1）数目；（2）表示基本数学概念（例如整数、自然数、有理数，等等），它是一个数学的抽象概念；（3）表示名词或代词所指事物数量的一种语法范畴。第一个层面的"数"是指语义数，因此这个层面的"数"才是真实意义的、抽象的数；第二个层面的"数"是指科学意义上的数；第三个层面的"数"即"称数法"和"语法数"，属于语言学范畴。

数属于哲学语义范畴，称数法是表数的语言形式和方法。数是第一性的、是称数法的出发点，称数法属于语言层面。它们之间的关系就好比命题与句子表达之间的关系。

科学数是一个数学的抽象概念，这些数在语言中有些有相应的表达方式，有些没有。同时，有些语言中的数的表达方式通常是由数概念系统所决定的，有哪些数概念就有相应的语言表达，但是有些数词表达是在有了科学的数之后才产生的，例如"零"。数字是表达科学数的符号，通常特指阿拉伯数字。

自然语言的称数法与阿拉伯数字在一些方面存在差异。首先，数基不同，例如法语中的80表达为quatre-vingts，字面意思为4-20s；其次，组成成分的顺序不同，例如德语中的64是vierundsechzig，字面意思是4+60。再次，科学的数概念是紧凑的，而自然语言数词不那么紧凑，有显性的加法符号以及表达进制数的次方这一数值的位数词（例如，英语two hundred and sixty中的and，以及后缀-ty，以及hundred和million之类的词）。最后，从语言的历史和个体的习得顺序来说，自然语言的称数法先于科学的数。

（三）数、量、数量词

在语言中，数是量的具体取值。例如，

    a. 他的饭量很大，一餐可以吃三碗。

    b. The *amount* of tourists is very big. It counts to *one million* a month.

在例句a中，"量"的取值是"三"，例句b中，"amount（量）"的取值是"one million（一百万）"。

有些量还可以用量词来表达，用作量的单位，汉语中量词很多，英语中也有一些量词。例如，

    三斤、两吨
    three *pound*   five *ounce*

汉语中个体量词很多，英语中个体量词较少。例如，

一碗饭　一粒花生米　三棵树　五朵花　一尾鱼
a *cup* of coffee

量词用来表达度、量、衡的多少。"度"的量词表长短，例如"尺、米，meter，mile"；"量"的量词表多少，例如汉语中的工具量词"斗""升"；"衡"的量词表轻重，例如"斤、吨、ounce、pound"。

抽象的数量与这个量是不一样的，它们抽离了具体的计量单位。汉语中一般都分离出了数和量，英语中有些却没有，例如 twice 表"两次"。

（四）数词和称数法

1. 数词

目前学界对数词的定义有很多，从内涵角度来看有以下几类：

（1）数词是表示数目或起计数作用的词。例如，王力（1984：22），江天（1980：53），邢福义（1997：188），胡裕树（2005：286），吕冀平（2000：105），刘月华（2004：115），Olsson（1997：10），刘仰民（1988：28），等等。

还有的认为它可以是表数的短语（例如：Richards，1985：197）、图形、符号或标记（例如 Matthews，2006：980，Hornby，2005：1042，Barnhart，1988：714 等）。

（2）数词是表示数目和次序的词。例如，黄伯荣、廖序东（1983：320），刘诚、王大年（1986：31），Matthews（1997），《牛津语言学词典》（2000：251），丁声树（1968：168），等等。这种定义认为数词也表"次序"。

（3）"数词是指称数或量的词。如，回答'多少？'的基数词（one、two、three），以及表达在序列中顺序的序数词（first、second、third）。"（Hartman，1972：155）这种定义加上了"量"，亦即区分可数的、确定的"数"和不可数的、模糊的"量"。

（4）"数词是词，通常用作形容词或代词，用来表达数目以及与数目相关的数量、顺序、频率和份额等。"[①] 与前几种相比，这类观点认为数词还可以用来表顺序、频率和份额等。

[①] SIL，"What is a numeral"，*Glossary of Linguistics*，http：//www.sil.org/linguistics/GlossaryOfLinguisticTerms/WhatIsANumeral.htm，2021 年 6 月 20 日。

从语法属性和功能等外延角度来看有如下几类：

（1）"基数词和序数词是形容词：如：数量词（many, few），基数词（four），序数词（fourth）。"（Dixon，1999：29）

（2）"数词是一类词，主要形式包括形容词（*six* months（六个月）、*double* fault（两次发球失误）、*three*fold problem（三重问题）），名词性表达（a *dozen* eggs（一打鸡蛋）），不定代词（all 全、both 都、many 很多、few 少许）以及副词（他已经打了 两次电话来。He called *twice* already.）它们是一个统一的语义集合，表达数目、数量和其他任何与数有关的概念。然而，由于它们在语形变化方面的形式和句法表现各不相同，新的语法理论有些把它们归入代词，有些把它们归入形容词。"（Hadumod Bussmann，2000：333）

学界已有的数词定义尽管存在不一致之处，但都反映了数词的以下特点：

数词表达的内容是人和事物以及行为和动作的数目、次序、频率和份额等；其形式可以是词或短语，也可以是其他符号，例如图形；其语法属性可以是形容词、名词、代词或副词。

2. 称数法

汉语最早运用"称数法"这个术语的是王力（1944），他所下的定义是："称数法（numeration），即语言中数目的表示法，就是关于数目的称说方法。"[1]他比较了汉语的称数法和其他语言的称数法，把汉语称数法放在其他语言背景中总结汉语称数法的特点。他从数目的名称上讨论各民族语的称数法的歧异之处：特称、加法（隐加法、明加法）、乘法、双数，等等。

比较王力对称数法的定义及其对数词的定义"凡词之表示实物的数目者"[2]，并且联系他所做的相关研究可以看出，他所说的称数法词实际上是数词的结构方法。

从本书前面所做的称数法与数意识、数概念、数以及科学数等概念的区分可以看出，称数法是表数的语言形式和方法。王力把语言形式（数词）和语言形式的结构方法（他所定义的称数法）分离开来是很有创见

---

[1] 王力：《王力语言学词典》，山东教育出版社 1995 年版，第 67 页。王力：《中国现代语法》，商务印书馆 1985 年版，第 235 页。

[2] 王力：《王力文集》（第一卷），山东教育出版社 1984 年版，第 22 页。

的做法，但是语言形式的结构方法毕竟不等于称说数目的方法。因为，数词本身就是称说数目的方式。数词的不同结构方式也是称说数目的一种方式，表达的是形式与数值语义之间的对应关系，表现了人们对数的认知方式和表达方式。数词是语言符号，数词的结构方式是符号的组合方式，这两者都是称说数目的方式。

因此，称数法不等于语言形式的结构方法，而是语言形式及其结构方法的总和。它的内涵构成可以用计算式表达为：

称数法 = 数词 + [（王力所定义的）称数法−语法数]

亦即：

称数法 = 称数的语言形式 + 语言形式结构方法

（五）语法数和称数法

称数法是指广义数词（包括数词和数词短语）及其结构方式。语法数是指一些语言中数量的多少在句子层面的体现，它是一种语法范畴。有些语言有表达"双"的语法范畴，例如梵语和古希腊语的名词有双数的变化；有的有表示"多"的语法范畴，例如英语的复数范畴。这一层级的表达形式不仅用来表数的多与少的状态，还作为工具构成语言系统的构成部分。

语法数通常表现为词形的变化，而称数法是独立完整的词或短语。语法数与称数法表达有一定的联系，在一些语言中，表示"1"的数词通常与表达单数的形式连用，如果是表达"1"以上的词或短语则与表达双数或复数的形式连用，但是并非所有语言中都存在语法数，例如，学界一般认为汉语没有语法数[①]。

二　称数法的定义及层级

如前所述，称数法不等于数词，也不等于王力所定义的称数法，更不等于数意识、数概念、科学数或语法数，它是语言形式及其结构方式的总和。

同时，语言的称数法是分层级的。

第一层级是基本数词，用以描述实物的个体数量。这类数词又分两

[①] 不过，由于语义的制约，含单数意义的词在一些情况下不能与表达多数意义的词连用。例如，"每个老师们"之类的表达就是错误的。

类，一类是最基础的用来数数的表达形式，即通常所说的系数词，例如在汉语中这些数有"一、二、三"；另一类是作为计数单位与系数结合一起表达数量的表达形式，即通常所说的位数词，例如汉语中的"十、百、千、万"等等。

第二层级是描述动作行为的频率数词，有的成为单独的数词，例如英语中的"twice、thrice"，有的成了副词，例如汉语"一鼓作气，再而衰，三而竭"中的"一、再、三"。这一个层级的数词是基本数词在特殊方面的运用。

第三层级是表达相对量的形式。这个层级的形式有两类。

一类以一个或两个具体的基本数词为参照，表达一个模糊的相对数量，即通常所说的概数词或概数表达形式。例如，"四五（个）、六十以上，more than fifteen"。关于这一类，要分清楚概数和概数表达法。数量意义上的概数有两个不同的层次，一个层次是笼统的数意识和数量状态，跟"多"和"少"的状态有直接的联系，这是数概念的起始状态。随着精确表达数量的需要的出现，"少"开始具体化为"1"，这就有了"1"和"非1"的区分，这构成了最开始的初始表数系统，接着产生了表达"1、2、3、4"等少数确数整数词，构成了简单的表数系统，最后才产生了现在的复杂的确数系统。与这种概数相对应的语言表达形式有表达"多"和"少"的表达数量多少状态的词"多、少、若干、好些、少许"，这些词并不表达数量，算不上严格意义上的概数词或概数表达法。另一个层次是一个相对的数值范围，这个层次与具体数量表达相关，表达这个层次的概数的语言表达形式和方法才能算是称数法。

另一类是表达关系量的，即表达的数量与某个基本数量的关系。例如倍数表达形式和分数表达形式。一般语言中都是最开始有表达"两倍"和"二分之一"的词，例如汉语中有"双、半"，英语中有double、half。

本书的研究对象是第一个层级表具体数目的表达法（基本数表达法）和第三个层级中表示相对数值范围以及表示关系量的表达方式（相对数表达法）。第二个层级是基本数词在特殊方面的运用，考虑到第二层级与"数"关系的紧密程度较次以及篇幅限制，本书暂不涉及运用层面的内容，因而不讨论第二层级。

第三节　面向普遍语言特征研究的称数法系统

称数法的产生和发展反映了该民族的历史和人类的认知进程，但是某些称数法的产生和使用不仅反映了人类的共性，还反映了民族及其语言的个性。例如，英语的频次数词 once、twice 和集合数词（dozen），汉语的"两"等。

本节将比较英语和汉语的称数法系统构成，找出它们之间的共性和差异，并结合"数"的系统构成构拟面向普遍语言特征研究的称数法系统。

一　汉语和英语的称数法系统构成比较

现有研究成果和对现有语言现象的观察表明，英语和汉语的称数法系统既有共同之处又存在差异。这一部分将分析比较英汉两种语言称数法系统共有的类型以及它们所特有的类型。

从本章第一节对称数法系统构成研究的概述可以看出，英汉语言学界对各自的称数法系统的描述有如下共同之处：

第一，英汉称数法都包括基数词（例如：三、three）和序数词（例如：第三、third）。

第二，尽管英汉语言学界对它们的定位并不相同，但是英汉称数法都有模糊数词（概数词）、倍数词和分数词。

英汉语言学界对称数法系统的描述区别如下：

第一，英语称数法的语法形式既可以是代词又可以是形容词，还可以是副词，而且在分类中除了基数词、序数词、倍数词、分数词、集合数词之外，还有分配数词和频次数词，后两类在汉语中是用数词加其他语言单位一起构成的具有一定格式的短语，而不仅是数词。

第二，英语中表达频次的时候用"once（一次），twice（两次），thrice（三次），four times（四次）"等（前三个是有专用的词，后面才是数词加量词），而汉语里一般用数词加动量词，这是由汉英两种语言的形式差别决定的，汉语字词是离散的，而英语是熔合的。

第三，英语语言学把"threefold（三倍），twice（两次），double（双）"等全都看作数词，尽管从语法属性上来看，有形容词，有副词还有复合名词［fortnight（两星期）］。在汉语中也存在这样的词，例如，

"几、多少、一些",有些研究者认为它们是数词,有些认为它们是代词。

第四,汉语学界有些研究把问数词纳入了称数法系统之中,英语学界没有。

之所以存在这些异同,正是因为英汉称数法系统本身存在的差异。

本书认为,英语的称数法系统构成如图 3.2 所示。

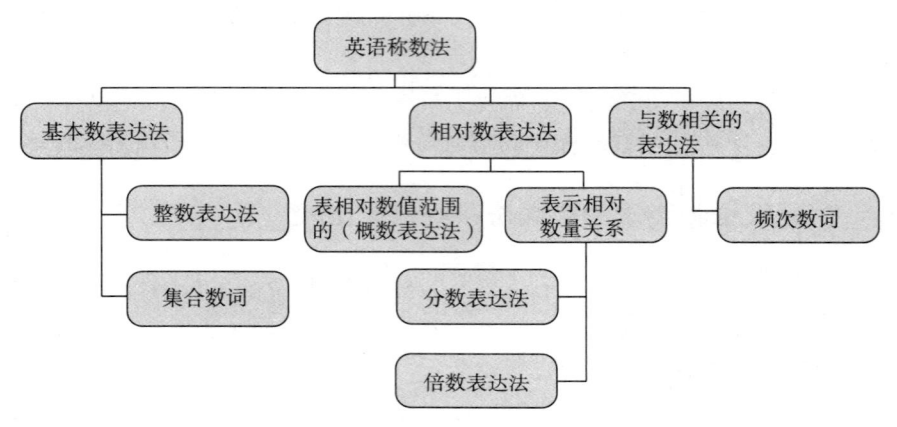

图 3.2 英语称数法系统

与前人相关研究相比不同的是,本书认为:

(1) 英语称数法系统不包括序数表达法。这是因为,从意义上讲表序的数词并不是表数数词。要构成英语表数数词需要具备两个特征:第一,含"数"义,表数意义。第二,与数概念紧密结合,且不能拆分,例如频次数词 once(一次)、twice(两次)、thrice(三次)、four times(四次)等。

(2) 英语称数法系统不包括分配数词。这是因为 six each(一人六个)之类的表达法很明显是 six(六)和 each(每个)两个概念通过句法规则结合在一起,不仅仅只表达一个数的概念,它们是两个概念而且可以拆分。

本书认为,汉语的称数法系统构成如图 3.3 所示。与前人研究相比,本书认为:

(1) 汉语称数法系统不包括序数表达法,这是因为从意义上讲表序的数词并不是表数数词。要构成汉语表数数词需要同时具备两个特征:第一,含"数"义,表数意义。第二,能与"量"词合用,不能的不是数词。下文将详细讨论这一点。

（2）汉语称数法系统不包括问数法。

比较两种语言的称数法系统，可以发现两者之间的区别在于英语有集合数词和频次数词，而汉语没有。

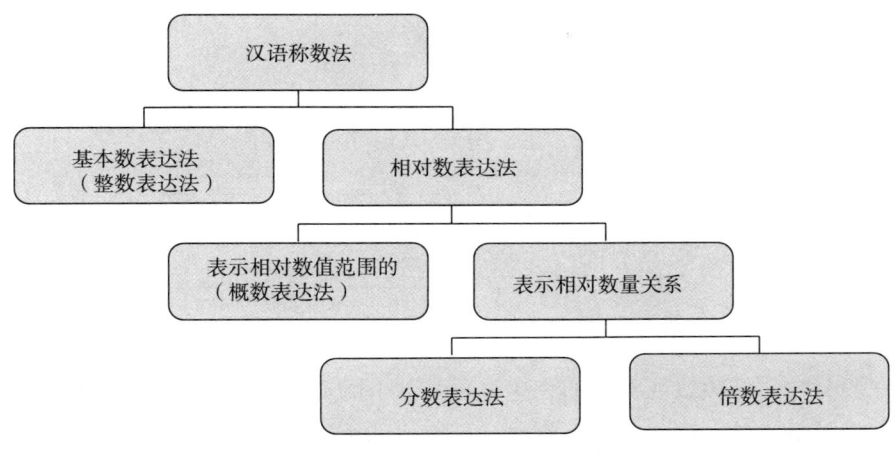

图 3.3　汉语称数法系统

二　面向普遍语言特征研究的称数法系统

不同语言对称数法的定义不同，对称数法的分类也不一样，同时，称数法的语法属性和表现也不一样。为了避免从单种语言称数法出发而得出片面的结论，为了对不同语言称数法以及称数法的构成有大体一致的理解，并使不同语言称数法的比较具有一致的标准，有必要对称数法的系统构成加以跨语言的梳理。

本书认为，有什么样的数就应该有什么样的称数法，称数法是以"数"为基点的形式考察和研究，应该用数的类去对应和寻找称数的形式和方法，再联系上文的比较，可以建构起面向英汉比较的称数法系统（如图 3.4 所示）。

三　称数法系统说明

（一）术语说明

本书中相关的各种分类大多称为"表达法"而不用"词"的原因是：（1）本书的称数法是指表数的语言形式和结构方法，外延比"词"更宽；（2）在不同语言中，不同数的表达方式的语法属性各不相同，有一些语

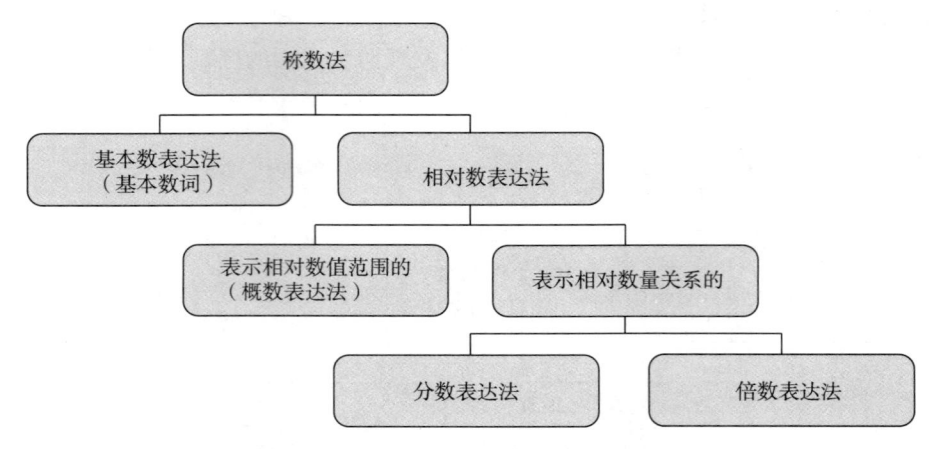

```
                        ┌──────────┐
                        │  称数法   │
                        └────┬─────┘
                ┌────────────┴────────────┐
        ┌───────┴────────┐         ┌──────┴──────┐
        │  基本数表达法   │         │ 相对数表达法 │
        │  （基本数词）   │         │              │
        └────────────────┘         └──────┬──────┘
                            ┌─────────────┴─────────────┐
                  ┌─────────┴────────┐          ┌──────┴──────┐
                  │ 表示相对数值范围的│          │表示相对数量关系的│
                  │  （概数表达法）  │          │              │
                  └──────────────────┘          └──────┬──────┘
                                         ┌─────────────┴─────────────┐
                                   ┌─────┴─────┐              ┌─────┴─────┐
                                   │ 分数表达法 │              │ 倍数表达法 │
                                   └───────────┘              └───────────┘
```

图 3.4　面向普遍语言特征研究的称数法系统

言的分数、倍数以及概数的表达方法是单个的词，而很多语言的相应表达方式都是简单数词与其他语言成分所组成的短语形式。

有关于基本数表达法的术语，由于这类表达法表义的唯一性和确定性，以及结构的稳定性，它们的性质是数词或数词短语，因此也可以称为基本数词。由于学界通常把基本数词称为数词，本书遵循这种惯例，并且在很多时候把基本数词系统简称为数词系统。

（二）其他说明

与一般所建构的称数法系统不同，本书认为面向普遍语言特征研究的称数法系统不包括问数法、序数表达法、数词的异读、集合数词和频次数词等。其原因分别如下。

1. 序数表达法

本书所构建的这个系统与前人所构建的系统的最大区别是没有序数表达法。之所以把序数表达法排除在称数法系统之外，是因为本书发现，不管"第一"还是"第一百"，表达的数量始终是"一"，并具有"特指"意味。它们表达的似乎并不是数量，因此算不上"称数法"（当然，本书并不是否认一些语言中存在"序数词"和"序数表达法"，只是认为，它们不是称数法，因而不应该列入本书这个跨语言的称数法系统之中）。

同时，目前国内外学界对数词的定义可以分为四类：（1）表示数目或数概念的词；（2）起计数作用的词；（3）表示数目和次序的词；（4）表达数目以及与数目相关的数量、顺序、频率和份额的词。

如果从第一、二种定义出发，那么表达顺序的词就不是数词；从第三种出发，那就说明表示顺序的词应该都是数词，但是"last""最后"这些表示顺序的词肯定不是数词。第四种定义认为，"表达与数目相关的顺序的词"是序数词，那么表示顺序就不是数词的属性而是它的功能，就像用来表示时间、频率等一样，是数词的运用层面的内容。这些都是利用数词系统的有序性，来表达事物的顺序。

第四种定义是英语学界的观点，他们之所以这样认为，是因为在英语中，确实存在专门"表达与数目相关的……顺序、频率和份额的词"，例如，first、second、third……once、twice、thrice……tenth 等，这些表达方式都是词，而且数量无限。而汉语中相应的表达方式则是用数词或数词加其他语言元素（如"第、次、分之……"等）的结构表达的。也就是说，本书并不否认"序数表达法"的存在，目前汉语界所认为的"序数词"，是称数法的一种运用方式，是用来表达"顺序"的，但本身并不是称数法。李湘平（2006）给序数下的定义是：与次序有关的数目。分析该文，与很多类似的研究一样，该文所下的定义要表达的实际上是"用来表达次序的数目"，这进一步证明了本书的观点。

理清了这一点之后，就能解决一些相关的问题。

（1）一些表示顺序的词不能算数词。例如，首先、其次、最后，老大、老幺，状元、榜眼、探花，等等。所以，郭攀（2004）所提出的"社会性数系"其实不属于数词的范畴。

（2）可以更准确地对数词下定义，可以否决前面所提到的第三种和第四种定义。

（3）从语义功能出发，有利于区分"顺序"和"数"这两个相关但是相异的语义功能范畴。

称数法是用来表达与"数"相关的概念的，由于数的有序性，数词或涉数结构通常被用来表达顺序。例如汉语中可以用"一楼、二楼、三楼……"等表示"第一层楼、第二层楼……"等；"一、二、三……"表示"第一点、第二点、第三点……"等。但是除开数词或涉数结构之外，不同的语言中都存在着用其他有序的语义范畴来表达顺序的表达方式。例如汉语中有"头、尾，起首、结尾，前面、中间、后面"等，这些都是用一种语义的顺序性来表达另一种语义的顺序性，都是用一种认知域中的表达方式表示另一种认知域中的概念，是一种隐喻。再如"第二车间、第三林场、第四餐厅、第一志愿",有时说成"二车间、四餐厅、三林场、一志愿"。这是通过采用与表达复数的结构不相同的方式来表顺序,因为表达复数的形式是"两个车间""四个餐厅"。这与"一班、二班、三班"一样,都是通过把同一序列的事物视为一个集合,然后利用每一个基数词本身在数系中的有序性来给每一个个体定名,使之具有顺序的意义。这些都不是"序数词",而是用不同形式来表达顺序。

前面所说的数词的第四种定义方式把顺序和频率等都看作数词的范畴之一。这很明显是把数词的功能看作了其属性,其实是不科学的。

(4)可以帮助人们进一步意识到,即使是对于"数"这一个在不同语言之间相似度很高的语义范畴,不同语言都有不同的表达方式。本书认为汉语界之所以会存在对数词的第三种和第四种定义,除开因为对顺序和数概念的混淆之外,还是因为受到英语语法界的影响。英语认为序数词是数词,是因为它通常用数词表达顺序,而且英语中的序数词很多时候确实是序数"词"。

(5)同时,也能回答下列问题:如果说 first 是序数词,那么与之相对的 last 为什么不是呢?中文的"第一"和"最后"为什么也有不同的语义属性呢?为什么中文认为数词加上"第"就成了序数词了呢?

其答案是:不存在"序"数词,但是可以用数词或含有数词的结构表达顺序这个语义范畴。

2. 数词的异读

本书把数词的异读或特殊数词排除在讨论的范围之外,例如汉语中的如下数词:

(1)方言数词。如"廿""念""卅"。从历时角度来说,"廿"和"卅"是古汉语的数目合书形式。尽管它们的书写形式是独立的个体,语音上也是一读,但是意义上等同于普通话的"二十"和"三十"。

(2)俗语数词。常见的有代表"一"的"幺"和代表"七"的"拐"。这个现象的出现是因为 20 世纪初在电报电话中为了避免接收者混淆两者。

(3)由隐语发展而来的数目。如"一张、一棵、一吨、一方",它们分别表示"一十、一百、一千、一万"。这些词在一定程度上具有俗语数词的性质。

(4)数量兼容的数词。最典型的是"俩"和"仨"。俩:"两个"。

仨:"三个"。这类词在书写形式上是一个字,语音上为一读,语义上以数目为主,但是在语义和语法功能上都相当于数量词组。

如上所见,特殊数词除开所表达的数值意义之外,还含有很多的文化意义,它们与其他的数词差别很大,系统性较弱,表"数"的意义较弱。而且,有些词还是数词与其他语言单位的合体,例如,汉语中的"俩"和"仨"以及英语中的 fortnight(两星期)。因此,本书不把它们纳入研究的范围之内。

3. 集合数词和频次数词

除了前文所说的英语中有集合数词和频次数词而汉语中没有这个原因之外,本书所构建的面对语言比较的称数法系统中不存在这两个概念还有如下原因:

英语语法界认为,集合数词是基本数词的一个词类。但是,尽管这一类数词在某些语言中都存在,但是都更像是用一定的数量做量词,与位数词有时用作量词的用法一样。如"成打"的结构和用法接近"成堆、成对、成批",尽管这个结构可以表示概数的含义,但"打"本身是单位量词,它与"一对耳环""一把沙子""一堆袜子"中的"对""把"和"堆"(尤其是"对")并没有本质区别。更重要的是,它是英语集合数词 dozen 的英译,是一个借词。dozen、score 与 part、pair 等也没有本质区别,这可以从 a dozen of、a part of、a pair of 等分别有相对应的复数形式 dozens of、two scores of/ scores of、parts of、pairs of 看出来。

称数法后面能加量词构成数量结构,"打"、dozen 等却不可以。例如,"十二个鸡蛋"可以说,"一打个鸡蛋"却不能说,而只能说"一打鸡蛋";可以说 twelve eggs 却不能说 dozen egg。并且,"1 打 = 12"与"1 磅 = 12 盎司"和"1 英尺 = 12 英寸"没有本质区别。

同时,在所有语言中,集合数词都只是少数的几个,都不是系统性的表达,这一点也不同于称数法。

因此,本书认为集合数词不应该在这个称数法系统之中。

关于频次数词,英语语法界认为,频次数词是基本数词的一个词类。因为在英语中,就像序数词一样,有些频次数词的表达方式是词,如,once、twice、thrice。但是本书不赞同这一点。

首先,即使是在英语中,表达频次的表达方式也只有 once、twice、thrice 这三个是词,其他的是数量短语,如 four times、five times 等。

其次，频次数词是基本数词运用层面的内容，本身表达的不是单纯的数量，而是"次数"。如果认为频次数词是基本数词的次类，那么时间、电话号码等所有表达方式都可以说是基本数词的次类，这肯定是不合理的。

（三）基本数词系统中的几组概念

不同语言基本数词是本书的主要研究对象。为便于研究，有必要先界定几组概念。

1. 基数、数词基、位数词与基本数词基

在英语中，数学范畴的基数和语言学范畴的数词基是用同一个词 base 表示。数学范畴中的基数（base）是指定位数系①中用来表数（包括"0"）的互不相同的数码（即数字符号）的数目。例如，十进制数系的基数是 10，因为它使用 0—9 这九个数码来表数。也是指被用作幂基数以产生一个数词系统的主要计数单位的数，例如，五进制数系的基数是 5。伊夫斯（2009：4）指出，"当需要进行更广泛的计数时，就必须将计数的方法系统化。……把数目排列成便于考虑的基本群；群的大小多半以所用的匹配方式而定。简单一点说……：选取某一数 b 作为计数的基（base）［也叫作记数根（radix）或进位制（scale）］并定出数目 1，2，3……b 的名称。这时，大于 b 的数目用已选定名称的数目的组合表示。"

数学领域所说的"基数"用英文表达是 base，语言学领域的相关概念也被称作"base"。为了区别两者，本书把语言学领域的 base 翻译为"数词基"。Ferdinand von Mengden（2010：32）从类型学的视角把数词基定义为：与连续循环使用的最小数词序列（例如，汉语中的"零、一、二、三……九"，英语中的 one、two……nine）结合使用的元素。Greenberg（1978：270）只是简单地把它定义为：一个被连续使用的被乘数。Hans Magnus Olsson（1997：10）把它定义为：与其他的数相加或相乘产生数词的数。Comrie（2013）把它简单地定义为能进行各种数学运算的数值，换句话说，Comrie 把任何被加数和被乘数都当作数词基。

比较"基数"和"数词基"，可以发现数学领域的"基数"即表达

---

① 区别于简单分群数系、乘法分群数系、字码数系、印度—阿拉伯数系，是指在选定数基 b 之后，采用一些基本符号来表示 0，1，2. ……，b-1 的一种数系。

进制的数。例如，十进制①数系的基数只有 10，二进制数系的基数只有 2。而语言学领域所说的"数词基"，一种语言中可以有多个。例如，英语中的 hundred，thousand，million，trillion，汉语中的"十、百、千、万、亿、兆"。其原因是数学领域的"基数"是源自对书写的"印度-阿拉伯数系"（即阿拉伯数字）的考察，因为该数系有一个表示空位的"0"，一个序列的系数用完了，需要其他元素表示时就用"0"替代。数学家们说十进制的基数是 10，意思是说，在 10 的位置，单个的任意数字符号"1，2，3……9"用完了并且需要通过结合两个这样的符号以构成复合数字。

而在口头语言的数词系统中，当单个的任意符号用完了以后却没有表示数值空位的符号可以使用，只能新创造一个任意的简单符号（例如"十"或 ten）来作为被加数和被乘数。当单个的任意数词（即系数）与这个新创造的符号的组合用完了以后又需要创造一个新的符号（例如"百"或 hundred）。依次类推，汉语中的"千、万、亿、兆"都是如此。因此，我们可以看出，"数词基（base）"即相当于汉语语法界的"位数词"。

Greenbergh（1978：270）把数学中的"基数"以及语言中的最小数词基称为"基本数词基（fundamental base）"。例如，汉语中的"十"和英语中的 ten。

2. 数码、系数词与简单数词

英语语言学领域认为数词系统有两个重要的构成元素，一个是前面讨论的 base，另一个是 atom。英语学界认为 atom 是数词系统中形态简单的元素，它们最有可能与数词基或数词基的倍数结合构成连续、循环的数词序列。根据这个概念，本书参照李宇明（1986）的"数码"这个术语，把 atom 翻译成"数码"。Seiler（1990：190）把数码（atom）定义为最有可能被循环地使用或与数词基组合的一组特定数词。他还指出，在一些语言中，为了组成一个连续循环使用的序列，需要给这些数码附加一些复杂的表达方式。Ferdinand von Mengden（2010）认为 Seiler 的定义不全面，还得加上两条：数码总是形态简单的表达方式，它们不仅可以和数词基组

---

① 进位制是一种计数方式，亦称进位计数法或位值计数法。利用这种计数法，可以使用有限种数字符号来表示所有的数值。一种进位制中可以使用的数字符号的数目称为这种进位制的基数或底数。若一个进位制的基数为 n，即可称之为 n 进位制，简称 n 进制。现在最常用的进位制是十进制，这种进位制通常使用 10 个阿拉伯数字（即 0-9）进行计数。

合，还可以和数词基的倍数组合使用。在这个基础之上，他重新给数码下了适用于不同语言的精确定义：数词系统中最有可能与数词基及其倍数结合，构成连续循环的数词序列或子序列的、形态简单的元素。

以上定义表明，"数码"相当于汉语语言学界通常所说的"系数词"。英语语言学界对"系数词"和"简单数词"的理解和解释存在分歧。Greenberg（1978：256，2000：790）把两个元素的不可分割性作为主要的标准。因此他认为数词基和系数词都是"数码"，只是把"系数词"称作"简单数码"。Ferdinand von Mengden（2010）和 Seiler（1990）把数码和数词基都看作"简单数词"。

相对于英语界，汉语界的相关讨论比较一致，没有那么多分歧。汉语界一般认为：简单数词，包括系数词和位数词，指用单个的词表达一个确定数值的数词，如："零、一、二、三……九、十、百、千、万"，等。也就是说，汉语学界认为简单数词包括系数词和位数词，系数词和位数词是简单数词的下位概念。本书认为汉语学界在这个方面的界定非常清晰、准确。

3. 系数和系数词

在使用这些术语之前还得区分"系数"和"系数词"。系数是复合数词中与位数词相乘的部分，系数词是"数词系统中最有可能与数词基及其倍数结合，构成连续循环的数词序列或子序列的、形态简单的元素"。系数词是简单数词，而系数则既可以是系数词，又可以是由系数词和位数词组合而成的系位结构。例如，汉语复合数词"三百六十万"中的系数"三百六十"就有两个系位结构。

语言中的这些不同的数词基和数码（位数词和系数词）的使用，以及不同的分群方式，对考察数学的发展史，具有很重要的意义，例如，伊夫斯的《数学史概论》就使用了语言中的很多例证作为考察数学发展史的依据。

从构成方式来看，世界不同语言数词大体可以分为两类。一类是直接用一个词来表示一个数目，这个词通常是任意指定的语言符号或者借用表示其他意义的词。例如，汉语中的"一、二、三"和英语中的 one、two、three 是任意指定的，而很多语言中表示 5 的数词借自表示"手"的名词，苏美尔语（Sumerian）中表示 1 和 2 的数词原义分别是"男人"和"女人"（Menninger, 1969：13），约鲁巴语（Yoruba）可以用 òké（包）表示 20000，因此 òké méje（7 包）和 àádótaòké（50 包）分别表示 140000 和 1000000 Ekundayo（1977）。

另一类是以简单数词为基础，通过语音和语形手段构成的其他数词。语音构成方式有重音变化等，例如梵语的 astacatam（8′，100）表示 108，astacàtam（8，100′）表示 800[1]，重音影响数值意义，重音位置不一样，意义不同。语形构成方式有屈折和派生，其中派生的最主要方式是合成。用屈折方式构成复合数词的如阿拉伯语的 θalāθatun（3）的复数形式 θalāθūna 表示 30，xamsun（5）的复数形式 xamsuna 表示 50。[2] 合成是绝大多数语言复合数词的构成方式，例如汉语的"十"和"三"合成"十三"，英语的 three 和 ten 合成 thirteen，阿拉伯语的 θalāθatun（3）和 aʃaratun（10）构成 θalāθata'aʃara（13）[3]，伊加拉语（Igala）的 Ògbò（20）和 mējì（2）合成 Ògbòmējì（40）。[4] 很多语言的简单数词在屈折或合成为复合数词时会发生语音或语形的变化，例如英语的 five（5）和 ten（10）合成为 fifteen（15）时在语音和语形上都发生了变化，再如安多藏语的"一"和"十"声母相同，都是"ht"，因此在一些土话中"十一"的"一"部分就转变为舌尖前音 ts 或 tsh。[5]

从结构来看，数词可以分为简单数词和复合数词。上文所说的第一类词一般都是简单数词，复合数词一般都属于上文所说的第二类词，是通过屈折和合成等语法手段由简单数词变化而成。

从词类属性来看，世界不同语言的数词分别可以用作名词、形容词和动词等（Li 2006）。Hurford（1987：195）提到数词通常是名词性质，但是在有些语言中是动词。台湾南岛语言的数词就是如此，它们既能做名词又能做动词。Corbett（1978）认为不同语言基数词具有两个句法共性：基数词的句法表现介于形容词和名词之间；如果一种语言的不同数词存在句

---

[1] Joseph Harold Greenberg, *Universals of Human Language*, Vol. 3 - Word Structures Stanford, CA: Stanford University Press, 1978, p. 261.

[2] Mohssen Esseesy, *Morphological and syntactic features of Arabic numerals as evidence of their diachronic evolution*, Ph. D dissertation, Washington D. C.: Georgetown University, 2000.

[3] 例如 Mohssen Esseesy, *Morphological and syntactic features of Arabic numerals as evidence of their diachronic evolution*, Ph. D dissertation, Washington D. C.: Georgetown University, 2000.

[4] Gideon Sunday Omachonu, "Derivational Processes in Igala Numeral System: Some Universal Considerations", *Journal of Universal Language*, Vol. 12, No. 2, 2011。

[5] 完玛冷智：《安多藏语简单复合数词的语流音变》，载福建省语言学会编《第38届国际汉藏语会议论文提要》，2005年，第3页。

法表现差异，那么数值越大的数词越接近名词。

4. 系位结构和整零结构

系位结构和整零结构是现代汉语复合数词的结构类型，这两种结构不在同一级别，因为整零结构实际上包括几个系位结构。整零结构体现的是表示不同数值的系位结构在排列顺序方面的特征，即，从左到右、由大到小，先整后零。但是，从单位结构来看，还是"系+位"的格式。也就是说，系位结构只是描述复合数词的部分结构特征，而不是表达复合数词整体的语义结构，而整零结构不仅体现复合数词整体的结构特征，还体现复合数词的整体数值分布情况。

需要注意的是，不同语言的系位结构和整零结构各不相同。因为有些语言的位数词不显现，而用相对位置表示数值，例如罗马数词中，IX 表示 9，XI 表示 11；有些语言的复合数词的数值运算方式是减法和分数乘法。例如，Ket 语中 70 表达为 dɔŋas'bən's'aŋ²kiʔ，其字面意义是"100 减 30"，用的是减法；Welsh 语中的 50 表达为 hanner cant，该词的字面意义是"1/2 乘 100"，用的是分数乘法。它们的结构方式虽是"系位"，但是与汉语中的系位结构并不相同。同时，在其他语言中还存在与整零结构相并列的不同类型，例如零整结构。德语中的数词有些是整零结构，有些不是。例如，64 表达为 ierundsechzig，字面意思是"4—60"，其结构不是"整零"而是"零整"，不过从单个的结构看来，还是"系位"。

第四节　本章小结

本章以介绍目前学界对称数法系统构成的研究为基础，分析目前相关研究所存在的分歧及其原因，并通过第二节和第三节解决了这些问题。

第二节探讨了称数法与数意识、数概念、数的表达、科学数、数字、数量词、语法数以及数词的区别与联系，认为称数法是指称数的语言形式和方法，是语言形式和语言形式的结构方式的总和，并在此基础上分析了称数法的层级。第三节分析比较了汉语和英语的称数法系统构成，结合数本身的构成，建构了面向普遍语言特征研究的称数法系统，并对这个系统作了相应的说明。

本章所构建的面向普遍语言特征研究的称数法系统将作为后面几章对称数法系统进行类型学分析的基础。

第四章

基本数词系统中的语义运算类型

基本数表达法与相对数表达法相对，它是指表达基本的整数数目的表达法。例如：一、二、三、十一、一百三十六、七十八万，one、two、three、twenty-three、one hundred million，等等。

世界各民族的基本数词①系统存在诸多共性和差异。大多数语言像汉语一样有完整严谨的数词系统，有的语言只有少数几个表达小数目的数词［例如伊帝尼语（Yidiny）只有表示 1—5 的五个数词］，有的甚至没有严格意义上的数词［例如皮拉罕语（Pirahā）］。大部分用专用的语言符号表达数目并建立起复杂有序的数词系统，有的用实物作为数目的标记方式，有的表达数目的数词系统由各个身体部位词构成，例如俄克萨普明语（Oksapmin）以各个身体部位标记数量。

这些特殊的数词系统及构成方式与大多数语言的数词系统构成方式反映了人类认知和表达数目的手段的多样性和共性，将在第九章加以讨论。第四章至第七章将考察大部分语言数词系统的构成方式。第八章讨论相对数表达法的结构类型。

不同语言绝大多数的大数目数词都是通过简单数词组合而成。无论不同语言的简单数词是直接组合还是通过变音、屈折、加连接成分等方式组合成表达大数目的复合数词，这些组合成复合数词的简单数词之间都是通过数值语义运算的方式表达大数目。换句话说，不同语言以简单数词为基础表达大数目时，大都运用一定语义运算方式构成大数目数词，只是构成方式有一些差异。例如，"咱们所谓'一万'，英法等语却称为'十千'；咱们所谓的'八十'，法国人却称为'四个二十'；咱们所谓'七'，柬

---

① 为方便表述，下文的基本数词都简称为数词，与相对数表达法相对。

埔寨人却称为'五二'"（王力，1985：235）。这些差异反映了世界不同民族理解和表达数量概念的不同方式。本章首先将运用语例对现有关于"加、减、乘、除、幂、预设计数"等语义运算的研究及其分歧加以介绍，然后从分析和解决这些分歧入手，以数词系统的元素关系为框架，完善数词系统语义运算类型体系，并在此基础上考察不同语义运算方式在不同数词系统中所表现的蕴涵共性。

第一节　语义运算类型及相关研究

不同语言数词系统运用不同语义运算方式构成大数目数词。例如，不同语言可能用不同结构表示同一个数值18（最后三个例子引自 Menninger 1969：71）：

汉语	十八	10　8
拉丁语	duodeviginti	2 从 20
传统威尔士语	deunaw	2 9
芬兰语	kahdeksantoista	8 第二

同一种语言中相邻的数词成分之间数值语义关系可能不同。例如英语的 thirty 和 trillion 都是 3 与表示单位数值的成分相邻，但是语义关系不同。

| thirty | 3 | 10 | 3×10 |
| trillion | 3 | 1000000 | 1000000^3 |

另外，相同的结构在不同语言中可能表示不同的关系。例如，威尔士语的 hanner cant，数值语义关系是 ½ ×100，即 50，而丹麦语的 halvfemsindstyve 的字面意义是 "½ 第五 二十"，但是它的数值语义关系不是 ½ × 5×20，而是 [（5-1）+½] ×20，即 90。

| 威尔士语 | hanner cant | ½ ×100（50） |
| 丹麦语 | halvfemsindstyve | [（5-1）+½] ×20（90） |

以上不同语言的数词实例分别使用了目前语言类型学研究已经确定的几种语义运算：加、乘、减、乘方、预设计数（overcounting）和循序计数（undercounting）。汉语的"十八"运用了加，传统威尔士语的 deunaw 运用了乘（有的学者称之为除），拉丁语的 duodēvīgintī 运用了减，英语数词 thirty 和 trillion 分别运用了乘和乘方。芬兰语的 kahdeksantoista 和丹麦语的 halvfemsindstyve 都运用了预设计数，分别表示"第 2 个 10 的第 8"和"第 5 个 20 的一半"。

这些有趣的语言现象以及它们所反映的语言共性成为语言类型学研究的关注对象之一，其中的代表性成果有 Menninger（1969）、Hurford（1975）、Greenberg（1978）、Gvozdanovic（1992，1999）、Comrie（2013，2022）等。这些研究对不同语言数词系统中的语义运算方式进行了系统性的考察，但是对一些现象的解释和界定存在矛盾之处。首先，对同一语义运算类型有不同的理解。关于除，大多数的研究认为除是数词系统中的一种数值语义运算，Comrie（2022）却认为除实际上是一种乘；关于乘方，Menninger（1969）和 Gvozdanovic（1992，1999）没有加以讨论，Greenberg 认为复合数词成分之间没有这种语义运算方式（1978：258），Hurford（1975）和 Comrie（2022）肯定了乘方是数词系统中的一种语义运算，并认为绝大多数语言的数词基（下文遵循汉语学界的普遍做法称之为位数词①）通过这种语义运算方式构成。其次，对同一语言现象有不同的界定。Matisoff（1997）认为宗卡语数词 khe ko da sum（55）的语义构成方式是减，Mazaudon（2009）认为是预设计数。除此之外，相关研究还有待清晰化和系统化，而且迄今为止尚无类型学研究成果建立相关特征语种库并进行统计和分析。

第二节　相关研究的歧见及其解释

要解决相关歧见，需要采用一致的标准，理清不同语义运算方式之间的关联和差异，构建一个完整的描述体系，从而使得相关研究有章可循。

---

① 数词基即汉语学界常说的位数词，"指的是以 $xb+y$ 的模式（即一个数词 x 乘 b 再加一个其他数词 y）构造复合数词时所用到的数词 b，在不同语言中这些元素的顺序以及表达加和乘的形素可能不同"（Comrie 2013）。Greenbergh（1978：271）把数学中的"基数"以及一种语言中的最小数词基称为"基本数词基（fundamental base）"，例如汉语的"十"和英语的"ten"。"基数"即表达进制的数。例如，十进制数系的基数是 10，二进制数系的基数是 2。

Greenberg（1978：255）运用数学中的函数概念对数词进行数值语义分析：每个数词把一个数表达为函数，并以一个或多个数作为其参数。例如，英语的 twenty three 把 23 表达为函数（a×b）+ c，参数 a 赋值 2，参数 b 赋值 10，参数 c 赋值 3。本书将沿用这种方式进行分析。学界对加、乘、减这三种语义运算方式的界定是一致的，本书不再赘述，而只讨论分数乘法、乘方和预设计数。

一 "除"是分数乘法

对于"除"是否基数词系统中的一种语义运算类型，学界的认识有一个从肯定到怀疑的过程。Greenberg（1978：261）明确认为它是数词系统中的一种语义运算，并指出它总是表达为位数词乘一个分数，Winter（1992）和 Comrie（1992）认同 Greenberg 的观点，但认为"除"在数词系统中的运用率很低，而 Mazaudon（2009）认为："用'除'来构成复合数词的情况极为少见……即使偶有发生，也只是用来构成单个的数词，而不会把它当作一种常规方式去构成数词系统中的多个数词。"Comrie（2022）在文章中明确认为它是包含分数词的乘。

笔者认同 Comrie 的观点，所谓"除"不是除而是乘。首先，我们在讨论数词系统中的语义运算时，指的是数词内部各成分之间的关系，而不是数词整体和成分之间的关系。用函数分析法来看，在一个函数 f（a, b）中，a 和 b 之间的关系不等同于 f 与 a 或 b 之间的关系。加、乘、减等语义运算都是 a 和 b 之间的运算，当界定其他语义运算时也应该采用同一个标准。其次，正如 Greenberg 所指出的那样，这类运算总是表达为位数词乘一个分数词。运用函数分析法来分析，这些数词成分之间的语义运算都是乘，例如威尔士语数词 hanner cant 可以用函数 f=a×b 表示，即 50 = ½ ×100。最后，有些语言结合分数词和基数词一起做系数，与位数词相乘，这种情况进一步说明了这类运算是乘而不是除。例如印地语（Hindi）的 350 表达为 sarhee teen sau，字面意义"½ 3 100"，语义运算关系为（½ + 3）× 100；1550 表达为 sarhee pundrah sau，字面意义"½ 15 100"，语义运算关系为（½ + 15）× 100（语料引自 Takasugi，2006）。实际上，就现有研究以及本书目前所考察的 4600 多种语言来看，没有哪种语言的数词系统中存在可以分析为 f（a, b）= a/b 或 b/a 的数词。

此类结构中的被乘数总是一个位数词，乘数总是像 hanner（威尔士语，½）、halv（丹麦语，½）、sarhee（印地语，½）和 ko（宗卡语，¾）这样的分数词，因此我们称这种乘法为"分数乘法"。从构词动因来看，这类结构以人们所熟知的、以位数词形式表达的整数数值为参照点，运用分数词的等分概念等分这个整数数值，从而表述相应中间数值。这类结构只存在于十进制和二十进制数词系统中，其中的分数词通常是½或¼的倍数。具体来说，涉及½的乘运算存在于十进制和二十进制数词系统中，涉及¼的乘运算存在于二十进制数词系统中。因为10的一半是5，20的四分之一是5。5的数量在数词系统中被广泛运用，因为古人为了方便认知数量而经常使用身体部位及其数目来辅助计数，5是一只手的手指数，也是大多数人一眼就能认出的最大数量。[①]

二　乘方的两种存在方式

对于乘方作为数词系统中的语义运算类型，学界存在两种相反的观点。Greenberg（1978：258）认为把乘方看作语言中的语义运算方式的观点是错误的，因为没有哪种语言的复合数词成分显性地表述为乘方。例如，英语中的 hundred（百）不能用 f（a，b）= a^b 的函数形式分析为 10^2。而 Hurford（1975）认为乘方是比加和乘更复杂的一种语义运算："各种语义运算的复杂程度不同。最简单的是'增量'，较为复杂的是'加'，其次是'乘'和'乘方'。" Comrie（2022）认为乘方是位数词的一种构成方式，例如英语中的 ten（10^1）、hundred（10^2）、thousand（10^3）和 million（10^6）等。

由以上论述可以看出，这几位学者之所以持两种对立的观点，是因为他们对数词系统中的语义运算的界定不同：Greenberg（1978：258）认为它是指复合数词的成分（通常是系数词和位数词）之间的数值语义关系。Hurford（1975）与 Comrie（2022）认为它是指数词系统中所有元素之间的数值语义关系。

本书赞同 Hurford 和 Comrie 的界定，但是认为各元素之间的语义关系可以分为不同类型（这一点将在下文详细讨论），而乘方作为一种语义运算存在于两种不同的元素关系中。

首先，乘方可以存在于一些语言数词系统的相邻成分之间，作为一种

[①] 这是数词系统中的涉身认知现象，相关内容将在本书第九章讨论。

语义运算方式构成复合数词。最典型的例子是法国数学家许凯所创造的以-illion 或-yllion 结尾的"许凯系统"，即 million（10^6）的幂 million、billion、trillion、quadrillion，等等。在他所创造的这个系统中"第一个是 million，第二个是 byllion，第三个是 tryllion，第四个是 quadrillion，第五个是 quyillion，第六个是 sixlion，第七个是 septyllion，第八个是 ottyllion，第九个是 nonyllion。……million 表示一百万，byllion 表示一百万个 million，tryllion 表示一百万个 byllion，quadrillion 表示一百万个 tryllion，依次类推，以致无穷。"[①] 目前，法语、德语等一些欧洲语言仍然使用这个"长极差制"系统，美式英语中已改为"短级差制"，其中的 billion 表示十亿。

从拉丁词源来看，-illion 表示 10^6，mi-、bi-、tri-和 quadri-分别表示 1、2、3 和 4，million、billion、trillion 和 quadrillion 这四个词分别表示 $(10^6)^1$、$(10^6)^2$、$(10^6)^3$ 和 $(10^6)^4$。用 Greenberg 的函数分析法，可以把它们分析为 f（a，b）= a^b，这些词可以描述为 illion^{mi}、illion^{bi}、illion^{tri}、illion^{quadri}，等等。由此可见，成分 mi-、bi-、tri-、quadri-与成分-illion 之间的语义关系是"乘方"。实际上，Greenberg 也承认 billion、trillion 和 quadrillion 等是一种特殊情况，他把它们分析为 $10^{2.6}$、$10^{3.6}$、$10^{4.6}$，等等。

其次，正如 Hurford 和 Comrie 所持观点，乘方可以指运用特定位数词表示基数的幂。在数学概念中，定位数系的不同位数分别是表示进制的基数（base）的 n 次方。相应地，在数词系统中，位数词可以用乘方的方式构成，即某种语言的位数词是基数的 n 次方。例如汉语中"十、百、千、万、亿、兆"等都是基数 10 的幂，再如在二十进制的古宗卡语数词系统中，khe、ɲiɕu、kheche 和 jɑːche 等分别表示 20^1、20^2、20^3 和 20^4。

大多数语言的数词系统中都存在这种运算，只有少数语言没有位数词，还有一些语言运用乘的方法来建构位数词，也就是说位数词是基数的倍数。

三 预设计数的内涵与特征

预设计数是基数词系统中一种较为特殊的语义运算类型，现有研究对其内涵的看法基本一致，但是在描述某个复合数词中所用的语义运算方式

[①] 引自许凯法语著作的英文翻译版：https：//en.wikipedia.org/wiki/Nicolas_ Chuquet（Accessed 2021-10-02）。

时存在混淆预设计数与分数乘法或减的情况，因此有必要在描述其本质与特征的基础上廓清预设计数与其他语义运算方式的区别与联系。

（一）预设计数的内涵

迄今为止，中外学界对预设计数的内涵和术语有三种阐述。第一种是越级计数。Menninger（1969：76-77）指出，这种特殊的计数方法把 24 表述为"第 3 个 10 的 4"，它在计数 24 时把零数 4 放置于两个等级数 20 与 30（即第三个数目为 10 的间隔）之间①，因为这个间隔中的数是由较高一级等级数 30 决定的，这种从较高等级数出发的计数可称为越级计数（overcounting）。Comrie（1992）曾认为越级计数是波拉比语（Polabian）数词 disą̧tnocti（20，字面意义 10+10）和 disą̧（t）disǫt（100，字面意义 10×10）中所用的计数方法。这类复合数词的特殊之处在于，不同于绝大多数复合数词的系数数值小于位数，它们的系数数值等于位数。Comrie（2022）改为认同 Menninger 对越级计数内涵的描述，而把波拉比语中的这种特殊情况称为超限计数（overrunning）。第二种是前进计数。Greenberg（1978：258）发现乌拉尔语系乌戈尔语族也有类似表达，但是具体表达为"向……"，因此把它称为 going-on（前进计数）。例如，乌戈尔语族曼西语的 23 表达为 vat-nupəl xurm，其字面意义是"30-向 3"。世界突厥学权威葛玛丽（Annemarie von Gabain）称之为"阶梯式计数法"（ober stufenzahlung），古突厥语数词 säkiz ygrmi（8 20）的意思是"从 10 到 20 之间的第 8 个台阶"（转引自贺川生 2018）。第三种是逆序计数。贺川生（2018）从计数原理的角度对它加以阐述："（一种）计数原理是把数看成数轴上从小到大的点，例如 17 这个数在数轴上可以认为是第一个 10 的间隔后面第 7 个点。这种计数方式称为顺序计数（under-counting）……先民也可以从相反的方向来理解数目在数轴上的位置。例如 17 这个数也可以理解为第二个 10 的间隔之前的第 7 个点。这种计数方式被称为 overcounting（逆序计数）"。

以上阐释都一定程度上反映了这类数词表达方式的特征，但是都有不当之处。首先，1—10、11—20 和 21—30 分别是十进制计数系统的第一、二、三等级，当把 24 表示为"第 3 个 10 的 4"时很明显并未越级。其

---

① Menninger 所说的相邻等级数实际上是位数词的两个相邻整倍数，例如十进制数系中的 20 和 30，30 和 40 都是相邻等级数。

次,"逆序"这种说法容易让人误认为这类数词所表达的不是数轴上从小到大的点而是相反。最后,"前进计数"未能反映其本质特征。"前进"的提法不具有区分功能,因为从总体上来看这类数词表达方式和与之相对的另一种方式都是前进计数,而且本书发现大多数此类数词都不用表示"向、朝"的词素。

笔者认为,这种数词表达方式在本质上是表达位数词的相邻整倍数之间的数的一种方式。它以数值较高的整倍数为预设的目标点,根据某个数在两个相邻倍数之间的位置来确定其数值。由于其关键特征在于参照预设目标点来计数,本书称之为预设计数,并把以这种方式表达的数词称为预设数词。与之相对的数词表达方式以数值较低的倍数为出发点,根据某个数在这个数值较低的倍数后的位置确定其数值,本书称之为循序计数。如果把预设数词的结构写作 nb+m[①],其中 b 表示位数词,n 表示位数词的数值较高的倍数,m 表示这个数词在位数词相邻两个倍数间隔中的位置,那么它所表达的意义可以描述为"第 n-1 个 b 和第 n 个 b 之间的 m"。例如排湾语数词 pu-siá-cǔro a puroq no ita 的字对字翻译是"第三 10 1"(语料引自闻宥,1983),它所表达的意义是"第 2 个 10 和第 3 个 10 之间的 1",即 21。[②]

以上界定中有两个关键概念:位数词和参照点。位数词在英语中被称为 base(数词基),"指的是以 xb+y 的模式构造复合数词时所用到的数词 b,其中 x 和 y 都是简单数词,在不同语言中 x,y 和 b 的顺序可能不同,表示元素之间语义关系的形素也各不相同。例如汉语数词'二十六'中的'十'是 b,作为被乘数。"(Comrie, 2013)汉语的位数词有"十、百、千、万"等;古宗卡语(Dzongkha)的位数词有 khe(201)、ɲiçu(20^2)、kheche(20^3)和 jä:che(20^4)等。位数词的两个相邻整倍数构成了一个间隔区间,其中数值较低的倍数是起点,数值较高的倍数是止点。这两个点分别被循序计数和预设计数用作参照点:循序计数以起点为参照点,用作计数的出发点;预设计数以止点为参照点,是一个预设的目标。

就预设计数与循序计数的关系而言,字面数值相同的预设数词和循序数词数值不同。在预设计数的语义运算中位数词的系数减 1,预设数词的

[①] 这是一个概括不同语言预设数词的结构,n 和 m 代表数值小于 b 的任意简单数词,n、b 和 m 的顺序忽略,n 和 b 的构成方式忽略,"+"的表达形素忽略。

[②] 由于预设数词的特殊性,第五章将专章对其特征、编码方式、分布、动因和历时发展等加以考察。

字面数值不等于实际数值，而循序计数语义运算的位数词系数不需要减1，循序数词的字面数值等于实际数值。换言之，同一个数值如果用这两种不同的方式表达，其字面数值不同。以十进制数词系统为例，21 在有些语言中用循序计数方式表达，如汉语的"二十一"；有些语言以预设计数方式表达，如西部裕固语的 bəre ohdəs，字面意义"1 30"，数值语义运算为（3-1）×10+1。两种不同表达方式的差异如图 4.1 所示。

```
                    二十              ohdəs
    10          20    21          30
————|——————————|—>*————————|——————
   西部裕固语          bəre ohdəs
   汉语                二十一
```

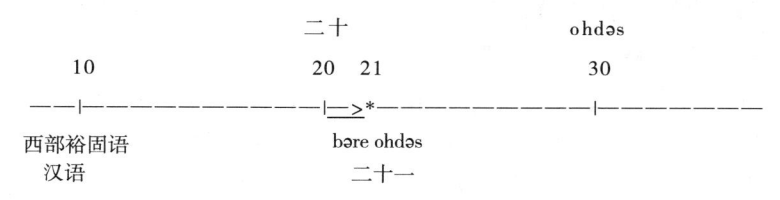

图 4.1　预设计数与循序计数的不同表达方式

由此可见，预设数词还具有以下两个特征：首先，它们的字面数值不等于实际数值，例如上文西部裕固语的例子。其次，由于预设计数过程是加向位数词较高数值的倍数的数，因此其中只可能有加的运算而没有减。例如，十进制的预设数词表示 18 时，其字面结构是 2×10+8，意义是"加向第 2 个 10 的第 8 个数"，而用减的方式表示 18，结构将会是 2×10-2，意义是"第 2 个 10 少 2"。如果一个数词中出现了位数词的较高数值的倍数，并且运用了减的语义，那么这个数词不是预设数词。

（二）预设计数与其他语义运算方式的区分

理清不同语义运算方式的关系，有利于更准确、更系统地描述不同语言的数词系统，也有利于更清晰地区分不同语义运算方式，从而有助于我们更加客观、准确地分析和整理这些运算方式在不同语言数词系统中的蕴涵关系和共存倾向。在所有语义运算方式中，最容易混淆的是分数预设计数与分数乘法，以及预设计数与减。

分数预设计数是一类特殊的预设计数，它通过参照位数词的两个相邻倍数中数值较高的倍数来表达这两个倍数之间的一个等分数值位置。例如宗卡语数词 khe ko da sum，字面意义"20 ¾ 的 3"，数值意义为"第二个 20 和第三个 20 之间的¾"，即 55（语料引自 Mazaudon，2009）。[①]

分数预设计数不同于分数乘法。两者的语义关系有差异：分数乘法的

---

① 分数预设计数与其他预设计数的区别将在第五章专门讨论。

语义关系是分数词与位数词相乘，它们所表达的含义是位数词数值的几分之几。例如，梵语数词 śat-ardha（50）和 ardha-pančasat（25）中的语义运算分别是 100×½ 和½ ×50（语料引自 Menninger，1969：80）。两者的结构也有差异，分数预设计数是"分数词–系数词–位数词"或"位数词–分数词–系数词"；分数乘法是"位数词–分数词"或"分数词–位数词"。这两者的区分也印证了预设计数的第一个特征：运用分数乘法的数词实际数值等于字面数值，而预设数词的实际数值不等于字面数值。

预设计数很容易被误认为是减。例如，Matisoff 认为宗卡语数词 khe ko da sum（55）中运用了 backcounting（回头计数，也就是减）："宗卡语用 ko（¼）来表示'减 5'，例如 khe ko da sum（55），字面意思是'20 乘以四分之一少于 3'。"（Matisoff，1997：69）这种解释不符合词义，因为 ko 是¾ 而不是¼ ，其意义是"第二个 20 和第三个 20 之间的¾"（Mazaudon，2009）。它的数值意义完全符合预设数词的特征，而正如上文提到的那样，预设数词的计数过程不是逆序的而是"顺序"的，它只涉及加而不涉及减。

减也可能被误认为预设计数。例如 Comrie（2022）认为奥里亚语数词 paüne tini šata（275）中所用的运算是预设计数，然而仔细分析后可以发现，它的字对字翻译是"少¼ 3 100"，字面意义是"第 3 个 100 少¼"，数值意义是 3×100-100×¼ 。由此可见，它所采用的运算是分数乘法和减。它并不表示"位数词的第 n−1 倍与 n 倍之间的 m"，数值意义也不符合预设计数的定义。如果是用分数预设计数表示 275，其结构应该表达为"第三个 100 的¾"。Comire 在解读这个数词的意义时，把 tini 解释为"第三"，因此认为它是一个预设数词，但是据 Omniglot 所记载的奥里亚语数词语料，tini 是 3 的基数词形式，trtīya 才是 3 的序数词形式，而且该语言的数词系统大量运用减，19、29、39 等数的语义构成方式都是用邻近的整数减 1[①]。

四 元素关系类型与语义运算类型

在数学中，算术运算发生在两个或多个参数之间，因此在研究数词系统中的语义运算时，应该追问这些运算是发生在哪些元素之间，这样才能

---

① Simon Ager，*Omniglot*（*The Online Encyclopedia of Writing Systems and Languages*），https：//omniglot. com/language/numbers/oriya. htm，2021 年 11 月 7 日。

准确区分不同语义运算类型的差异及联系。在绝大多数语言的基数词系统中，数值语义关联都存在于以下三类元素之间：复合数词的相邻成分之间；位数词与基数之间；位数词的相邻倍数之间。有的语言没有数词，例如皮拉罕语（Frank et al.，2008），有些语言只有简单数词，例如伊帝尼语（Yidiny）和曼格拉里语（Mangarayi）（Comrie，2022），这些语言中不存在这些关系。

这些元素之间的语义关联在不同语言的基数词系统中，都通过不同的语义运算体现出来。

1. 复合数词相邻成分之间的语义运算有加、乘、减或乘方四种。
2. 位数词与基数之间的数值语义运算为乘方或乘。

这实际上是位数词的构成方式，意味着位数词的数值是基数的幂或倍数。上文提到，大多数语言的位数词与基数之间存在乘方关系，即位数词是基数的 n 次方。例如汉语中"十、百、千、万、亿、兆"等都是基数 10 的幂。在有些语言中，位数词与基数之间的关系还可以是乘，也就是说位数词是基数的倍数。例如，弗德里克亨德里克岛的恩多姆语（Ndom）数词系统是六进制，其位数词有 mer（6）、tondor（18）和 nif（36）（语料引自 Lean，1991：122），分别是基数 6 的 1 倍、3 倍和 6 倍。再如二十进制的约鲁巴语（Yoruba）有位数词 ẹ́ẹ́wàá（10）、ogún（20）、igba（200）和 irĩnwó（400）等，其中 igba 并不是基数 20 的幂而是倍数（语料引自 Armstrong，1962）。还有一些语言只有几个简单数词，也有些语言尽管有一些复合数词，但是没有基数也没有位数词，这些语言中都不存在位数词与基数之间的关联。例如，巴西的沙万特语（Xavánte）只有加和乘，4 是 maparane siʔuiwa na "2 和它的伴"或 mro pâ "和它的伴"，语义运算为加；10 表示为 danhiptõmo bā dez，字面意义"双手的所有数字"（语料引自 McLeod & Mitchell，2003），语义运算为乘。

3. 位数词的相邻倍数之间的数值语义运算为循序计数或预设计数。

Menninger（1969）、Hurford（1975）、Greenberg（1978）和 Comrie（2022）都认为除开出现频率有差异之外，预设计数与其他语义运算没有太大区别。尤其是 Hurford，他认为预设计数是"非常规"运算，而加、乘、乘方、减和除等是"常规"运算，两者是并列关系（Hurford，1975：237）。本书的研究表明，循序计数和预设计数是表达位数词的两个相邻整倍数之间的数的语义运算方式，它们存在于位数词的相邻倍数之间。正因为如此，它们可以与其他两类关系的语义运算同时出现在同一个数词系统甚至是同一个数词中。

上述内容如表 4.1 所示。表中每种元素关系的语义运算按照其使用频率降序排列，越靠前的语义运算使用频率越高（排列顺序参照下文第三节的统计数据）。

表 4.1　　　　　　元素关系和语义运算的关联

元素关系	复合数词相邻成分之间	位数词与基数之间	位数词的相邻倍数之间
语义运算	加、乘、减、乘方	乘方、乘	循序计数、预设计数

第三节　语义运算方式的类型学分析

第二节已经分析了世界各族语言基数词系统中存在的不同语义运算类型以及它们存在于哪些元素之间，接下来我们将分析不同语言数词系统中不同语义运算的运用情况以及它们之间的共存关系。

如第一章第三节所描述的语料选用方式，本书选出美国 SIL 第 25 版《民族语》中 136 个语系的 365 种语言建立语种库，收集它们的基本数词系统建立语料库，分析和统计相关特征和数据，并根据统计的数据修订 Greenberg（1978）的基本数词系统语义运算共性分析，并在此基础上提出本书的类型学分析结论。

各语系选取的语种数如表 4.2 所示，经过分析后把这些语言基本数词系统中元素之间的语义运算方式统计数据列为表 4.3。根据不同语义运算在三类关系中的分布，按照不同语义运算在 365 种语言中的运用频率降序排列统计为表 4.4。需要注意的是，由于本书采用的是多样性取样法，虽然不能列出所有语言的使用情况，但是能在比例上反映真实情况。

表 4.2　　　　　　本书语种库在各语系选取的语种数

阿布哈兹-阿迪格语系（Abkhaz-Adyghe）1	亚非语系（Afro-Asiatic）14
阿尔吉克语系（Algic）2	安妥-穆三语系（Amto-Musan）1
安达曼语系（Andamanese）1	奥拉夫迪语系（Arafundi）1
艾雷语系（Arai（Left May））1	阿拉瓦语系（Arauan）1
澳大利亚语系（Australian）17	南亚语系（Austro-Asiatic）9

续表

南岛语系（Austronesian）44	艾玛拉语系（Aymaran）1
巴尔巴科语系（Barbacoan）1	贝亚诺-奥邦诺语系（Bayono-Awbono）1
博德语系（Border）1	博罗罗语系（Bororoan）1
博托库多语系（Botocudoan）1	加多语系（Caddoan）1
加胡阿班语系（Cahuapanan）1	加勒比语系（Cariban）3
中部所罗门语系（Central Solomons）1	查帕库拉-万汗姆语系（Chapacura）1
奇布恰语系（Chibchan）3	奇玛库安语系（Chimakuan）1
奇帕亚-乌拉圭语系（Chipaya-Uru）1	乔科语系（Chocoan）2
琼恩语系（Chon）1	楚科奇-堪察加语系（Chukotko-Kamchatkan）1
尤马语系（Cochimí-Yuman）1	库斯语系（Coosan）1
德拉威语系（Dravidian）3	东鸟首语系（East Bird's Head）1
海尔芬克湾语系（East Geelvink Bay）3	东部新不列颠语系（East New Britain）1
东部弗莱语系（Eastern Trans-Fly）1	埃雅克-阿萨巴斯卡语（Eyak-Athabaskan）2
爱斯基摩-阿留申语系（Eskimo-Aleut）1	法斯语系（Fas）1
瓜希博语系（Guajiboan）1	圭库伦语系（Guaykuruan）1
海达语系（Haida）1	哈拉布语系（Harákmbut）1
苗瑶语系（Hmong-Mien）2	华维语系（Huavean）1
印欧语系（Indo-European）18	伊洛魁语系（Iroquoian）1
雅布迪语系（Jabutian）1	日本语系（Japonic）1
吉恩语系（Jean）1	希瓦罗语系（Jivaroan）1
卡拉雅语系（Karajá）1	卡维利亚语系（Kartvelian）1
考雷语系（Kaure）1	卡瓦斯卡语系（Kaweskaran）1
凯瑞斯语系（Keresan）1	科尔-库迪语系（Khoe-Kwadi）1
朝鲜语系（Koreanic）1	壮侗语系（Kra-Dai）3
吉萨语系（Kx'a）2	基欧瓦-塔诺安语系（Kiowa-Tanoan）1
库翁塔利-百摆语系（Kwomtari）1	湖区平原语系（Lakes Plain）2
各种孤立语（Language Isolates）1	曼伯拉莫语系（Lower Mamberamo）1
迈普伦语系（Maipurean）4	迈拉斯语系（Mairasi）1
马普切语系（Mapudungu）1	马塔科-贵埃固鲁语系（Mascoyan）1
马塔科-贵埃固鲁语系（Matacoan）1	马萨卡利安语系（Maxakalian）1
马雅语系（Mayan）3	迈布拉特语（Maybrat）1
米苏马尔帕语系（Misumalpan）1	米沃克-康斯坦察语系（Miwok-Costanoan）1
米塞-索克语系（Mixe-Zoque）1	蒙格尔-兰甘语系（Mongol-Langam）1
蒙古语系（Mongolic）1	摩赛特那语系（Mosetenan）1
穆拉语系（Muran）1	穆斯科格语系（Muskogean）1
纳霍-达吉斯坦语系（Nakh-Daghestanian）1	南比夸拉语系（Nambikwara）1

续表

尼日-刚果语系（Niger-Congo）35	尼罗-撒哈拉语系（Nilo-Saharan）12
宁博兰语系（Nimboran）1	北部布干维尔语系（North Bougainville）1
奥托-曼格语系（OtoManguean）6	帕埃斯语系（Paezan）1
帕莱尼汉语系（Palaihnihan）1	帕诺语系（Panoan）3
帕瓦斯语系（Pauwasi）1	派维语系（Piawi）1
帕曼语系（Pomoan）1	皮纳维尔语系（Puinavean）1
克丘亚语系（Quechuan）1	萨哈普廷语系（Sahaptin）1
萨利希语系（Salishan）2	萨利孚语系（Salivan）1
塞皮克-拉穆语系（Ramu-Lower Sepik）3	塞纳吉语系（Senagi）1
塞皮克语系（Sepik）7	汉藏语系（Sino-Tibetan）10
苏语系（Siouan-Catawban）2	斯可语系（Skou）1
索马哈语系（Somahai）1	南部布干维尔语系（South Bougainville）1
中南部巴布亚语系（South-Central Papuan）2	塔加纳语系（Tacanan）1
塔拉斯坎语系（Tarascan）1	特奎斯塔拉特语系（Tequistlatecan）1
托尔卡维巴语系（Tor-Kwerba）2	托里切利语系（Torricelli）3
托托纳克语系（Totonacan）1	跨新几内亚语系（Trans-New Guinea）27
钦西安语系（Tsimshian）1	图卡诺安语系（Tucanoan）2
通古斯语系（Tungusic）1	图皮语系（Tupian）4
突厥语系（Turkic）4	图乌语系（Tuu）1
未分类语言（Unclassified）1	乌拉尔语系（Uralic）2
犹他-阿兹提克语系（Uto-Aztecan）3	瓦卡山语系（Wakashan）1
西巴布亚语系（West Papuan）2	温图语系（Wintuan）1
瓦托托语系（Witotoan）1	雅瓜语系（Yaguan）1
亚曼纳语系（Yanomam）1	雅乐-西部不列颠语系（Yele-West New Britain）1
叶尼塞-奥斯提亚克语系（Yenisei Ostyak）1	约库特语系（Yokutsan）1
约特语系（Yuat）1	尤卡吉尔语系（Yukaghir）1
萨穆科阿语系（Zamucoan）1	萨帕洛语系（Zaparoan）1

表4.3　　　　不同语言基数词系统中的语义运算情况

语言的种数	相邻成分之间	位数词与基数之间	位数词的相邻倍数之间
27	无	无	无
42	加	无	无

续表

语言的种数	相邻成分之间	位数词与基数之间	位数词的相邻倍数之间
1	乘	无	无
19	加、乘	无	无
106	加、乘	乘方	循序
3	加、乘	乘方	预设
8	加、乘	乘方	循序、预设
18	加、乘	乘	循序
78	加、乘	乘、乘方	循序
2	加、乘	乘、乘方	预设
2	加、乘	乘、乘方	循序、预设
1	加、乘、减	无	无
24	加、乘、减	乘方	循序
1	加、乘、减	乘方	循序、预设
26	加、乘、减	乘、乘方	循序
1	加、乘、减	乘、乘方	循序、预设
1	加、乘、减	乘	循序
2	加、乘、乘方	乘方	循序
1	加、乘、乘方	乘方	循序、预设

表 4.4　　语种库中语义运算的分布数量统计

语义关系	相邻成分之间					位数词与基数之间			位数词的相邻倍数之间		
语义运算类型	加	乘	减	无	乘方	乘方	乘	无	循序	无	预设
语种数	335	294	54	27	3	254	128	90	268	90	18

一　对 Greenberg（1978）相关结论的修订

据本书了解，目前对数词系统进行共性调查的成果中，Greenberg（1978）的研究最为系统、全面，他的书中所列的 54 条共性中有 6 条与语义运算类型的蕴涵共性有关，另外一些是关于语义运算的限制条件及数词的形式结构和句法属性。本书根据对所建语种库的分析发现，这 6 条共性中的 4 条需要修订，同时还需补充关于本书所列其他两类元素之间的语义运算的共性。

Greenberg 对语义运算的共性分析有两条符合世界语言的现存状况。

共性 4：每一个数词系统中都有一些数词表达为简单的词。

共性 7：在所有运用数值语义运算方式构造复合数词的数词系统中，最小的 L 的值是 4（假设 L 比最大的数词大 1）。例如塔斯马尼亚岛的埃斯顿语（Port Essington），该语言的数词系统只有表达 1、2、2+1 和"很多"等意义的几个词。

以下 4 条共性需要修订。

共性 1：每一种语言都有一个有限的数词系统。

这一论点已被证实不符合世界语言的状况，因为极少数语言没有数词系统。亚马孙河流域的皮拉罕语没有数词系统（Frank et al., 2008），阿根廷的皮拉加语（Pilagá）、莫科维语（Mocovi）和托巴孔语（Toba-Qom）可能从未有过数词系统，因为它们的数词系统全部借自葡萄牙语（Vidal, 2013）[①]。

另外，从理论上来说，语言是能表达无限数目的：只要一种语言中有基数且运用乘方运算构造位数词，那么它就能把已有的数词无限次相乘以表达无限大的数目。Ali（2013 108）曾明确指出，在阿拉伯语中，任何大于 999999 的数都能用 1000 乘以无数个 1000 来表达。Comrie（2020）也曾以英语和德语的语言实例说明，这些语言能表达无限的数目。

共性 6：只有简单数词而无复合数词的所有数词系统中最大的 L 是 5，最小的是 2。

这条共性第一部分的陈述不符合身体部位计数系统的情况。身体部位计数系统的每一个数分别对应一个身体部位，例如俄克萨普明语的基本数词有 27 个，与它们分别对应的是 27 个不同身体部位的名称，27 以上的数值通过朝反方向循环一次来表示[②]。这类身体部位计数系统的数词绝大多数都不运用语义运算方式，有些身体部位数词系统表达的最大数值是 23，例如巴尤诺语（Bayono），有些是 27，例如乌纳语（Una），还有些是其他数值（参见 Lean, 1991）。只有卡卢里语（Kaluli）在运用身体部位计数法表达到 35 之后开始运用加，40 表示为"35 和 5"（参见 Lean, 1991）。

共性 8：在四个基本语义运算加、减、乘、除中，一种语言中有减就必然有加，有除就必然有乘。

[①] 参见 Alejandra Vidal, "Pilaga", in Eugene Chan, Numeral systems of the world's languages, 2013-03-27, https://lingweb.eva.mpg.de/channumerals/Pilaga.htm, 2021 年 6 月 12 日。

[②] 参见本书第九章。

这条共性中所提到的"除"实际上是分数乘法，本身就是一种乘，因此没有必要单独列出。

共性9：一种语言中存在乘意味着存在加。

这条共性存在例外。例如秘鲁的阿山宁卡语（Ashaninka）的基本数词系统中有乘却无加。它只有五个数词，1、2、3都是简单数词，词源意义分别是"小拇指""无名指"和"中指"，4表示为 *itsa-pite*，词源意义是2×2，5表示为 *paro ako*，词源意义是"一只手"①。实际上，Greenberg（1978：258）本人也曾指出过一个例外的情况：尤马语系霍卡语支（Hokan）中有些语言的最大数词是10，数词结构分别是1、2、3、4、5、3×2、7、4×2、3×3和10，有乘而无加。

二 基于语种库的类型学分析

基于本书对大量语料的观察和分析以及对所建语种库的统计分析，可以把不同语言基数词系统中不同语义运算之间关系的类型学共性总结如下。

1. 数词系统相邻元素之间的语义运算方式

（1）少数语言的基数词系统中仅存在简单数词而不存在任何一种语义运算关系。无语义运算的情况有三种：无数词系统；没有大数值数词；运用身体部位计数法。由于世界经济和文化交流的日益频繁以及政治和战争等因素的影响，数词系统的相互影响也逐渐增大，有些语言的数词系统受到其他语言很深的影响。例如上文提到的阿根廷的皮拉加语、莫科维语和托巴孔语等语言完全借用西班牙语的数词系统。

（2）有数词系统的语言总有一些数表达为简单的词。

（3）相邻元素之间的语义运算方式有加、乘、减和乘方四种。它们的运用频率从高到低排列分别为：加-乘-减-乘方，而且加和乘出现在大多数语言的基本数词中，它们的运用率远远高于其他两类，是构成绝大多数语言复合数词的语义运算方式。

（4）有减的数词系统必有加和乘。

（5）有乘方的数词系统必有加和乘。

---

① 语料引自 Anna Luisa Daigneault and Nila Vigil, "Ashaninka", in Eugene Chan, Numeral systems of the world's languages, 2011-02-13, https://lingweb.eva.mpg.de/channumerals/Ashaninka.htm, 2022年2月1日。

（6）除极个别语言外，绝大多数有复合数词的数词系统中有加；除极个别语言外，绝大多数有乘的数词系统中有加。这个例外是上文提到的阿山宁卡语。

2. 位数词与基数之间的关系

（1）位数词是由基数通过语义运算构成，其方式有两种：乘方和乘。乘方的运用率远大于乘。

（2）有基数的基数词系统必然用乘或乘方构成位数词。

（3）十进制的基数词系统必然用乘方构成位数词。

（4）仅用乘的方式构成位数词的基数词系统必不是十进制。

3. 位数词的相邻倍数之间的关系

（1）位数词的相邻倍数之间的零数运用的语义运算有两种：循序和预设。循序的运用率远大于预设，只用循序而不用预设的语言占世界语言的绝大多数。

（2）有位数词的数词系统必有循序计数和/或预设计数。

（3）循序计数与预设计数一起构造了不同语言基数词系统中位数词的相邻倍数之间的所有数词，它们可以单独存在于一种语言中，例如汉语中只有循序而无预设，索西语（Tzotzil）只有预设而无循序；也可以共存于同一个数词系统，例如西部裕固语既有循序也有预设；甚至可以共存于同一个数词，例如胡利语（Huli）的很多复合数词中既有循序也有预设，表示31 的数词 ngui ki, ngui tebone-gonaga mbira 字面意义是"15 2, 15 三-第1"，第一部分是循序，第二部分是预设（语料引自 Takasugi, 2006）。

4. 数词系统中所有语义运算方式之间的关系

（1）有循序计数或预设计数的基数词系统必有加和乘。

（2）无加的基数词系统必无循序计数和预设计数。

（3）无乘的基数词系统必无循序计数和预设计数。

（4）循序计数必与加和乘共存于同一个数词系统，还可以与加、乘或减并存于同一个数词。例如：汉语的"三十六"运用了加、乘和循序计数，尼日利亚的阿里吉蒂语（Arigidi）的 50 表示为 òrĩ dà ʧĩ ʃjè，语义运算为 20×3-10，运用了乘、减和循序计数（语料引自 Talabi, 2016）[1]。

---

[1] 参见 Gajuwa Talabi, "Arigidi-Igasi", in Eugene Chan, Numeral systems of the world's languages, 2016-09-06, https：//lingweb.eva.mpg.de/channumerals/Arigidi-Igasi.htm, 2022 年 2 月 12 日。

（5）预设计数必与加和乘共存于同一个数词系统，还可以与加和/或乘并存于同一个数词。例如西部裕固语的 bəre ohdəs（21）中预设计数与加共存；雷布查语数词 khá bang nyet（30）的字面意义是"20 ½ 2"，khá bang nyet sá kát（31）的字面意义是"20 ½ 2 和 1"，在前一个数词中预设计数与乘并存，在后一个中预设计数与加和乘并存（语料引自 Plaisier, 2006: 9）。

（6）预设计数可以与减共存于同一个数词系统，例如洛塔那加语（Lotha Naga）曾经用预设方式表述位数词的相邻倍数之间的所有数，19世纪末它有两套共存的数词系统，不仅用预设方式也用循序方式，同时还采用减的方式表达部分数词（Coupe, 2012）。但是，预设计数不会与减并存于同一个数词。

第四节　本章小结

本章主要研究数词系统中的语义运算类型，讨论并解决了前人相关研究的分歧，澄清了对分数乘法、乘方和预设计数这几个语义运算的一些认识上的误区，为基本数词系统的描述提供了一个系统性的理论框架，在此基础上分析了大量语料，建立了体现世界各族语言基本数词系统多样性的语种库，并进行了相应的类型学考察。

加、乘、减、乘方、循序计数和预设计数这六种语义运算类型构成了世界上多种多样的基本数词系统。它们都是标准的语义运算方式，都具有同等的重要性，只是在不同称数法系统中的使用频率不同。同时，有些语言使用其中的一些语义运算方式，有些完全不用；有些数词会运用到其中一些，有些完全不用。不同语义运算类型的使用使得各民族的称数法系统呈现出不同的结构面貌。它们体现了不同语言所在民族和文化对数量的不同认知程度、认知方式和表达方式。

第五章

特殊的语义运算类型——预设计数

如第四章所述，绝大多数语言的复合数词由简单数词通过不同方式构成。类型学研究发现，复合数词的语义构成方式有加、乘、减等（Greenberg，1978；Comrie，2022等）。例如汉语数词"二十六"内部的语义关系是2×10+6，拉丁语数词 duodēvīgintī 内部的语义关系是20-2。预设计数作为一种特殊的构成方式，例如西部裕固语数词 bəre ohdəs（21，字面意义"1 30"）中所运用的方式，其内部语义关系不是简单的加、乘或减。这种结构相对复杂的古老表达方式是先民认知数量概念的一种特殊方法，目前已经或正在被其他形式所取代，因而有必要对它加以系统深入的研究。一些学者先后探讨了预设数词的结构特征和规则（Menninger，1969；Hurford，1975；Greenberg，1978；Comrie，2022等），一些讨论了部分区域或个体语言的相关现象（Clark，1996；Matisoff，1997；Mazaudon，2009；Coupe，2012；贺川生，2018等），但是目前尚未有研究对这类数词进行系统性收集整理、统计分析和分类描述。就类型学特征而言，Greenberg（1978）认为复合数词的语义结合方式包括加、减、乘、除和"going-on（前进计数，即预设计数）"，他归纳了关于前四种方式的一些普遍性蕴涵关系，但是没有对前进计数进行研究。鉴于此，本章基于预设计数的内涵与特征，查阅了大量研究文献和网络资源，分析4600多种语言的数词语料，建立了包括65种语言数词系统的语料库，在讨论预设计数的内涵、特征和分类的基础上，探讨预设数词在分布、组合语义、语序共现和历时发展等方面的类型学特征及其产生、形态类型和历时发展等方面的多重动因。

第一节　预设数词的跨语言分类

如第四章第二节相关内容所述，预设计数在本质上是表达位数词的相邻整倍数之间的数的一种方式。它以数值较高的整倍数为预设的目标点，根据某个数在两个相邻倍数之间的位置来确定其数值。如果把预设数词的结构写作 nb+m，其中 b 表示位数词，n 表示位数词的数值较高的倍数，m 表示这个数词在位数词相邻两个倍数间隔中的位置，它所表达的意义可以描述为"第 n-1 个 b 和第 n 个 b 之间的 m"。

本书对预设数词的跨语言考察表明，根据预设数词结构 nb+m 中构成要素的差异，可以从 b 的数值、m 的类型、n 的构成类型、"+"的形素表达以及 n、b、m 的顺序等几个方面把不同语言预设数词分成不同类型，其中后三种构成要素的不同类型的分布最具类型学考察价值，因此有必要对它们进行分类。

一 n 的构成类型

不同语言预设数词的系数 n（即位数词的较高倍数）的构成可分为三种类型。第一类，数值小于位数词 b 的基数词或序数词①。例如乔尔语的 hump′ehl iča²k′al（21，"1 向 2 20"）中的 ča²（2）。第二类，分数词和基数（或序数词）的组合，表示位数词相邻倍数间隔内的等分位置。含此类 n 的预设数词称为分数预设数词。例如丹麦语的 halv-tred-sinds-tyve（50，"½ 三 乘 20"）数值意义是"第二个 20 与第三个 20 之间的一半"（语料引自 Takasugi，2022）。这类结构中的分数词在很多语言中都是½，极少数用¾，据笔者所知只有宗卡语既用½又用¾。例如 ɲiɕu pɟhe da ˈniː（600，"400 ½ 2"）表示"第二个 400 的一半"，khe ko da sum（55，"20 ¾ 3"）表示"第三个 20 的¾"（语料引自 Mazaudon，2009）。这类结构在很多语言中用来表达较大数值的基数词，但是在一些语言中用来表示分数词，此时 nb+m 结构中的 b 是 1，例如拉丁语的 sestertius（2½，"第三的一半"）（语料引自 Menninger，1969）。第三类，有些语言的 nb 部分用专门的简单数词表示而不是 n 和 b 的组合。例如波丘里语的 mkeshunkhe（11，"20 的 1"），其中的 mke（20）是一个专用的简单数词，而不是系位结构（语料引自 Coupe，2012）。

---

① 在不同语言中 n 的表达形式有序数词和基数词两种，不影响预设数词的结构和数值意义。

二 "+"的形素类型

不同语言预设数词中倍数与零数之间的连接形式（即 nb+m 结构中表示"+"的形素）可分为四种类型。（1）表示"向、朝"的词素。例如曼西语的 vat-nupəl xurm（23，"30 向 3"）中的 nupəl。（2）表示"未完成、不到"等意义的否定动词词干，用以表示未到达某一数值。例如阿沃语蒙森方言 mükyi müpen tērǒk（16，"20 未完成 6"）中的 müpen（语料引自 Coupe，2012）。（3）表示"和"的词素。例如布姆唐语的 khe phedaŋ zon niŋ the（31，"20 ½ 2 和 1"）中的 niŋ 以及雷布查语的 khá báng nyet sá kát（31，"20 ½ 2 和 1"）中的 sá（语料引自 Mazaudon，2008）。（4）无任何形式标记。例如西部裕固语的 bəre ohdəs（21，"1 30"）。

三 成分语序类型

预设数词内具有类型学价值的成分语序主要分为两类。

一类是系数与位数（即 n 与 b）之间的语序。两者之间的语义关系是乘，语序包括 n-b 与 b-n 两种。值得注意的是，在本章语料库的所有运用分数预设数词的 18 种语言中，n 中的分数词都前置于基数词或序数词。另一类是大数目部分与小数目部分（即 nb 或 bn 与 m）之间的语序。两者之间的语义关系是加，其语序分为两种：（1）大数部分在前小数部分在后。成分语序是 n-b-m 或 b-n-m[①]，例如排湾语的 pu-siá- ɖusa a puroq no ita（11，"第二 10 1"）结构是 n-b-m（语料引自闻宥，1983）。（2）小数部分在前大数部分在后。成分语序是 m-n-b 或 m-b-n，例如乔尔语（Chol）的 humpʼehl iča^ʔkʼal（21，"1 向 2 20"）结构是 m-n-b（语料引自 Aulie，1957）。这两类结构包括了分数预设数词中的同类情况，所属语序类型的判断标准仍然是数值排列顺序。例如丹麦语的 enoghalvtreds（51，"1 和 ½ 第三"）的成分构成是"m-n-（b）"，从数值来看是"小+大"语序；雷布查语的 khá báng nyet sá kát（31，"20 ½ 2 和 1"）的成分构成是"b-n-m"，从数值来看是"大+小"语序（语料引自 Mazaudon，2009）。

[①] n 和 b 的顺序对数值不产生影响，因为它们一起组合成大数部分。

四 其他类型

从元素构成的角度还可以对预设数词进行两种分类。从 b 的最小数值分类（即进制）来看，使用预设数词的语言共有四种类型：十进制（41 种）、二十进制（22 种）、十五进制（1 种）和四进制（1 种）。后两种都出现在跨新几内亚语系，分别是胡利语和翁布翁古语。从 m 的类型来看，不同语言预设数词中的 m 确定某个预设数词在位数词相邻倍数之间的位置，可分为基数词和概数词两种类型。前者表示间隔内确定的点，是最常见的一种，例如西部裕固语数词 bəre ohdəs（21，"1 30"）中的 bəre（1）。后者表示间隔内的模糊位置，例如西部裕固语的 gɑh ş jiɤərmə（十几，"几 二十"）以及 bər şige jiɤərmə（十一二，"一二 二十"）（语料引自贺川生，2018）。由于 m 的性质，这类结构是用预设的方式表达概数。

除此之外，还有两种表达形式特殊的预设数词。一种是省略位数词。芬兰语族的大多数语言的预设数词都省略位数词，例如爱沙尼亚语的 üksteist（11，"1 第二"）和 kaksteist（12，"2 第二"）都省略了表示 10 的kümme。另一种是预设结构与循序结构共存于同一个复合数词。例如在胡利语中，ngui ki, ngui tebone-gonaga mbira（31，"15 2, 15 三-第 1"）表示"第 3 个 15"的序数结构前面还有一个"15 2"结构（语料引自 Takasugi，2022），结构为"b-（n-1），b-n-m"，内部元素的语序是"低值倍数-高值倍数-零数"，其中大数部分的语序是"b-n"。汉藏语系的洛塔那加语也是如此，例如 mekwü sü thamdrowe ekhā（21，"20 和 30 向 1"）（语料引自 Mazaudon，2009）。

第二节 预设数词的分布情况

本章对语料的统计体现了预设数词在地理、谱系，数词系统内部的分布情况，以及不同类型预设数词的分布情况，下文将分别加以介绍。

一 地理和谱系分布

现有相关研究发现，欧洲北部的日耳曼诸语言、墨西哥的玛雅诸语言、东北亚的库页岛上所用的阿伊努语（Menninger，1969：76）、一些芬兰-乌戈尔语言（Greenberg，1978），不丹的宗卡语以及一些藏语群的语言（Mazaudon，2009）、印度那加兰邦中南部的语言（Coupe，2012）、中国的部分语言（闻宥，1983、贺川生，2018）曾经出现过预设数词。

笔者查阅并分析了遍布各个宏观区域（macro area）各个语系在内的4600多种语言的数词系统，收集了65种曾经或仍在使用预设方式的语言的数词系统。从地理分布来看，预设数词在世界范围内的地理分布不均衡，既有大陆规模的丛聚，也有较小区域的局部丛聚或零星分布，主要分布在欧洲西部和北部、印度东部阿萨姆邦和那加兰邦、北美洲墨西哥南部与危地马拉、中国台湾地区南部以及印度尼西亚的岛屿，大洋洲除巴布亚新几内亚的几种语言外无分布，南美洲和非洲大陆上无分布。总体来说，绝大多数分布在北半球的欧亚大陆和太平洋的岛屿。从宏观区域分布来看，主要分布在欧亚大陆的西部和北部，巴布亚-南岛区域的西北、东部和南部，以及北美洲区域的最南端，而在其他三个区域无分布。从谱系分布来看，这65种语言分属10个不同语系。这些语言谱系分布情况如表5.1所示。

表 5.1　　　　　　　　预设数词的地理和谱系分布情况

所属宏语区	所属语系	语言名称
欧亚大陆（Eurasia）	印欧	丹麦语、法罗语（Faroese）、古冰岛语、古挪威语、古瑞典语、北部萨米语（North Saami）、荷兰语、德语、俄语、拉丁语、古希腊语
	乌拉尔	芬兰语、托尔讷-芬兰语（Tornedalen Finnish）、克文芬兰语（Kven Finnish）、爱沙尼亚语（Estonian）、因格利亚语（Ingrian）、卡累利亚语（Karelian）、里维-卡累利亚语（Livvi-Karelian）、立沃尼亚语（Livonian）、鲁迪亚语（Ludian）、维普斯语（Vepsian）、沃提语（Votian）、匈牙利语、曼西语（Mansi）、汉特语（Khanty）
	汉藏	波丘里语（Pochuri）、阿沃语（Ao）、昂尕米那加语（Angami）、洛塔那加语（Lotha）、伦马那加语（Rengma）、桑坦那加语（Sangtam）、色玛语（Sumi）、墨脱门巴语（Tshangla）、尤赫穆语（Yohlmo）、宗卡语（Dzongkha）、布姆唐语（Bumthang）、凯克语（Kaike）、贡嘎语（Gongar）、雷布查语（Lepcha）、帕拉那加语（Para Naga）
	突厥	古突厥语/西部裕固语
	壮侗	阿含语（Ahom）
	孤立	阿依努语（Ainu）

续表

所属宏语区	所属语系	语言名称
北美洲（North America）	玛雅	乔尔语（Chol）、泽套语（Tzeltal）、索西语（Tzotzil）、基切语（K'iche）、乔尔蒂语（Ch'orti'）、西帕卡帕语（Sipakapenese）、萨卡普尔特克语（Sakapultec）、卡奇克尔语（Kaqchikel）、波孔奇语（Poqomchi'）、特克提特克语（Tektiteko）、坎霍瓦尔语（Q'anjob'al）
巴布亚-南岛（Papunesia）	南岛	阿眉斯语（Amis）、排湾语（Paiwan）、他加禄语（Tagalog）、雅美语（Yami）、伊巴丹语（Ivatan）
	跨新几内亚	胡利语（Huli）、翁布翁古语（Umbu-Ungu）
	南布干维尔	乌伊塞语（Uisai）、布因语（Terei）、莫图纳语（Motuna）、西贝语（Sibe）

二 在数词系统内部的分布

预设数词不仅地理和语系分布不均，而且在不同语言中的使用率也不同，有些是系统地运用，有些只是零星地运用。预设数词在不同语言基本数词系统中的运用总数由多到少的排列情况如表 5.2 所示。①

表 5.2　预设数词在不同语言基本数词系统内部的分布

在数词系统内部的分布	分布说明（预设方式用在哪些数）	语言列表
所有 nb+m	所有位数词相邻倍数之间的数	古阿眉斯语、古排湾语、古他加禄语、古伊巴丹语、古洛塔那加语、雅美语、阿依努语、曼西语（从 3b+m 开始）、胡利语（从 3b+m 开始）、翁布翁古语、布因语、莫图纳语、乌伊塞语、西贝语，以及玛雅诸语言
所有 (n-1)b 到 nb 之间的 ½ 或 ¾	位数词相邻倍数间隔中的等分数值	古挪威语、古墨脱门巴语、宗卡语、丹麦语、法罗语、尤赫穆语、布姆唐语、凯克语、贡嘎语和雷布查语
nb+m 的后半段（即 m≥6）②	位数词相邻倍数间隔的后半段	古阿沃语、古昂尕米那加语、古伦马那加语、古桑坦那加语和古色玛语
nb+m（b=10）	十位数非整数	帕拉那加语、古突厥语

---

① 由于预设方式运用于表达分数词和概数词的情况很少，而且是运用于基数词的一种衍生现象，本书主要考察预设方式在不同语言基数词系统中的使用分布。

② 预设方式只运用于 nb+m 的后半段意味着在数量为 10 的间隔中，5 以及小于 5 的数参照位数词的低值倍数，5 以上的数参照高值倍数。

续表

在数词系统内部的分布	分布说明（预设方式用在哪些数）	语言列表
2b + m 和/或 3b+m	最小位数词的相邻低值倍数之间的数	2b+m：现代芬兰语族的语言、古阿含语、波丘里语；2b+m 和 3b+m：现代西部裕固语
nb+1	21、31、41 等相邻倍数间的第一个数	近代洛塔那加语

由表 5.2 可知，不同语言在不同数段运用预设方式，此类差异反映了不同语言使用预设数词的动因差异。很多语言曾经在更多数段使用预设数词，而在现代语言中运用得越来越少，这些变化反映了不同语言预设数词的历时发展模式差异。下文将分别对这两点进行阐释。

三　不同类型预设数词的分布

据笔者所收集的语料可知，一个预设数词只用一种结构类型，一种语言也只用一种而不用多种结构形式的预设数词。就不同类型预设数词的分布情况来看，不同宏语区并没有典型的类型分布差异，同一语系或同一语族内的预设数词类型具有较大一致性。具体分布情况如表 5.3 所示。

表 5.3　　　　　　　　不同类型预设数词的分布情况

所属宏语区	所属语系		n 的构成类型	"+" 的形素类型	成分数值顺序类型
欧亚大陆	印欧		分+序、序	无	小+大
	乌拉尔		分+序、序	无（曼西语用"向"）	乌戈尔：大+小 芬兰：小+大
	汉藏	东北藏缅	基	"未完成""不到"	大+小
		西部藏缅	分+基	"和"	
	突厥		基	无	小+大
	壮侗		基	无	大+小
	孤立		基	"向"	小+大
北美洲	玛雅		基	无（乔尔语例外）	小+大
巴布亚-南岛	南岛		序	无	小+大、大+小
	跨新几内亚		基	无	大+小
	南布干维尔		基	无	小+大

第五章　特殊的语义运算类型——预设计数　　71

　　由表 5.3 可见，大多数预设数词系统的 n 是基数词或序数词，分数预设数词只出现在印欧语系、乌拉尔语系和汉藏语系西部藏缅语族的语言中。大多数预设数词的"+"没有显性形素表达，只有东北藏缅语族的语言中大多数有表示"未完成、不到"意义的形素，西部藏缅语族的语言中大多数有表示"和"的形素，乌拉尔语系的曼西语和玛雅语族的乔尔语有表示"向"的形素。同一语族同一地域不同语言的预设数词的数值语序基本保持一致，只有一个特殊的语族，南岛语系马来-波利尼西亚语族的语序分布情况如表 5.4 所示（语料引自闻宥，1983、罗美珍，1996）。

表 5.4　　　　　　　印度尼西亚语族预设数词语序分布情况

语言名称	所属语族	语例	字面结构	成分顺序	数值顺序
雅美语	排湾	a sa so ikarowa（a ŋətnan）（11）	1 第二（10）	m-n-(b)	小+大
阿眉斯语	排湾	tʃətʃaj ʃakatuʃa（11）	1 第二	m-n	小+大
排湾语	排湾	pu-siú-ɖusa a puroq no ita（11）	第二 10 1	n-b-m	大+小
他加禄语	马来-波利尼西亚	ma-yka-tlo-ng isa（21）	第三 1	n-m	大+小
伊巴丹语	马来-波利尼西亚	aʔsast⌒ʃarwa（11）	1 第二	m-n	小+大

第三节　预设数词的类型学考察

　　通过对所建语料库以及上文所述的分类和分布情况的统计和分析，笔者发现了不同语言预设数词的组合语义、语序共存倾向、历时发展模式等方面的共性和个性。本节将对这三个方面分别进行考察。

一　组合语义的共性与个性

　　每一个数词都用一定的形式表达数值语义，复杂的数词具有复杂的语义关系。Greenberg 运用数学中的函数概念对数词进行数值语义分析（Greenberg，1978：255），不过由于他没有对预设数词做专门的研究，因此未对预设数词做相应的语义解释。Hurford（1975：237）运用数词语义组合性原则 CALCULATE 算法的修订规则解释预设数词的组合语义。如果用系数和位数的关系来描述这个修订规则，大致可以描述为：在预设数词的组合语义中系数词要减1，即位数词要减一轮。Hurford 的这个原则解释了预设数词组合语义的共性。

本章第一节的研究表明，预设数词内 n 的类型不同，意味着在相邻倍数间的位置表述方式不同，进一步运用 Hurford 的分析方法分析，可以发现它们在组合语义上也存在差异。n 为基数词或序数词的预设数词最为常见，用 Greenberg（1978）的函数方法可以把它的数值语义运算描写为 (n−1) b+m，以乔尔语的数词 hump′ehl i uŠfk′al（41，"1 向 3 20"）为例，其数值语义运算为 (3−1)×20+1，运用 Hurford 的分析方法可以把它的组合语义描述为图 5.1。① 上文 3.4 所提到的预设和循序共存于同一个数词的特殊情况，由于预设和循序部分所表达的数值部分是重复的，因此只需计算其中一部分，如在组合语义中只考虑预设计数的部分和零数部分，其过程与图 5.1 类似。

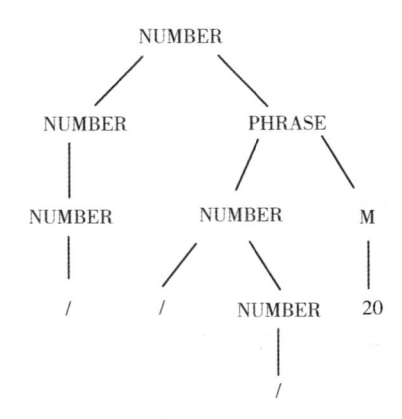

图 5.1 乔尔语分数预设数词的组合语义

与 n 为基数词或序数词的预设数词一样，n 中包含分数词的预设数词的数值语义运算也可以描写为 (n−1) b+m，只是其组合语义不同。以丹麦语的分数预设数词 enoghalvtreds（51，"1 和 ½ 第三"）为例，其数值语义运算为 ((3+½)−1)×20+1，其组合语义可以描述为图 5.2。从图中可以看出，该数词最底层的 NUMBER 由 ½、1 和 1 三个部分构成，其特殊之处在于 ½。

---

① 图中的斜杠/代表1，PHRASE 代表复合数词，NUMBER 代表复合数词中除 M 之外的直接成分，M 不是本书的 m，而是 Hurford（1975）用来表示语义组合性原则分析法中所指的位数词，相当于本书的 b。

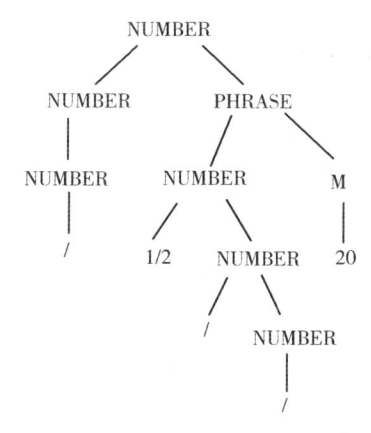

```
                    NUMBER
                   /      \
              NUMBER      PHRASE
                |        /      \
             NUMBER   NUMBER    M
                |    /    \      |
                /  1/2   NUMBER  20
                        /    \
                       /    NUMBER
                             |
                             /
```

图 5.2　丹麦语分数预设数词的组合语义

二　语序关联倾向

从语序来看，预设数词内部元素的顺序与所属语言的基本语序存在一定关联倾向。笔者查询 WALS Online 和 Ethnologue，整理了 65 种语言的动宾、介宾、数名、指名、形名、属名与数词内部语序的关联情况，相关统计数据如表 5.5 和表 5.6 所示。

表 5.5　　　　　预设数词系位语序与所属语言语序关联情况

语序类型	vo	ov	mix	pre	post	Q-N	N-Q	D-N	N-D	mix	A-N	N-A	mix
n-b（46）	35	7	4	26	20	32	14	41	0	5	37	4	5
b-n（8）	0	8	0	0	8	0	8	5	2	1	4	4	0
整（11）	1	10	0	1	10	4	7	3	7	1	3	8	0

表 5.5 反映了预设数词系位语序与所属语言语序关联的倾向性：系-位（n-b）语序的关联倾向是 VO，数名（Q-N），指名（D-N）和形名（A-N），介宾结构语序无明显倾向。位-系（b-n）语序的关联倾向是 OV，后置（post）和名数（N-Q），形名语序无倾向性。从总数来看，预设数词系位结构语序倾向是系位。Greenberg（1978：275-276）曾指出：在绝大多数语言中"位-系"语序对应"名-数"语序，"系-位"语序对应"数-名"语序，而且系位结构在世界语言中比位系更常见，在世界语言中系位结构与位系结构所占语言数的比例差大于数名结构与名数结构的

比例差。表 5.5 的数据与这一结论相符。

表 5.6　　预设数词内部数值语序与所属语言语序关联情况

语序类型	vo	ov	mix	pre	post	Q-N	N-Q	D-N	N-D	mix	A-N	N-A	mix	n-b	b-n	整
小+大（42）	32	6	4	24	18	31	11	38	0	4	37	2	3	41	0	1
大+小（23）	4	19	0	3	20	5	18	11	9	3	8	13	2	5	8	10

由表 5.6 的统计数据可知，在不同语言预设数词中"小+大"语序与"大+小"语序的比例是 42∶23，这不同于 Greenberg（1978∶274）认为在数词系统中"大+小"语序最为常见的结论，其原因是部分语言的小数目数词采用"小+大"语序和预设方式而大数目数词用"大+小"语序和循序方式。这些语言共有 27 种，主要是印欧语系、乌拉尔语系乌戈尔语族和玛雅语族的语言。这类情况只有曼西语例外，它的 11—19 采用"小+大"语序和循序方式，大数目数词采用"大+小"语序和预设方式。值得注意的是，每一种语言的预设数词内部成分语序始终一致。

表 5.6 还反映了预设数词的数值大小顺序与所属语言语序关联的倾向性。"小+大"语序的关联倾向是 VO，名数（N-Q），指名（D-N）和形名（A-N），介宾结构语序无明显倾向。"大+小"语序的关联倾向是 OV，后置（post）和名数（N-Q），形名和指名结构语序无倾向性。从总数来看，如果一种语言的数词系统中有预设数词，其指名结构的语序倾向是指-名，形名结构的语序倾向是形-名。从数词内部语序的共存倾向来看，"小-大"语序预设数词的系数和位数几乎全部是系-位（n-b）语序。

语言类型学家认为在 OV 语言中数词和名词的先后概率几乎均等，VO 语言的数词倾向前置于名词（金立鑫、于秀金 2012），预设数词为"小-大"结构的语言符合这一规律，但是预设数词为"大-小"结构的语言不符合：它们大多数是 OV 语言但是数名语序倾向是数词后置于名词。此时再考察它们与其他结构的对应关系，与预设数词为"小-大"结构的语言不同的是，这类语言的系位结构语序倾向为"位-系"，结合本节中提到的 Greenberg 关于系位语序与名数语序的对应规律，可以发现这与数词内部成分语序倾向一致。由此可见，数词内部系位语序与数名语序的关联度大于与动宾语序的关联度。

三 历时发展模式

预设和循序共同构建了不同语言数词系统中位数词相邻倍数之间的所有数词,但是循序是优势表达方式,只有很少语言运用预设方式,而且不同语言使用预设数词的频率不一,有些语言只用循序计数,例如汉语等绝大多数语言,有些只用预设计数,例如乔尔语。有些语言在不同数段使用不同方式,例如现代西部裕固语只在 11—19 和 21—29 用预设方式;有些语言同时有两套并存的数词系统,例如宗卡语有一套十进制系统和一套二十进制系统,前者用循序后者用预设;还有些语言在同一个数词中同时使用两种方式,例如胡利语和洛塔那加语。

当前预设数词的使用情况是历时发展的结果,据笔者统计,一部分语言的预设数词在使用数段和表述形式上都未曾发生变化,但是大部分都发生了历时变化,有些是结构形式发生变化,还有一些是预设数词被循序数词取代。

结构形式变化有两种。第一种变化是有些语言预设数词的位数词被省略。本书考察的语料表明,在预设数词结构的历时变化过程中曾出现成分省略的情况,而且被省略的只有位数词,例如芬兰语的预设数词中表示"第二"的语素后面没有成分,数词 11 是 yksitoista,字面意义"1 第二",其中表示"10"的 kymmenen 被省略,而乌拉尔语族的其他语言有些还保存了位数词,例如维普斯语的 yksʲtoʃtʲkʲyme(11,"1 第二 10")。第二种结构变化是出现了 3.4 中的循序方式和预设方式共存于同一个数词的情况,例如近代洛塔那加语的 mekwü sü thamdrowe ekhā(21,"20 和 30 向 1")中的循序部分是后加的。

预设数词被循序数词取代有两种情况。第一种是所有预设数词都被循序数词取代。本书所统计的 65 种语言中,18 种现在只使用循序数词,例如阿沃语和他加禄语等。第二种情况是部分被取代,运用预设方式的数词逐渐减少。例如古芬兰语中所有复合数词都是运用预设计数,"28 是由数词 8 加上序数词 3 组成:kahdeksan kolmatta'第三个 10 的 8'"(Greene,1992:499),现代芬兰语只在 11—19 这个数段使用。古突厥语的所有十位数非整数都运用预设方式(罗美珍,1996),但是现在只有现代西部裕固语在 11—19 和 21—29 两个数段采用这种方式。此外,波丘里语目前只有 11—19 数段运用预设计数,不过地理位置和亲缘关系邻近的帕拉那加语在所有十位数的非整数都用预设方式表达，很有可能波丘里语和帕拉那加语一样，曾在十位数的非整数都采用这种数词结构。还有些语言保存使用原来的预设数词，但是同时还引入一套循序数词，例如南布干维尔的布因语、莫图纳语、乌伊塞语和西贝语（Lean，1992：45-54）。

值得注意的是，循序数词取代预设数词的过程呈现出一定阶段性。洛塔那加语曾经用预设方式表述位数词的相邻倍数之间的所有数，19世纪末它有两套共存的数词系统，不仅用预设方式也用循序方式，同时还采用减的方式表达部分数词（Witter，1888），20世纪初只用预设形式表达21、31、41等相邻等级数间隔的第一个数（Mills，1922），而到1983年《洛塔那加语语法》（*Lotha Grammar*，Acharya，1983）所记录的数词系统，预设数词已经完全被循序数词取代，也不再运用减而只用加和乘。由此可见，这种语言数词系统的复杂情况是一种过渡状态，体现了其他语义结合方式对预设方式的影响，极有可能最开始的时候位数词的相邻整倍数之间的所有数都是运用预设方式表达，后来因为受到其他方式的影响而出现了几种方式共存的情况。东部伦马那加语也是如此，20世纪初该语言相邻等级数间隔的后半段表达为预设数词，但是在此之前21曾经也表达为预设数词（Coupe，2012），现在所有数词都用循序形式。笔者推测它的复合数词经历了三个阶段：全部用预设-部分用预设部分用循序-全部用循序。

本书所考察的语言事实表明，预设计数与循序计数在数词系统中的运用有以下四类历时变化：

（1）始终用预设或始终用循序，即无历时变化。前者如翁布翁古语，后者如汉语。

（2）全用预设→预设与循序共存于一个数词系统甚至同一个数词→（全部用循序）。此处的括号表示可能性：有一些语言最后全部用循序表达相邻等级数之间的数，而有些语言仍停留在第二阶段，前者如阿眉斯语和阿沃语，后者如西部裕固语和胡利语。

（3）全用预设→两套数词系统并存，其中一套用预设，另一套用循序→（只用一套循序数词）。宗卡语的历时变化属于这类情况，目前仍然是两套数词系统并存，但是有发展到只用一套循序数词的趋势。

（4）只有循序→只有预设→预设和循序共存。这种变化只存在于芬兰语族，芬兰语族曾经只用循序计数表达相邻等级数之间的数，但是由于受到瑞典语的影响而开始全部用预设方式，后来使用预设方式的数段缩小到了 11—19 之间，目前仍是如此。

循序方式在不断取代预设方式，据此可以推测曾经使用预设数词的语言数目远超现在所统计的语言数目，而且预设数词还会继续被取代。预设数词被取代的原因有多种。第一，数量概念和数词系统发展的阶段性。当人们从数量与实物的综合体中抽象、分化出单独的数目概念之后，创造出了大数目数词，使用预设数词的必要性降低。第二，循序相对于预设来说是一种优势计数方式。循序方式不需要预先设置一个目标数，而是以已有的数为基础，对语言使用者来说比较直接、省力。第三，其他强势文化和语言的影响。例如由于西班牙语的影响玛雅语系诸语言中的预设数词正在逐渐被取代：乔尔语和基切语曾经只用预设计数方式，而现代都有两套并行的数词系统，两套分别运用预设计数和循序计数；乔尔蒂语的现代数词系统只有 1—4 是原有数词，其他都采用西班牙语数词系统。第四，预设数词所在语言的使用者主动学习和使用其他数词系统。壮侗语系阿含语的预设数词系统就是因为这个原因而消失。13 世纪阿含人占领了阿萨姆，成为政治和军事的赢家，却因为人口数量的劣势而学习并使用阿萨姆语，最后让自己民族的语言消亡（闻宥，1983）。

第四节　预设数词的动因分析

相关语义事实以及以上所述预设数词的分类和分布情况，组合语义、语序共现和历时发展的类型学特征表明，预设数词的产生、形态类型和历时发展各有多重动因。

一　产生的动因

结合表 5.2 中预设数词在不同语言数词系统内部的数段分布情况、表 5.3 中不同语言预设数词所使用的表示"+"的形素的含义，以及相关的语言痕迹可以发现，不同语言预设数词的产生有两个主要动因。

第一，人类数量认知的需求和能力的阶段性飞跃。这是使得预设数词产生的一个最主要的动因，也是大多数语言预设数词产生的根本动因，反映了人类对数目的认知和表达的一个飞跃。Annemarie von Gabain 认为它反映了古人"由小到大，由具体到抽象的思维过程和认识事物的特点"（转引自贺川生，2018）。在原始时期人类所认知的数量有限，古代先民最初只使用小数目数词，当他们需要表达大数目时，在一个已有的最大数目（即最小的位数词，也是数学中所说的基数）基础之上预设与这个数目相等的下一组数目，从而创造出一个与这个位数词数目相同的间隔，并且利用他们所熟知的小数目来标记这个间隔中的位置，以表达其间的每一个数。

很多语言事实都证明了这个动因。本章所建语料库中的很多语言在古代时期广泛使用预设计数，在现代因为数量认知能力的发展和循序计数的优势地位等原因，不再使用预设计数或只是部分使用，这一定程度上证明了这个动因。例如，古鄂尔浑碑文等历史语料证明了在古突厥语中预设计数先于循序计数存在，随着语言的历时发展，预设计数被循序计数慢慢取代（贺川生，2023）。此外，一些语言中预设数词的形素也可以佐证这一过程。古排湾语预设数词 pu-siá-cǔro a puroq no ita 的第一个音节 pu-通常是表示及物动词或祈使动词的前缀，整个数词可直译为"使成为第二个十里的一"（闻宥，1983）。古他加禄语预设数词 ma-yka-tlo-ng isa 的第一音节 ma-通常是表示不及物动词或状态的前缀，可直译为"成为第三个一"（闻宥，1983）。另一些语言所用表示"向、朝"的词素也标记了这一过程，例如曼西语的 vat-nupəl xurm（21，"30 向 3"）。

第二，为了便于认知和表达难以理解的数。这也是使得预设数词产生的一个主要动因。本章表 5.2 所统计预设数词在不同语言的数段分布情况证明了这一点。西部藏缅语族的宗卡语和雷布查语等、印欧语系的丹麦语和古挪威语等语言的分数预设数词，结合分数词和基数词或序数词一起构成系数结构，与位数词组合成复杂的系位结构，表达位数词相邻倍数间隔的等分数值，这样可以免于逐个计数，从而使计数过程变得简单。藏缅语族那加语支的阿沃语等语言用预设方式表达位数词相邻倍数间隔的后半段，即 16—19、26—29、36—39 等，以数轴上距离这些数较近的较高数值倍数为参照点，免于从数轴上距离这些数较远的较低数值倍数开始计数，从而减少理解这些较大数目所花费的认知努力。例如伦马那加语南部方言的 16 表示为 nki pamo tsaro，"20 向 6"。在这两类预设数词中，相邻倍数之间的所有零数都参照距离最近的整数来表述，其目的是为了以较小的认知努力来认知某些难以认知和理解的数。这与 Menninger（1969：77）认为预设计数是"为了形象化地表达一个难以理解的数从而使它变得容易理解"的观点一致。

二 形态类型的动因

从上文第三部分对预设数词的跨语言分类可知，不同语言预设数词在内部语序、位数词的显隐和预设循序共存等方面有不同形态类型。这些形态类型的形成有多重动因。

决定和影响预设数词内部语序的因素主要有两个。第一，数值和语义值是决定预设数词内部成分语序与所在语言其他语序的关键因素。结合对表5.5和表5.6的分析可以发现，在预设数词中"小-大"语序趋向关联Q-N、D-N、A-N、n-b语序，这组语序把数值较大或语义值较重要的成分统一后置。而"大-小"语序趋向关联N-Q和介词后置，这组语序把数值较大或语义值较重要的成分统一前置。在两组语序中都不存在方向相反的情况，数值和语义值的重要性相同的成分都被置于同一个位置。进而言之，这也是因为数值不同的数词成分具有不同的句法属性，"位-数"结构之所以倾向关联"名-数"语序的另一层原因是"数值越小的数词形容词性越强，数值越大的数词名词性越强"（Corbett，1978）。第二，地理位置是影响预设数词内部语序的重要因素。例如，帕拉那加语是汉藏语系的一种未分语族语言，由于该语言区域位于缅甸东北部，在地理位置上邻近东北藏缅语族诸语言，因而其预设数词语序与它们的"n-b-m"一致，而不同于西部藏缅语族的"b-n-m"。再如，壮侗语系的阿含语由于地理分布上邻近汉藏语系那加语支各语言，其预设数词的语序与它们的"大+小"语序一致。这符合区域类型学的一个观点：很多情况下，具有相同语法特征的语言倾向于聚集在世界上某些特定地区，这些语言可以是亲属语言，也可以是非亲属语言。

如本章第一节第四部分所述，不同语言预设数词有两种特殊的形式类型：省略位数词和预设循序共存于同一个数词。这两种简繁对立的形式类型源自两个对立的动因。第一，语言的经济性原则。预设数词省略位数词是因为这个原则。在同一数词系统的预设数词中，其他成分系数词（n）和位数词（m）具有区别数量的功能。相反，位数词表达单位数值，是一个数词系统的默认数值，其数值区别意义不大，而且在省略位数词的语言中，运用预设数词的数段数值通常较小（例如芬兰语族的语言），位数词更是可有可无，因此位数词由于语言表述的经济原则而被省略。据笔者所掌握的语料，在所有语言的预设数词中，能省略的成分只有不具备意义区分价值的位数词。第二，语言的区别性原则。预设和循序共存于同一个数词是这个原则起作用的结果。表 5.2 中所列现代洛塔那加语采用预设方式和循序方式共存的形式表达相邻等级数的第一个数（即 31、41、51……），例如 mekwü sü thamdrowe ekhā（21，"20 和 30 向 1"）（语料引自 Mazaudon，2009）。这种特殊的"低值倍数–高值倍数–零数"结构采用复杂的形式，是为了标记一个新的等级的开始。这种形式的预设数词在世界语言中非常少，而且存在的时间不长，是预设计数被循序计数逐步取代过程中留下的残留痕迹。

三 历时发展的动因

预设数词的历时发展也有多种动因。第一，数量概念和数词系统发展的阶段性。这是预设数词被循序数词取代的最主要的原因。当人们从数量与事物的综合体中抽象、分离出独立的抽象数目概念之后，创造出了大数目数词，使用预设数词的必要性降低。本章收集的 65 种语言中有 27 种的小数目数词用预设方式并采用"小+大"语序表达，而大数目数词用"大+小"语序和循序方式。这说明了数量概念发展的阶段性，也从一定程度上说明了在这些语言中预设数词产生的时期早于循序数词，更说明了随着数量认知能力的发展和数词系统的发展，预设数词的使用必要性降低因而在大数中不再出现。第二，循序相对于预设来说是一种优势计数方式。循序方式不需要预先设置一个目标数，而是以已有的数为基础，对语言使用者来说比较直接、省力，因此从总体趋势来看循序数词不断取代预设数词。第三，其他强势文化和语言的影响。这种影响对于预设数词的发展来说是双向的。一种是受其他语言影响从不使用预设数词到使用预设数词。这种情况只是在语言的发展史上偶有出现。例如法罗语受丹麦语的影响而使用预设计数，芬兰语族的语言和古冰岛语受瑞典语的影响而使用这种方式（Menninger，1969：80）。另一种是受其他语言影响逐渐减少预设数词的使用。例如由于西班牙语的影响玛雅语系诸语言中的预设数词正在逐渐被取代：乔尔语和基切语曾经只用预设计数方式，而现代都有两套分别运用预设计数和循序计数的并行的数词系统；乔尔蒂语的现代数词系统只有 1—4 是原有数词，其他都采用西班牙语数词表示。第四，预设数词所在语言的使用者主动学习和使用其他数词系统。壮侗语系阿含语的预设数词系统就是因为这个原因而消失。13 世纪阿含人占领了阿萨姆，成为政治和军事的赢家，却因为人口数量的劣势而学习并使用阿萨姆语，最后使得自己民族的语言消亡（闻宥，1983）。

学界相关研究成果曾总结以上的某一个动因，并认为所有语言的预设数词都因为该动因产生，但是笔者经研究认为，不同语言预设数词产生、使用和变化的动因不同，即使是第一个最主要的动因也不能解释所有语言预设数词的产生原因。例如十进制的曼西语在 11—19 数段用循序方式，从 21 开始才使用预设方式[1]，十五进制的胡利语从 46 才开始使用预设方式。每一种语言的预设数词都是多种动因共同作用的结果。例如西部裕固语的预设数词可能是因认知动因产生并因其循序方式的优势地位而绝大部分被取代，更因为其他原因而被部分保存下来。Clark（1996）因西部裕固语的预设数词只出现在 11—19 和 21—29 这两个数段而猜测，西部裕固语使用的这种计数方法是由于需要计算每一个月的 30 天而从中国古代历法中借入的。尽管历史语料否定了 Clark 的古突厥语中先有循序计数后有预设计数的观点，但是不能排除这些预设数词被作为记录时间的手段而保存下来的可能。

第五节　本章小结

预设计数与加、乘、减、乘方和循序计数等语义结合方式共同构建了世界不同语言的复合数词，但是学界尚无对预设计数的系统性研究也无相关的类型学考察。笔者整理了大量语料，建立并统计分析了包括 65 种语言数词系统的语料库，发现预设数词的地理和谱系分布具有一定集中性，不同语言预设数词的结构形式和组合语义可以分成不同类型。本章总结和阐述了预设数词的分类及分布情况，分析了预设数词组合语义、语序关联和历时发展等方面的类型学特征，并在此基础上总结了预设数词的产生、形态类型和历时发展的多重动因。

本章的研究结果表明数量概念和数词系统的发展具有阶段性，同时也表明预设计数曾被更广泛地使用于很多语言的更多数段中，只是循序计数表现出更大的相对优势，它不断地取代预设计数，而不同语言预设数词发展的阶段性体现了这个取代过程的不同模式以及不同的驱动因素。任何一

---

[1]　曼西语有两套共存的数词系统，一套除 11—19 外全部用预设计数，一套仅在大于 11—19 的数中部分使用预设计数，详见 Riese（2001）。

种语言都是处于相互作用之中的各种微观因素的总和（王德春，1998），了解这些因素是掌握世界语言状况的必要过程。本章的研究对于系统地认识不同语言的预设数词，了解数量概念和数词系统发展的历时阶段，推知数词的历史状态以及记录和保存濒危数词系统等问题提供了一定的学术基础，具有一定参考价值。

第六章

复合数词语义运算的显性标记类型

第四章的研究结论表明，不同语言复合数词相邻成分之间的语义运算有加、乘、减和乘方等4种。这些语义运算方式在部分语言中用显性标记标示，部分不用。关于显性标记，学界研究虽然不多但是从未间断，Greenberg（1978）、Hanke（2005）、Ionin & Matushansky（2006）、Omachonu（2011）、Schapper & Klamer（2014）和 He et al.（2017）等系统性地研究多种语言的显性标记，周毛草（1998）、Babarinde（2014）和 Amaechi（2014）等考察单种语言的显性标记，Ekundayo（1977）、Esseesy（2000）、完玛冷智（2005）和 Calude et al.（2016）等研究单种语言复合数词的派生方式，顺带提及相关标记。这些研究对世界不同语言复合数词的显性标记有了较为全面的考察，不过它们对其内涵的认定不一，并且大多关注加的显性标记，对乘和减的显性标记研究较少，对不同语言中不同语义运算显性标记的共存情况以及相关限制条件的研究也不充分。关于显性标记的位置与所属语言基本语序的对应规律，Greenberg（1978）所总结的世界语言数词系统54条共性中的共性30—34迄今为止仍然是最有价值的系统性研究成果，不过随着语料获取便捷度的提高，不断挖掘的语料表明其中部分结论并不完全正确。Comrie（2020）修订了Greenberg的54条共性中的7条，但是未涉及这5条。由此看来，有必要在廓清其内涵的前提下，通过对更多语言的调查，考察是否还有其他显性标记方式，统计分析复合数词显性标记与语义运算方式之间的对应关系，并进一步探讨哪些因素限制了显性标记的使用及位置选择。

为了更全面地调查世界不同语言复合数词语义运算的形式表达，本章考察和分析了所建包括365种语言的语种库的基本数词系统复合数词内义运算的显性标记。在廓清显性标记内涵的基础上，对不同语言的显性标记进行分类，进而考察显性标记的分布状况和分布规律。

第一节　显性标记的内涵

已有研究对显性标记的界定意见不一，部分认为它们是复合数词不同语义运算方式的形式表达，例如 Greenberg（1978）和 He et al.（2017），另一部分却认为它们和加、乘、减等语义运算方式一样同为复合数词的构成方式，例如 Omachonu（2011）。

笔者认为，语义方式是复合数词的根本构成方式，它们在一些语言的部分数词中有形式表达，在一些语言中没有形式表达，这些形式表达即为显性标记。下文将通过讨论 Greenberg 的相关论述来廓清其内涵。

Greenberg（1978：264）认为顺序是语义运算的显性标记，并且用汉语"三十二"和"二十三"的不同顺序表示不同数值加以举例说明。然而，构词成分"二"和"三"的不同排列顺序虽然改变了数值，但是两个数词的语义运算类型并未发生改变，也就是说，在汉语中顺序并不标记不同语义运算类型。在定位数系中，不同数位取值不同的两个或多个数的数值不同，这是其工作机制。如果一个数词系统所表达的是一种定位数系，每一个位置的取值不同，相应数词的数值意义不同。例如英语中的 one hundred and three 和 three hundred and one 构成成分一样但是顺序不同，所表达的数值意义也不同。在一些表达定位数系的数词系统中，一些位置的取值表达为位数词（base），例如汉语的"十""百""千""万"等，有些语言没有位数词而只用位置表示数值，例如汤加语（Tongan）的 11 表示为 taha taha，字面意义"１１"，88 是 valu valu，字面意义"８８"，100 是 taha noa noa，字面意义"１００"（语料引自 Takasugi 2006）。很明显，在这种情况下，顺序并不是语义运算的显性标记。

既然如此，那么顺序到底能不能做显性标记呢？如果能，在什么情况下才能被看作显性标记呢？笔者认同 Greenberg 的观点，即顺序能够做显性标记，只是他所举例的"三十二"和"二十三"并不能说明顺序是显性标记。在一种语言中，当顺序作为显性标记时，意味着成分之间的不同顺序表达不同的数值语义运算。只有当一种顺序标记特定的语义运算类型时，它们才是显性形素。例如，在锡皮克语系的安布拉斯语（Ambulas）中，当位数词 tamba（5，字源意义"手"）在零数前时，两者之间的语义运算关系是加（如 1a 所示）。当顺序相反时，两者之间的语义运算关系是乘（如 1b 所示）。在该语言中，这类情况还有很多，例如 tamba kubuk 表示 8，内部语义运算为 5+3，而顺序相反的 kubuk tamba 表示 15，内部语义运算为 3×5（语料引自 Paliak，2011）。

（1）a. tamba vidik
　　　　手　　2
　　　"7［即 5+2］"
　　 b. vidik tamba
　　　　2　　手
　　　"10［即 2×5］"

再以韵律关系为例。在梵语中，as'tacatam（8'，100）表示 108，astaca'tam（8，100'）表示 800（语料引自 Greenberg 1978：264）。当重音在表示 8 的成分上时，两者之间的关系是加，当重音在表示 100 的成分上时，两者之间的关系是乘，重音的位置改变了构词成分之间的数值语义运算。两个词的构词成分完全一样，顺序也一样，决定数值语义运算的是韵律关系。此时，不同的韵律关系标记了不同的数值语义运算，因此在梵语中，韵律关系是一种显性标记。

厘清了显性标记的内涵，我们可以更好地判断一种语言复合数词的每种语义运算是否运用了显性标记标示。Greenberg（1978：258）总结的共性 11 认为：减不仅仅只是用被减数和减数两者直接结合表示，在减数和被减数之外总会有其他表示减的显性标记。他认为这是一个倾向共性，因为泰米尔语（Tamil）和其他德拉维语的 9 表达为"1，10"。本书发现这不是一个倾向共性，而是一个绝对共性，因为德拉维语的减实际上运用了顺序和其他显性形素一起来。由例（2）可以看出，ondru／ondrɨ（1）和 pʌtːu（10）用减的语义运算构成 onbʌdu（9）时，不仅缩减了 1 的后半部分，而且还发生了语流音变，10 的 p 变为了 b。此外，把 9 和 11 进行对照会发现，9 的构成是"1 10"，11 的构成是"10 1"，两个相同的成分 1 和 10 的语序不同，语义运算类型不同，由此可见这里的减还运用了

"零数-位数词"的语序来做显性标记。(语料引自 Jeyakumar,1996)①

(2) onbʌ du
    1   10
    "9 [即 10-1]"
    pʌ dinondru
    10   1
    "11 [即 10+1]"

第二节 显性标记的种类

现有研究已界定的显性标记类型共有 7 种:

一是连接符号,包括词素和词语等。例如英语数词 three hundred and five 中的 and。

二是熔合。这种形式将两个简单数词混合或各取其中一部分紧缩而成一个复合数词。尼日-刚果语系努佩语(Nupe)的 gútotá(8)是由 gútá(5)和 gútsũ(3)各取一部分紧缩而成,两部分之间的语义运算是加(语料引自 Kandybowicz,2007)②。

三是韵律关系,即重音位置变化,例如上文所举梵语的例子。

四是语流音变,包括音段缩减、增加、异化和同化。例如,在跨新几内亚语系的科隆语(Klon)中,turarok(8,数值语义结构为 10-2)变成 tidorok,为了使前后辅音不发生混淆而运用了异化策略(语料引自 Schapper & Klamer,2014)。

五是屈折形式。例如阿拉伯语的 xams^{un} 表示 5,其复数形式 xamsuna 表示 50(语料引自 Esseesy,2000)。

六是顺序。例如上文所举的安布拉斯语的例子。

七是重复。例如尼日-刚果语系曼索安卡语(Mansoanka)的 sɔŋgun

---

① 参见 Rev. J. Jeyakumar, "Tamil", in Eugene Chan, Numeral systems of the world's languages, 1996-01-20, https: //lingweb. eva. mpg. de/channumerals/Tamil. htm, 2022 年 2 月 3 日。

② 参见 Jason Kandybowicz, "Nupe", in Eugene Chan, Numeral systems of the world's languages, 2007-07-25, https: //lingweb. eva. mpg. de/channumerals/Nupe. htm, 2022 年 2 月 3 日。

də sɔnsɔn（6），字面意义"5 + 1"，其中 sɔnsɔn 重复了 sɔn（1）（语料引自 Wilson，1994）[①]。

本书经过归类整理并与前人已有研究结论加以比对，发现有些语言运用了另外两种显性标记。

一 不同语义运算使用不同词形表示同一数值

一种特殊的显性标记是运用不同词形差异区分或体现不同语义运算。如例3，印欧语系乌尔都语（Hindi-Urdu）中加和减使用不同的词表示1（语料引自 Takasugi，2006）。再如例4，在奥托-曼格语系萨波特克语（Zapotec）中，加和减的位数词采用不同词形（语料引自 Long，2008）[②]。

(3) unatees
1　30
"29［即 30-1］"
ikattees
1　30
"31［即 1+30］"

(4) togaːχ
1　20
"19［即 20-1］"
todʒoa
1　20
"21［即 1+20］"

二 不同停顿时长辅助标记语义运算顺序

在一些语言中，当一个复合数词运用多个语义运算时，这些语义运算孰先孰后的顺序决定了其数值。例如一个数词的语义运算既可能是 10×3+

---

① 参见 André A. Wilson,"Mansoanka", in Eugene Chan, Numeral systems of the world's languages, 1994-06-20, https：//lingweb. eva. mpg. de/channumerals/Mansoanka. htm, 2022年2月4日。
② 参见 Rebecca Long, "Zapotec-Zoogocho", in Eugene Chan, Numeral systems of the world's languages, 2008-04-03, https：//lingweb. eva. mpg. de/channumerals/Zapotec-Zoogocho. htm, 2022年2月6日。

1 也可能是 10×（3+1），先乘和先加的数值意义是不同的。不同语言用不同方法标示这个运算顺序。很多学者讨论了相关内容，Hurford（1975）从句法语义角度解释，把不同语言所采用的方法统称为"bracketing（括号法）"，Greenberg（1978：267）称相关方法为"parenthesization（加括号）"，他总结的共性 19 认为这个过程总是把复合数词中的大数值部分与零数部分分隔开来，Ionin & Matushansky（2006）认为除句法语义方法之外还有非语言的传统约定因素（convention）。

本书发现，除以上方法外，有些语言还运用了辅助标示语义运算顺序的显性标记。这种方式的运用在两个数词的构成成分和顺序完全相同的情况下体现得非常明显。例如，安布拉斯语的 25 和 100 的书写形式完全相同（语料引自 Paliak，2011①，如 5a 和 5b 所示，原语料中 5b 没有连字符号，此处是笔者为区分两个数词添加的），塞皮克语系阿兰布拉克语（Alamblak）中的 41 和 60 的书写形式基本相同（语料引自 Takasugi，2006，如 6a 和 6b 所示）。

(5) a. vidik vidik tamba tamba
　　　2　　2　　5　　5
　　"25［即 (2+2) × 5 + 5］"
　　b. vidik vidik tamba-tamba
　　　2　　2　　5　　5
　　"100［即 (2+2) × 5 × 5］"
(6) a. yima hosfi rpat
　　　20　2 i　1
　　"41［即 (20 × 2) + 1］"
　　b. yima hosfirpat
　　　20　2 i　1
　　"60［即 20 × (2 + 1)］"

在一个数词系统中，不可能存在两个同音的数词，这是数词的独有特征（Hanke，2005）。这两组复合数词的成分和顺序完全相同，但是发音

---

① 参见 Ruth Paliak，"Ambulas"，in Eugene Chan, Numeral systems of the world's languages, 2011-11-18, https：//lingweb. eva. mpg. de/channumerals/Ambulas. htm，2022 年 2 月 16 日。

不可能完全相同。为了区分两个数词，两种语言运用同样的区分方式：停顿时长。安布拉斯语中 vidik vidik tamba 与 tamba 之间的语义运算是加还是乘决定了复合数词的数值，而两部分之间的不同停顿时长标示不同语义运算：停顿较长时，语义运算为加，数值为 25；基本无停顿时（在 4b 中用连字符号标示），语义运算为乘，数值为 100。阿兰布拉克语中 i 是表示加的显性标记，每一个复合数词中的每一处加都用它标记。在 6a 与 6b 中，当 hosfi rpat 之间有较长停顿时（书写中用空格体现），i 前面所有的部分与余下的部分相加，当两者之间无停顿时，i 左右两个最直接的成分相加。

需要注意的是，同一数词系统中复合数词的同形与简单数词的同形是不一样的。Steinen（1894：536）提到在图皮语系奥托语（Aueto）中 4 和 9 的词形相同，字面意义都是"食指"，更有甚者，在 Koch-Gruenberg 提供的卡利亚纳语（Kaliana，一种南美语言）语料中，1、2 和 3 都是同一个词 meyakan（finger）（转引自 Greenberg，1978：257）。奥托语和卡利亚纳语的数词系统都不发达，运用的都是身体部位计数法，用表达身体部位的词表示数值，和很多其他身体部位计数系统一样，由于受数概念不发达以及身体部位数量有限这两个因素的影响，用同一个身体部位表示不同数量的情况时有发生。同时，由于身体部位计数系统的特殊性，也不适用上文提到的 Hanke（2005）的同一数词系统无同音数词的规则。

三 其他特殊现象

除以上两个类型之外，本书还发现了一些不同于现有研究结论的现象。

一是上文第二部分提到的不同顺序标示不同语义运算的情况，此处不再赘述。

二是标示语义运算的连接符号包围复合数词成分的情况。如例 7，迈普伦语系帕利库尔语（Palikúr）的加用 a-kak…ar-awna 标记，中间是加数（语料引自 Green，1996）[①]。

[①] 参见 Diana Green, "Palikur", in Eugene Chan, Numeral systems of the world's languages, 1996-01-08, https://lingweb.eva.mpg.de/channumerals/Palikur.htm, 2022 年 2 月 20 日。

（7） p-i-na madikwa a-kak paha-t ar-awna
　　　2　　10　和　　1　　　加数
　　"21 ［即 2×10+1］"

　　这种情况不仅用来标示加，在一些语言中还被用来标示乘或减。如例8，利卢埃特语（Lillooet）中表示 20 或 30 等整十的复合数词结构为"系数词 k^w ⌣s 位数词 s"，其中的"k^w ⌣s s"把位数词包围起来，是标示乘的复数标记（语料引自 Kinkade，1990）。再如例9，尼日-刚果语系乌卡安语（Ukaan）中表示 18 的复合数词结构为"ù- b^w-á 减数 b 被减数"，由表示 2 和 20 的数词用标示减的显性标记"ù- b^w-á … b"结合而成，它的 15、16、17、18 和 19 等分别表示为 20-5，20-4，20-3，20-2 和 20-1（语料引自 Salffner，2007[①]）。

（8） ʔén'wes k^w ⌣sq'əm'ps
　　　2　　和　 10　复数标记
　　"20 ［即 2×10］"

（9） ù- b^w-áwà b-ùg⌢bɔrɔ
　　　减　2　　　从-　　20
　　"18 ［即 20-2］"

第三节　显性标记的分布状况和分布规律

　　在不同语言中，复合数词语义运算显性标记的运用状况不同。一些语言运用显性标记，一些语言不用；一些语言的某个语义运算全部使用显性标记，一些语言只有部分使用。

一　显性标记与语义运算类型的对应情况

　　本书所建立的语种库里有些语言没有复合数词，有些复合数词只运用加和/或乘，有些还有减，极少的还有乘方，这些语义运算使用显性标记

---

① 参见 Sophie Salffner，"Ukaan"，in Eugene Chan，Numeral systems of the world's languages，2007-07-27，https://lingweb.eva.mpg.de/channumerals/Ukaan.htm，2022 年 2 月 20 日。

的情况如表6.1所示。统计数据显示，加和乘的运用频率远高于减，而四种语义运算运用显性标记标示的比率由高到低排列依次是减-加-乘-乘方，减用显性标记的比率是100%，加用显性标记的比例是70.6%，乘是51.4%，乘方是0。

表6.1　　　　　　　　语义运算和显性标记的运用统计

语义运算类型	365种语言中运用相应语义运算的语言种数	无显性标记	有显性标记
加	337	99	238
乘	296	144	152
减	54	0	54
乘方	3	3	0

Greenberg（1978：268）的研究结论认为，运用显性形素标示乘的语言数目少于运用加的显性形素的语言，本书的研究数据与这个结论相同。此外，就本书统计的365种语言中，有减的显性标记的语言中通常有加和乘的显性标记。有减的显性标记而无加和乘标记的语言只有恩德语（Ende）。有减标记而有乘标记无加标记的只有两种：布吉语（Bugis）和西北部伊努皮亚屯语（Northwest Alaska Inupiatun）。有减标记而有加标记无乘标记的有9种。[①]就加标记与乘标记的关系而言，没有加标记的语言大部分也没有乘标记，其比率为2/3，在本书的语种库中30种语言既没有加标记也没有乘标记，15种语言没有加标记但是有乘标记。

考察语种库中各种显性标记所表达的语义运算类型，可以把它们之间的对应情况列为表6.2。

表6.2　　　　　　　　显性标记与语义运算类型的对应情况

显性标记	连接符号	熔合	语流音变	韵律关系	屈折变化	重复	顺序	不同词形
语义运算类型	加乘减	加乘减	加乘减	加/乘[②]	乘	加	加/乘加/减	加/减

---

① 这9种语言分别是吉达尔语（Gidar）、库斯语（Coos）、印地语（Hindi）、基奥瓦语（Kiowa）、湖区米沃克语（Lake Miwok）、德格马语（Degema）、马特拉尔辛卡语（San Francisco Matlatzinca）、比安盖语（Biangai）和雅努马米语（Yanomámi）。

② Greenberg（1978）所举的梵语运用韵律关系表达不同数值复合数词的例子，以及本章第二部分对顺序作为显性标记的解释，说明韵律关系和顺序这两种显性标记在不同情况下表示不同数值语义运算方式，因此表格中用"/"表示"根据情况选择其一"。

以上表格是从显性标记的角度出发，从语义运算类型角度出发可以把相应情况归纳为表 6.3，括号中是运用相应显性标记的语言种数。

表 6.3　　　　　　　语义运算类型与显性标记的对应情况

语义运算	加	乘	减
显性标记及语言种数	连接符号（204） 熔合（30） 语流音变（8） 不同词形（5） 韵律关系（1） 重复（1） 顺序（2）	连接符号（55） 熔合（80） 语流音变（16） 屈折变化（11） 韵律关系（1） 顺序（1）	连接符号（44） 熔合（5） 不同词形（5） 语流音变（2） 顺序（1）

由表 6.2 和表 6.3 可以看出，加的显性标记类型最多，减的显性标记类型最少。在显性标记中，连接符号的运用率最高，韵律关系、重复和顺序的运用率最低。

需要注意的是，这些显性标记与每一类语义运算并非一一对应的关系。一方面，某一类语义运算在不同语言中运用显性标记的情况各不相同。在一些语言中，有时候用显性标记标示有时候不用，例如英语的加在一些情况下用 and，在另一些情况下不用；在另一些语言中可能始终用显性标记标示，例如阿兰布拉克语的所有加都用 i 标示；或始终不用，例如汤加语；而在一些语言中可用可不用，例如迈布拉特语（Mai Brat）中标示加的 masin 和标示乘的 mabo 都是可用可不用[①]；还有一些语言中同时采用几种不同标记，例如曼索安卡语的 sɔŋgun də sɔnsɔn（6），字面意义"5 + 1"，既运用了连接词素 də 又重复了 sɔn（1）。另一方面，不同语义运算在一些语言中可能使用不同类型的标记，也可能用使同类标记甚至是相同的标记，例如跨新几内亚语系的恩多姆语（Ndom）中加和乘都用 abo 标示（语料引自 Lean，1991：122）。

二　决定显性标记选择的因素

复合数词是否使用显性标记主要是由所属语言的形态类型决定的，形态丰富的语言运用显性标记，不丰富的不用或少用。在一种语言中，如果

[①] 参见 William U. Brown，"Mai-Brat"，in Eugene Chan，Numeral systems of the world's languages，1996-09-08，https：//lingweb.eva.mpg.de/channumerals/Mai-Brat.htm，2022 年 2 月 22 日。

在不同情况下用不同显性标记标示同一类语义运算关系，或者有时候用标记有时候不用，其具体选择是规约性的，而这些规约主要受数词本身的结构和语义特征影响。一般而言，除标记语义类型之外，不同语言使用显性标记的目的还有两种：分隔或区分，前者是为了把复杂数词内部成分与其他成分分隔开来，后者或是为了区分某类数词结构与其他结构，或是为了区分一种语义运算与其他语义运算，因此可以把不同语言中制约显性标记选择的因素分为以下四类。

一是复合数词数值的大小。很多语言中部分复合数词用显性标记部分不用，本书统计发现，通常是数值较小的用显性标记，而在数值较大的数词中不用标记。这是由复合数词的结构决定的，因为在很多语言中数值较高的复合数词都会用到位数词，而位数词的出现就意味着有语义运算"乘"。

二是复合数词中所出现的语义运算类型的数量。有些语言为了把不同数词结构区分开来而区别性地使用显性标记，这通常体现在复合数词运算类型数量不同时，某一类语义运算的显性标记选择不同。例如，亚非语系的尼姆比亚语（Nimbia）基本数词中有 mbe 和 ni 两个词表示加，当一个复合数词中有乘时用 ni，没有时用 mbe，它的 22 是 tuni mbe gwom（12 + 10），25 是 gume bi ni da（12 × 2 + 1）（语料引自 Takasugi，2006）。南岛语系马尔加什语（Malagasy）也有类似情况。在这类情况中，表达同一种语义运算的显性标记方式在某种语言基本数词系统中呈互补分布，当一个基本数词中只有一种语义运算关系时，用其中一个显性标记，当有两种关系时，用另一个显性标记。

三是复合数词各部分之间的相对数值关系。有些语言为了分隔复合数词较高数值和较低数值的部分而使用显性标记，当不存在这类整零关系时不使用这类显性标记标示加。汉语以及受汉语影响的很多华南少数民族语言用"零"以及其他相近意义的词或语素连接整数和零数。例如傣语数词 hok pan paːi saːu（6020）中的 paːi，以及苗语数词 ɯ tshɛqa zi（2008）中的 qa（语料引自 He et. al，2017）。

四是参与语义运算的成分的数值、形式或语音差异。还有些语言为了区分参与语义运算的成分的差异而使用不同显性标记，或者有时使用显性标记有时不用。例如，英语在被加数为 twenty、thirty 等表示整十数值的数词时，不用显性标记，当加数为这些数词或以这些数词为被加数的数词时，用 and 做显性标记。恩多姆语中用 abo 标示乘，但是只有当被乘数为 36 以下的位数词（即 6 和 18）时才使用，在被乘数为 36 及其以上的位数词时，不用显性标记，例如它的 12 和 13 分别表达为 mer abo thef（6×2）和 mer abo thef abo sas（6×2+1），71 和 72 分别表达为 nif-thef（36×2）和 nif ithin（36×3）（语料引自 Lean，1991：122）。此外，当一种语言的显性标记为语流音变时，如果复合数词成分之间的语音结合不符合该语言的发音习惯，需要发生语流音变，反之则不用。例如，苏语系的克劳语（Crow）中大多数乘都用语流音变，但是 70 是 sáhpuapilake，由 sáhpua（7）和 pilake（10）直接合成，无音变（语料引自 Graczyk，2009）[①]。

三 决定显性标记位置的因素

不同语言中显性标记的位置不尽相同，Greenberg（1978）的共性 30—34 探讨了相关问题，尽管其研究全部是基于他所收集的大量纸质文献语料，但是其结论超越他的时代，而且大部分结论在四十多年之后的今天看来仍然有着重要价值。本书根据大量语料及所建构的语种库对其进行求证，发现其中的共性 33 的确是绝对共性，只是另外 4 条应该由绝对共性调整为倾向共性。

共性 33：如果一种语言中加的数值语序发生变化，并且只有一种语序有显性标记而另一种没有，那么用显性标记的语序总是小数—大数语序。

这个共性确实是绝对共性。此外，在这种情况下通常是小数—大数语序的数词的数值比较小，大数—小数语序的数词数值比较大，而且显性标记类型通常是熔合。

共性 30：加的连接符号从不会出现在词首位置。

这一条共性存在例外情况，因此应调整为倾向共性。例如跨新几内亚语系安卡维语（Ankave）标示加的连接符号出现在复合数词词首，它的 5 是 ti wau ti wau wo，字面意义"2，2，1"，6 是 ti wau ti wau ti wau，字面意义"2，2，2"，标示加的显性标记 ti 出现在词首。在一些语言中，标示减的连接符号也出现在词首。例如亚非语系吉达尔语（Gidar）的 9 是 váyták，字面意义"（10）缺 1"，词首的 váy 是表示"缺"的显性标记

---

① 参见 Randolph Graczyk，"Crow"，in Eugene Chan，Numeral systems of the world's languages，2009-03-26，https：//lingweb.eva.mpg.de/channumerals/Crow.htm，2022 年 2 月 26 日。

（语料引自 Frajzyngier，1996）①。

共性 31：如果在一种语言中加的显性标记出现在词尾，这种语言是介词后置型语言。

这一条共性也应调整为倾向共性。在尤马语系基利瓦语（Kiliwa）和基欧瓦-塔诺安语系基奥瓦语（Kiowa）中，标示加的显性标记都出现在词尾，例如基奥瓦语的 21 是 yí:kʰi:pátʰ ą:，字面意义 "20 1 余"，词尾的 "tʰ ą:" 是标示加的显性标记（语料引自 McKenzie 2009）②。这两种语言都没有介词，因此既不是后置型语言也不是前置型语言。还有一些语言中标示加的显性标记出现在词尾，但却是前置型语言，例如奥托-曼格语系的特拉帕内克语（Azoyú Tlapanec）和帕莱尼汉语系的阿丘马维语（Achumawi）。③

共性 32：如果一种语言中加的显性标记出现在中间位置，在前置型语言中，这个显性标记总是与后半部分结合在一起，在后置型语言中，这个显性标记总是跟在前半部分的词后面。

这一条共性的例外也较多。亚非语系的特拉语（Tera）是前置型语言，但是其显性标记与前半部分结合在一起（例如，11 表达为 gʷàngùm dà 或 gwaanggum da，字面意义 "10gùm 1"）（语料引自 Madi，2014）④，同一语系的蒂格里亚语（Tigrigna）也是如此。有些语言中标示加的显性标记处于加数与被加数的中间，既不与前半部分结合也不与后半部分结合，例如亚非语系的泽纳加语（Zenaga，前置型）和奇布恰语系的特里贝语（Teribe，后置型）。有些语言标示加的显性标记与前半部分结合，但是介词语序不定，例如澳大利亚语系的尼扬古马尔达语（Nyangumarta）。还有些语言标示加的显性标记在中间位置，但是无介词，例如圭库伦语系的卡迪维奥语（Kadiwéu）。

共性 34：如果一种语言中减的显性标记在词尾，这种语言是后置型

---

① 参见 Zygmunt Frajzyngier，"Gidar"，in Eugene Chan，Numeral systems of the world's languages，1996-10-23，https：//lingweb. eva. mpg. de/channumerals/Gidar. htm，2022 年 2 月 26 日。
② 参见 Andrew McKenzie，"Kiowa"，in Eugene Chan，Numeral systems of the world's languages，2009-01-26，https：//lingweb. eva. mpg. de/channumerals/Kiowa. htm，2022 年 2 月 28 日。
③ 除数词内部成分的语序之外，本书所引语言的语序信息全部参考 Dryer & Haspelmath（2013）。
④ 参见 Babayo Madi，"Tera"，in Eugene Chan，Numeral systems of the world's languages，2007-07-25，https：//lingweb. eva. mpg. de/channumerals/Tera. htm，2022 年 2 月 28 日。

语言。

这条共性也应调整为倾向共性。在基奥瓦语中，减的显性标记在词尾，例如 pānsẽ（7），字面意义"3 缺"，词尾的 sẽ 是减的显性标记（语料引自 McKenzie，2009），但是这种语言没有介词。在利卢埃特语中，减的显性标记也在词尾，但它是前置型语言。

第四节　本章小结

世界不同语言复合数词通过不同方式构成。加、乘、减和乘方等数值语义运算是复合数词的深层构成方式，而语音和语形方式是语义方式的表层形式表达，其中深层方式是必需的，表层形式表达即为显性标记，它们是可选择性的，有些语言的复合数词有显性标记形式，有些没有。显性标记有不同形式，除开现有研究所发现的显性标记之外，有些语言中还分别采用了在不同语义运算中运用不同的词形这种特殊的显性标记以及运用不同停顿时长来辅助标记语义运算顺序。显性标记与语义运算之间存在着一定对应关系，有些语言中存在用两个或多个显性标记标示同一种语义运算关系的情况，有些语言则存在有些数词运用显性标记有些不用的情况，其具体选择存在 4 种制约因素，不同语言显性标记的位置存在 5 个共性特征，其中 1 个是绝对共性，4 个是倾向共性。

本书的研究可能仍然未能穷尽列举所有显性标记类型，但是希望通过廓清其内涵、发现新类型、调查相关类型学特征，进一步了解世界不同语言复合数词的构成方式，从而更全面地认识不同语言的数词系统。

第七章

复合数词的成分语序类型

不同语言复合数词有不同语序表现，这些表现可以分为内部语序和外部语序两类，前者是指数词内部成分的排列顺序，后者是指数词与句子中其他句法单位（即指示语、形容词和名词等）之间的顺序。作为对数词进行类型学研究的重要部分，复合数词外部语序受到语言类型学家的持续关注并被充分研究，而对内部语序的研究相对欠缺。Stampe（1976）和 Greenberg（1978）研究了世界语言数词的诸多共性，其中包括复合数词内部语序的一些共性，Calude & Verkerk（2016）主要研究了印欧语系复合数词的内部语序，Comrie（2020）对 Greenberg（1978）的包括与复合数词内部成分语序有关的七个共性提出质疑，Comrie（2022）列举了世界语言数词的不同类型，其中列出了语义运算为加的复合数词的四个语序类型。这些研究探讨了不同语言复合数词内部语序的类型学特征，但是相关论述大多是考察语义运算为加的成分之间的语序，对乘和减的成分语序、成分语序的历时变化、不同语义运算中成分语序的关联以及内部语序与外部语序之间的对应研究较少，而且随着语料来源和获取手段的进一步丰富，有些研究结论受到了挑战。鉴于此，本书考察了本书所建语种库，统计数词系统内部语序与外部语序，对不同语言复合数词内部语序不同类型的数量分布、成分语序的历时变化、不同语义运算成分语序之间的关联以及内部语序与外部语序的对应倾向进行系统的类型学探讨，以期更全面考察世界语言多种语义运算的成分语序及其与外部语序的对应关系。

第一节 不同语义运算的成分语序

语言类型学研究结论表明，世界语言复合数词内部成分之间的数值语义运算有加、乘、减、幂等类型（Comrie，2022），其中幂只存在于极少数语言之中，而且语序类型单一，因此本书只考察加、乘、减等三种语义运算的成分语序。

一 加的成分语序

目前学界对加的成分语序的研究是最充分的，其中的经典代表性研究成果是 Greenberg（1978），Comrie（2020）对其中的一些结论提出了质疑。

Greenberg（1978）系统地总结了世界语言数词系统的 54 个共性，其中的共性 26 和 27 描述语义运算为加的成分之间的语序。共性 26：在一种语言中，如果某个语义运算为加的数词语序为"小-大"，那么所有数值小于它且语义运算为加的数词都是同样语序。例如，意大利语的 16 表达为 sedici（6+10），小于 16 且成分语义运算为"加"的有 11—15，它们的语序都是"小-大"。共性 27：在一种语言中，如果某个语义运算为加的数词语序为"大-小"，那么所有数值大于它且语义运算为加的数词都是同样语序。例如，意大利语的 17 表达为 diciassette（10+7），大于 17 且成分语义运算为"加"的复合数词有很多，它们的成分顺序无一例外都是"大-小"。

结合 Greenberg（1978：273-274）所讨论的其他内容可以发现，这两个共性主要提出了两个结论：(1)"大+小"语序是最常见的，自始至终都是"小+大"语序的数词系统极为少见，其认知动因是："大+小"复合数词开头部分给出一个大概范围，后半部分缩小范围，这样数值一步一步得以确定。而相反的语序会让读者或听者一直不知道这个数词的数值范围有多大，直到最后一部分的大数出现才明白，这样就加重了认知的负担。(2) 如果一种语言数词系统兼有"小+大"和"大+小"语序，那么"小+大"语序通常出现在小数目数词中，"大+小"语序出现在大数目数词中，例如德语等语言存在"百位+个位+十位"语序，但是不存在"十位+个位+百位"语序。他发现世界语言只存在一个例外，特鲁马伊语（Trumai）的小数目数词语序为"大+小"，大数目数词语序为"小+大"：3 表达为 2+1，语序为"大+小"，6 表达为 1+5，7 到 9、11 到 14 都是"小-大"语序。[①] 此外，语

---

① 实际上，Greenberg（1978：273）的原文把 6 的结构写为"5+1"，这显然是一个书写错误。根据 Greenberg 的语料来源 Steinen（1894：541—542）判断，特鲁马伊语的数词 6 内部结构应该是"1+5"，而且如果结构是"5+1"，那么这种语言的复合数词语序就全都是"大-小"，而不构成他所说的例外。

序的改变点在不同语言中不一样，一些语言中还存在一个两种语序共存的临界区域，例如威尔士语的60以下是"小+大"语序，100以上是"大+小"，这两个数之间的数词语序不固定。

关于Greenberg的第二个结论所提到的例外，Comrie（2020）认为他对特鲁马伊语数词语序的分析并不正确。根据现代特鲁马伊语使用者的分析，数词huch-tahme（3）的内部结构并不是"2+1"，因为huch表示2，但是tahme并不表示1而是一个没有任何意义的附加成分，而且6也不是表示5+1，而是表示"下一只手的一个手指"，7—9依次类推，11表示"脚的一只脚趾"，12—14依次类推。Comrie据此指出，特鲁马伊语并不像Greenberg所认为的那样是一个例外，而萨卡拉瓦马达加斯加语（Sakalava Malagasy）却是一种这样的语言，该语言的主要语序是"小-大"，但是小数目数词用"大-小"语序。它的352表达为limam-polo roe amby, amby telon-jato，字面意义"5—10 2 加，加 3—100"，语序为"十位+个位+百位"。针对这个现象，Comrie提出一个问题：采用"小-大"语序的数词系统在世界语言中很罕见，而在使用这一罕见语序的语言里存在小数目数词采用"大-小"语序的情况，那么就比率而言，我们需要求证在主要采用"小-大"语序的其他语言中到底是怎样的情况（Comrie, 2020：54-55）。除此之外，Comrie还提出，目前很多用作论据的语料都是某种语言中的单个的、孤立的语料，而不是代表一个数词系统的普遍结构模式的具有能产性的情况，Greenberg运用特鲁马伊语做例证时也是这种情况，而萨卡拉瓦马达加斯加语的语料是具有能产性的，因此很有说服力，Comrie据此认为Greenberg所总结的两个共性论据不足（Comrie, 2020：55-57）。

基于Comrie（2020）的研究，Comrie（2022）总结了当成分数值语义运算为相加时，不同语言复合数词内部成分的四类语序：（1）大-小。汉语是最典型的例子。（2）小-大。例如标准马达加斯加语的354表达为efatra amby dima-mpolo sy telo-njato（4 + 5×10 + 3×100）。（3）小数目数词语序为"小-大"，大数目数词语序相反。例如德语的drei-hundert（3×100），vier-und-fünf-zig（4 + 5×10）。（4）小数目数词语序为"大-小"，大数目数词语序相反。例如上文提到的萨卡拉瓦马达加斯加语。由此可见，关于以上所列第四种语序，Greenberg（1978）认为它存在于极个别语言而不构成一种类型，而Comrie（2022）认为它是一种独立的类型。

结合 Greenberg 和 Comrie 的以上观点，本书调查了所建语料库中加的成分语序的不同类型的分布情况，统计数据有一些与以上研究结论一致，有些存在差异。相关数据如表 7.1 所示。

表 7.1　　　　　　　　加的成分语序类型分布统计

总数	加	大+小	小+大	小+大—大+小	大+小—小+大	无
365	335	228	10	28	1	98

在本书所建语种库的 365 种语言中有 335 种的复合数词运用加，但其中有些数词系统的加不涉及成分排序的问题，因为它们中有些只有少数几个数词，例如亚马孙的蒙杜卢库语（Mundurukú）只有表示 1-5 的数词，其中 3 和 4 分别表达为 ebapüg（2+1）和 ebadipdip（2+1+1）（语料引自 Pica et al., 2004）；有些是二进制，运用 2+2+1、2+2+2 等数值语义运算，例如巴布亚新几内亚的朱瓦尔语（Juwal）（语料引自 Saras & Wood, 2018①）；还有些语言运用 1、2、3 等小数目数词与表示身体部位的词构成数词系统，尽管有加、乘等语义运算，但是不构成汉语数词"三十六"这类"系-位-零"结构，例如巴布亚新几内亚的卡卢里语（Kaluli）的 40 表示为"另一个小拇指（35）和 5"（语料引自 Grosh, 2004）②。

由表 7.1 可知，语义运算为加的复合数词成分语序大多数为"大-小"，335 种语言中有 228 种，占 68%；少数为"小-大"，约占 3%；小数目数词语序为"小-大"、大数目数词语序为"大-小"的语言约占 8.36%；小数目数词语序为"大-小"、大数目数词语序为"小-大"的语言只有 1 种。

以上数据与 Greenberg 的第一个结论基本相符，但是始终采用"小-大"语序的语言在本书所建语种库的 365 种语言中有 10 种③，约占总数

---

① 参见 Jonathan Saras and Joyce Wood, "Juwal", in Eugene Chan, Numeral systems of the world's languages, 2018-08-31, https：//lingweb.eva.mpg.de/channumerals/Juwal.htm, 2022 年 3 月 17 日。

② 参见 Andrew Grosh, "Kaluli", in Eugene Chan, Numeral systems of the world's languages, 2004-11-25, https：//lingweb.eva.mpg.de/channumerals/Kaluli.htm, 2022 年 3 月 17 日。

③ 这 10 种语言分别是孤立语阿依努语（Ainu），南岛语系的雅美语（Yami）和马尔加什语（Plateau Malagasy），玛雅语系西帕卡潘语（Sipakapense），尼日-刚果语系的阿克佩斯语（Akpes）、菲菲语（Fe'fe'）和巴班基语（Babanki），南布干维尔语系的乌伊塞语（Uisai），雅瓜语系的雅瓜语（Yagua）和叶尼塞-奥斯提亚克语系的凯特语（Ket）。

的 3%，并非如 Greenberg 和 Comrie 所说的"极为少见"和"罕见"，而且除这 10 种语言之外，还有一些语言数词系统也是采用这种语序，例如玛雅语系的泽套语（Tzeltal）、索西语（Tzotzil）、基切语（K'iche）和乔尔蒂语（Ch'orti'）以及南布干维尔语系的布因语（Terei）、西贝语（Sibe）和莫图纳语（Motuna）。采用这类语序的数词系统全都用词或语素等连接符号作为显性标记标示加，其中很多是预设计数（overcounting）数词系统①，乌伊塞语（Uisai）、阿伊努语（Ainu）、雅美语（Yami）、和西帕卡潘语（Sipakapense）等都是如此。"小-大"语序突出显示小数目成分，这个语序构拟了把小数加到大数之上的过程：在表达位数词的两个相邻倍数之间的一系列数值时，大数是位数词的倍数，被当作已知背景信息，小数被当作突出的前景信息加到这个背景信息之上。例如在表达 20 和 30 之间的数时，"小-大"语序数词把 20 或 30 当作已知信息，1、2、3 等零数被当作新信息，加到已知信息之上，而显性标记则标示了这一过程。

关于 Greenberg 的第二个结论，本书发现小数目数词语序为"小-大"、大数目数词语序为"大-小"的语言主要分布在印欧语系，在亚非语系、玛雅语系、汉藏语系和跨新几内亚语系也有分布。具有这类语序特征的语言的情况最为特殊，一是有些语言复合数词的语序最初只有"小-大"语序，只是因为后来受到其他语言的影响出现了"大+小"语序，不过小数目数词仍然保留原来的语序。二是如 Greenberg（1978）、Calude & Verkerk（2016）和 Comrie（2020）所指出的那样，有些语言在"小-大"语序数词与"大-小"语序数词之间有一个可以采用自由语序的数段，既可能是"小-大"语序也可能是"大-小"语序，例如上文提到的威尔士语。

这类语言中尤为特殊的是蒙古语系莫戈勒语（Mogholi），其复合数词自由语序区间不像 Greenberg 的第二个结论中所说的那样出现在语序变化的临界区域。该语言的 20—100 之间的复合数词是"小-大"语序，100 以上的复合数词是"大-小"语序，语序的转折点是 100，但自由语序只出现在采用"小-大"语序的数词之前：11—19 既可以用"小-大"语序又可以用相反语序，且成分的语音和字形相同，具体情况如例（1）所

---

① 预设计数（overcounting）是表达位数词的相邻整倍数之间的数的一种方式。它以数值较高的倍数为预设的目标点，根据某数是两个相邻倍数之间的第几个数来确定其数值。例如西部裕固语的 21 表达为 bəre ohdəs，字面意义"1 30"，可以理解为"加向第 3 个 10 的第 1 个数"。

示。莫戈勒语的这种特殊情况是因为受到其他语言的影响。据 Doerfer（1999）① 和 Weiers（2003：255）的调查，由于受到波斯语和阿拉伯语的双重影响，莫戈勒语的数词系统与其他蒙古语系的语言差别很大。波斯语复合数词的语序为"大-小"，阿拉伯语中 100 以下的复合数词语序为"小-大"，100 以上的复合数词语序是"大-小"。据本书调查，数值越小的数词在所在数词系统中越稳固，受其他文化的影响越小，简单数词更是如此。莫戈勒语的 1-10 保持原样，11-19 受到波斯语和阿拉伯语的影响，语序是两可的状态，21 及以上的语序则与阿拉伯语相同，连语序的转折点也相同。除莫戈勒语之外，还有一些语言的数词语序在历时发展过程中也发生过变化，例如西部裕固语和西瓦语。导致语序变化的原因有多种，下文将详细讨论。

(10) arba nika / nik arbaʼn
　　 10　　1/　 1　 10
　　 "11 ［即 10+1 或 1+10］"
　　 arban qiar/ qey arbaʼn
　　 10　 2　 /　2　 10
　　 "12 ［即 10+2 或 2+10］"
　　 arban qurban/ ghor arbaʼn
　　 10　　 3　　 /　3　 10
　　 "13 ［即 10+3 或 3+10］"
　　 ［莫戈勒语（Weiers 2003：255）］

对 Comrie（2020）质疑 Greenberg（1978）的两个问题，本书进行了求证。关于第一个问题，即主要采用"小-大"语序的语言中是否存在"大-小"语序，本书在所建共时语料库中发现萨波特克语（Zoogocho Zapotec）与萨卡拉瓦马达加斯加语的语序情况相似。该语言复合数词的主要语序为"小数-小数"，但是 11—13、16—18 的结构分别是 10+n 和 15+n，语序为"大-小"，这三个数词的结构是规则性的，而不是孤立的个例，不存在 Comrie（2020）所说的第二个关于不具有能产性的问题，因

---

① 参见 Gerhard Doerfer，"Mogholi"，in Eugene Chan, *Numeral systems of the world's languages*，1999-08-30，https：//lingweb. eva. mpg. de/channumerals/Mogholi. htm，2022 年 3 月 18 日。

此该语言是共性 26 和共性 27 的一个例外情况。

(11) ʃinoʔto
15　1
"16［即 15+1］"
todʒoa
1　20
"21［即 1+20］"

［萨波特克语（Long，2008）①］

值得注意的是，在本书所考察的大量语言中仅发现萨波特克语和萨卡拉瓦马达加斯加语两种语言与 Greenberg（1978）所总结的共性 26 和共性 27 相悖，由此可见这两条共性并不像 Comrie（2020）所说的那样证据不足，只是它们并非绝对共性而是倾向共性。从特征上来看，Comrie（2022）所总结的四个类型中的第四类确实足以构成一个类型，但是从分布数量上来看，它与其他三类极不平衡，因此把它看作第三类的反例也未尝不可，把它单列为一类的意义并不大。

二　乘的成分语序

在"乘"关系中，相乘的成分通常是系数词和位数词，它们的排列顺序有"系-位"或"位-系"两种。汉语是"系-位"顺序的典型代表，例如"九十"是系位结构，其成分语义运算是"9×10"。在很多语言中相乘的成分是这种排列顺序，但是采用"位-系"顺序的语言也有很多，如胡利语、恩多姆语、尼姆比亚语、阿拉布拉克语、约鲁巴语，等等，例如恩多姆语的 mer an thef abo ithin 表示"6×2+3"（语料引自 Lean，1992：122）。

关于乘的成分语序的类型学研究成果很少。Stampe（1976：602）曾指出，绝大多数语言的系数词前置于位数词。Greenberg（1978：276）总结的共性 29 认为：一种语言中如果某个数词的乘数后置于被乘数，那么

---

① 参见 Rebecca Long，"Zapotec-Zoogocho", in Eugene Chan, Numeral systems of the world's languages, 2008-04-03, https://lingweb.eva.mpg.de/channumerals/Zapotec-Zoogocho.htm, 2022 年 2 月 6 日。

数值大于它且成分语义运算为乘的数词都是如此。① 为了考察乘的成分语序类型的分布情况，本书统计了所建语种库中的相关数据，统计结果如表7.2所示。

表 7.2　　　　　　　　　　乘的成分语序类型分布统计

总数	乘	系-位-零	零-系-位	位-系-零	零-位-系	特殊	无
365	294	145	18	98	3	6	99
		163		101			

在本书所建语种库的 365 种语言中有 294 种的复合数词运用乘运算，但是只有 264 种语言的数词系统的乘涉及系数词和位数词的排序，其他不涉及此类排序，因为有些语言的数词系统中只有表示 1、2、3 等小数目的几个简单数词，它们的数词系统中有乘的语义运算，但是没有系数词和位数词，在表达较大数值时有些语言运用简单的加或乘，有些结合使用简单数词与身体部位词。例如尤克帕语（Yukpa）的 4 是 kohatka-ɾkp，字面意义"两个 2"，5 是 kumaɾko oma，字面意义"1 手"，6 是 koheɾatka ɾko，字面意义"只有三个部分"（语料引自 Largo, 2013）②。再如帕诺语系卡希纳瓦语（Kashinawa）的 20 是 mekẽ rabe inũ tae［taɨ］rabe，字面意义"手 2 和脚 2"（语料引自 Kaxinawá, 2014）③。

就系位语序与位系语序的分布比例来看，本书所统计的数据与 Stampe（1976）的结论不同。Stampe 认为绝大多数语言采用系位语序，但是据本书统计，在这 264 种语言中采用"系×位"语序的有 163 种（包括"系-位-零"语序的 145 种和"零-系-位"语序的 18 种），采用"位×系"语序的有 101 种（包括"位-系-零"语序的 98 种和"零-位-系"语序的 3 种），比例约为 8∶5，"系-位"语序相对较多，但并不是占绝大多数。就与零数的关系而言，本书的统计数据表明：零数总在系位

---

① 除开下文所提到的存在乘的语义关系但是没有系数词和位数词的语言之外，在绝大多数语言中乘数即是系数词、被乘数即是位数词。

② 参见 Wilson Largo, "Yukpa", in Eugene Chan, Numeral systems of the world's languages, 2013-02-13, https：//lingweb.eva.mpg.de/channumerals/Yukpa.htm, 2022 年 3 月 25 日。

③ 参见 Jaoquim Kaxinawá, "Kashinawa", in Eugene Chan, Numeral systems of the world's languages, 2014-07-26, https：//lingweb.eva.mpg.de/channumerals/Kashinawa.htm, 2022 年 3 月 28 日。

结构之外，只有"系-位-零""零-系-位""位-系-零"和"系-位-零"的语序，不存在"系-零-位"或"位-零-系"的情况。

除常见的系位结构和位系结构之外，本书发现一些语言存在"位×（系+系）"的特殊结构。阿拉布拉克语（Alamblak）的一些数词中用两个相加的成分结合构成系数。例如：yima hosfihosf 表示"20 ×（2 + 2）"，两个 hosf 之间的 i 是表示加的显性标记。这是因为该语言中只有四个简单数词 yima（20），tir（5），hosf（2）和 rpat（1），所有复合数词都由这几个简单数词与表达"加"或"乘"的显性形素组合构成。

还有些语言存在"位×系×系"的结构，其语义结构在很多情况下是"（位×系）×系"。例如约鲁巴语（Yoruba）中没有专门表达 100 的位数词，而是用 ogorun（20×5）组合表示，因此出现了这种结构。

（12）ogorun meji
　　　20　　5　2
　　　"200 [即（20×5）×2]"
　　　[约鲁巴语（Takasugi, 2006）]

跨新几内亚语系的桑语（Sam）尤为特殊，它不仅有"位×系"结构，还有"位×（系+系）"和"位×系×系"。

（13）barge lilʔoʔ　（10）
　　　手　　2
　　　"10 [即 5×2，结构为"位×系"]"
　　　barge lilʔoʔ bil lilʔoʔ
　　　手　　2　　又　2
　　　"20 [即 5×（2+2），结构为"位×（系+系）"]"
　　　barge lilʔo ʔalubi barge lilʔ lilʔo bili
　　　手　　2　　3　　手　　2　2　又
　　　"50 [即 5×2×3+5×2×2，结构为"位×系×系+位×系×系"]"
　　　[桑语（Troolin, 2011）[①]]

---

① 参见 David Troolin and Sarah Troolin, "Sam", in Eugene Chan, Numeral systems of the world's languages, 2011-04-12, https：//lingweb. eva. mpg. de/ channumerals/Sam-PNG. htm, 2022 年 4 月 12 日。

乘的成分语序相对比较稳定。上文提到的在不同数段中加的成分语序不同的语言中，乘的成分语序并无差异。例如威尔士语的小于60的复合数词结构是"零+系×位"，大于100的复合数词结构是"系×位+零"，加的成分语序由"小-大"变为"大-小"，乘的成分语序始终是"系-位"。再如西部裕固语，小数目数词是"小-大"语序，大数目数词是"大-小"语序，系数和位数词的语序始终是"系-位"。

不过，在极少数语言中不同数段的数词乘的成分语序不同。对本书所建语种库的考察表明，这类语言基本如Greenberg（1978：276）所说的那样，在乘的成分语序发生变化的语言中绝大多数是小数目数词用系位结构，大数目数词用位系结构。达让僜语的小数目数词采用"系×位+零"语序，大数目数词采用"位×系+零"语序，语序发生变化的点在200（在该语言中100是专用的简单数词而不是系位结构）。还有一些语言也是此类情况：在阿坝藏语中，百位以下的数词表示为系位结构，而千位表示为位系结构。乌伊塞语（Uisai）十位是系-位结构，百位、千位是位-系结构。科兰杰语（Korandje）受阿拉伯语和柏柏尔语影响很大，十位的语序是系-位，百位及千位的语序是位-系。

（14）kàyíŋhálaŋ kʰíŋ
    2   10   1
"21[即2×10+1，结构为"系×位+零"]"
malamkàyíŋ
100   2
"200[即100×2，结构为"位×系"]"
rázaŋkàyíŋ（2000）
1000   2
"2000[即1000×2，结构为"位×系"]"
[达让僜语（Sastry，2011）[①]]

然而，与上文中提到的Greenberg（1978：276）的结论不同的是，极

[①] 参见Devi Prasada Sastry, "Digaro-Mishimi", in Eugene Chan, Numeral systems of the world's languages, 2011-10-12, https：//lingweb.eva.mpg.de/channumerals/Digaro-Mishimi.htm, 2022年5月15日。

少数语言是小数目数词用"位-系"语序，大数目数词用"系-位"语序，例如南岛语系帕劳语（Palauan）十位的语序是"位-系"，百位及千位的语序是"系-位"。

（15）okowaŋ（40）
　　　10　4
　　　"40［即10×4，结构为"位×系"］"
　　　ɛruldart　（200）
　　　2　100
　　　"200［即2×100，结构为"系×位"］"
　　　ɛrultɛlaəl　（2000）
　　　2　1000
　　　"2000［即2×1000，结构为"系×位"］"
　　　［帕劳语（Josephs，2005）①］

三　减的成分语序

就笔者所知，尽管目前学界有一些学者研究内部语义运算为减的复合数词，但是尚无学者描述其成分语序的类型并统计其分布情况。本书对所建语种库进行数据统计，发现所考察的365种语言中有54种存在减法关系，减的成分语序类型分布情况如表7.3所示。

表7.3　　　　　　　　减的成分语序类型分布统计

语言总数	减	被减数-减数	减数-被减数	省略被减数	省略减数	省略被减数和减数
365	54	33	10	8	2	1

减的成分语序共有五种类型，大多数所采用的语序是"被减数-减数"，即"大-小"。例如尼罗-刚果语系的阿里吉蒂语（Arigidi）采用这种语序。

---

① 参见 Lewis S. Josephs, "Palauan", in Eugene Chan, Numeral systems of the world's languages, 2008-10-18, https://lingweb.eva.mpg.de/channumerals/Palauan.htm, 2022年5月19日。

（16） òrĩ dà tʃĩ íjè
　　　20　3　10
　　　"50［即 20x3-10］"
　　　［阿里吉蒂语（Talabi, 2016）①］

少数语言是"减数-被减数"，即"小-大"，例如柯特语（Ket）。

（17） qus'am ʌɣam dɔŋas' bən's'aŋ 2kiʔ
　　　1　　留下　30　　没有　100
　　　"71［即（100-30）+1］"
　　　［柯特语（Klopotova & Kotorova, 2007）②］

有些语言省略被减数或减数，例如在利卢埃特语（Lillooet）中减数不出现，贝拉库拉语（Bella Coola）中，被减数不出现。

（18） q'əm'pélmən
　　　10　将　要
　　　"9［即 10-（1）］"
　　　［利卢埃特语（Kinkade, 1990a）③］
（19） k'ismaw
　　　减　1
　　　"9［即（10）-1］"
　　　［贝拉库拉语（Kinkade, 1990b）④］

---

① 参见 Gajuwa Talabi, "Arigidi-Igasi", in Eugene Chan, Numeral systems of the world's languages, 2016-09-06, https：//lingweb.eva.mpg.de/channumerals/Arigidi-Igasi.htm, 2022 年 2 月 12 日。
② 参见 Ekaterina Klopotova and Elizaveta G. Kotorova, "Ket", in Eugene Chan, Numeral systems of the world's languages, 2007-03-04, https：//lingweb.eva.mpg.de/channumerals/Ket.htm, 2022 年 6 月 12 日。
③ 参见 Dale Kinkade, "Lillooet", in Eugene Chan, Numeral systems of the world's languages, 1990-03-12, https：//lingweb.eva.mpg.de/channumerals/Lillooet.htm, 2022 年 6 月 16 日。
④ 参见 Dale Kinkade, "Bella Coola", in Eugene Chan, Numeral systems of the world's languages, 1990-03-12, https：//lingweb.eva.mpg.de/channumerals/Bella-Coola.htm, 2022 年 6 月 16 日。

还有一些语言用一个词整体表示用减的方式表达数值含义的过程，减数和被减数成分不明显，甚至被减数和减数都不出现，因而不存在减数和被减数的相对顺序，例如特拉帕内克语（Azoyú Tlapanec）。

（20） mìhnà-guwà?
　　　 拿走
　　　 "9〔从（10）中拿走（1）〕"
　　　 〔特拉帕内克语（Wichmann，2011）①〕

第二节　不同语义运算成分语序之间的关联

一般而言，在同一种语言中复合数词的不同语义运算的成分语序之间并不相互限制，但是在一些语言的复合数词中不同语序表示不同语义运算。

有些语言的加和减采用不同语序，同时运用显性形素标示减和加的语义运算。例如伊巴尼语（Ibani）的减用"零-系-位"语序，加用"系-位-零"语序；德格马语（Degema）的减用"零-位-系"语序，加用"系-位-零"语序。

（21） ŋgìè fà m̀mɛ̀ sí
　　　 1　少　2　20
　　　 "39〔即2×20-1，结构为"零-系-位"，语义运算为减〕"
　　　 m̀mɛ̀ sí ŋgìè fíndí
　　　 2　20　1　加、多
　　　 "41〔即2×20+1，结构为"系-位-零"，语义运算为加〕"
　　　 〔伊巴尼语（Obikudo，2008）②〕

---

① 参见 Søren Wichmann, "Azoyú Tlapanec", in Eugene Chan, Numeral systems of the world's languages, 2011-05-18, https：//lingweb.eva.mpg.de/channumerals/Tlapanec-Azoyu.htm, 2022年6月20日。

② 参见 Ebitare F. Obikudo, "Ibani", in Eugene Chan, Numeral systems of the world's languages, 2008-04-29, https：//lingweb.eva.mpg.de/channumerals/Ibani.htm, 2022年6月22日。

(22) ɔβʊ óte mʊ ʊ́táɲ ɔ́βʊ
　　 1 不全 从 20 　 1
　　"19〔即 1×20-1,结构为"零-位-系",语义运算为减〕"
　　 ʊ́táɲ ɔ́βʊ nʊ ɔ́βʊ
　　 20 　 1 　和　 1
　　"21〔即 1×20+1,结构为"位-系-零",语义运算为加〕"
　　〔德格马语（Kari,1997）〕

甚至还有一些语言,完全不用显性连接符号,而仅用不同语序表示不同语义运算,当同样的成分采用不同的语序时表示不同的语义运算,从而表示不同的数值。例如锡皮克语系的安布拉斯语（Ambulas）中,当位数词 tamba（5,字源意义"手"）在零数前时,两者之间的语义运算关系是加〔如（23a）所示〕。当顺序相反时,两者之间的语义运算关系是乘〔如（23b）所示〕。在该语言中这类情况还有很多,例如 tamba kubuk 表示 8,内部语义运算为 5+3,而顺序相反的 kubuk tamba 表示 15,内部语义运算为 3×5。

(23) a. tamba vidik
　　　 手　　 2
　　　"7〔即 5+2〕"
　　　 b. vidik tamba
　　　　 2 　 手
　　　"10〔即 2×5〕"
　　〔安布拉斯语（Paliak 2011）①〕

第三节　内部语序与外部语序的关联

复合数词内部语序与外部语序的关联存在一些类型学特征,Greenberg（1978）所总结共性 28 和共性 29 讨论相关共性特征。共性 28 认为,一种语言中如果有任一个数词的乘数后置于被乘数,那么这种语言

---

① 参见 Ruth Paliak,"Ambulas", in Eugene Chan, Numeral systems of the world's languages, 2011-11-18, https://lingweb.eva.mpg.de/channumerals/Ambulas.htm, 2022 年 2 月 16 日。

第七章　复合数词的成分语序类型　　　　　　　　　111

的数词总是后置于名词。例如毛利语的 300 表示为 100×3，这种语言中的数词总是后置于名词。① 在绝大多数语言中"位-系"语序对应"名-数"语序，"系-位"语序对应"数-名"语序。如果以上情况出现例外，通常是系-位语序与名-数语序共存于一种语言，例如，Lhasa Tibetan 和 Maori，因此系-位结构在世界语言中比位-系更常见，而且在世界语言中系-位结构与位-系结构所占语言数的比例差大于数-名结构与名-数结构的比例差（Greenberg，1978：275-276）。

　　共性 29 指出，一种语言中如果某个数词的乘数后置于被乘数，那么数值大于它且成分语义运算为乘的数词都是如此。而且，如果一种语言中存在这种语序那么它的数词肯定后置于名词。例如，尼日利亚的玛吉语（Margi）的十位数整数表达为 2×10，3×10 等等，但是在百位数表达为 100×2，100×3，百位数以上的也是"位-系"语序，这种语言的数词和名词的顺序总是"名-数"。他还指出，系数词和位数词的语序变化也可能存在一个临界区间，其间的数词两种语序都可能使用。尼罗-撒哈拉语系南迪语（Nandi）的 20 结构为 2×10，30—50 之间的系数词和位数词语序不定，60 及之后的数词语序表达为位-系。南迪语的数名语序也是"名-数"（Greenberg，1978：276）。

　　本书通过考察大量语料发现，如 Greenberg（1978：275）指出的那样，位系结构对应名数结构，不过也有一些语言的名数结构对应着系位结构，本书发现阿昌语梁河方言、克劳语（Crow）和汤加语（Tongan）就是如此，它们的复合数词采用系位结构但是名词和数词的语序是"名-数"。然而，本书也发现这类对应并不是绝对的，在夏威夷语、米斯基托语（Miskito）和基里维纳语（Kilivila）中，复合数词采用位系语序，但它们的名词和数词语序是"数-名"。②

　　如共性 29 所指出的那样，本书所建语料库中也存在类似情况，例如达让僜语的十位数数词语序是系位结构，百位及以上数词的语序是位系结构，数词和名词的语序是名-数。就这一点本书也发现了反例，例如帕劳语的十位数数词语序是"位-系"，百位及以上数词语序是"系-位"，名词和数词的语序是"数-名"。还有前面所提到的德格马语，系位结构与零数之间的语义运算为加时，其结构为"位-系-零"，而当两者之间的语

---

① 此处的乘数基本对应本书所说的系数词，被乘数基本对应位数词。
② 本书的复合数词外部语序数据全部引自 Dryer & Haspelmath（2013）.

义运算为减时，其结构为"零-系-位"，该语言的数词后置于名词（Kari，1997：36）。

综合此处以及本章第一节的讨论可以看出，共性 28 和共性 29 符合大多数语言的情况但是都存在一些反例，因此它们都不是绝对共性，而是倾向共性。

第四节　成分语序的历时变化

有些语言的复合数词成分语序在历时发展过程中发生了变化，其中一个典型的例子是突厥语族语言的数词。在发展初期突厥语数词中几种计数单位共存，到后来主要用十进制，复合数词结构主要是"小+大"，约公元 6 世纪从汉语借入百位、千位、万位，此时语序发生了变化，百位及其以上的结构是"大+小"（王远新，1992）。据 8 世纪初至 8 世纪中叶的鄂尔浑突厥碑文记载，十位数以下的数词出现了两种语序并存的情况，既有"个位数+十位数"（甲式，十位数数值比实际表达的数值多 10，例如 toquz jigirmi（19），字面意义"9 20"），又有"十位数+个位数"（乙式，中间用 artuqə（多、余）连接，例如 otuz artuqə sɛkiz（38），字面意义"30 多 8"）。9 至 10 世纪的叶尼塞碑文时期既有甲式又有乙式的简式（去掉 artuqə）。近古时期突厥语言在各方面都受到阿拉伯、波斯语的影响，公元 11 到 12、13 世纪间，由古波斯语译为回鹘语的摩尼教文献《摩尼教忏悔词》和《摩尼教寺院文书》中有甲式、乙式，还有丙式，即"百-个-十"，例如 4125 表示为 tørt mə ŋ jyz bis otuz，字面意义"四 千 百 五 三十"（王远新，1989）。在现代时期，突厥语族的语言除西部裕固语 11—19 和 21—29 数段使用"小-大"语序之外，都使用"大-小"语序。

在语序演变的过程中存在两种语序共存的时期。马尔代夫语（Maldivian）有两套并存的数词系统，两套数词中的 1—30 完全相同，除简单数词外，11—18 和 21—28 都是"小-大"语序，30 以上的数词一套是"大-小"语序一套是"小-大"语序，其中传统的是"小-大"语序，现代口语中尽管还保留了传统语序，但大多数时候使用"大-小"语序（Geiger，1938：118-119，转引自 Cain，2000：49-51）。

表 7.4　　　　　　　　　马尔代夫语的两套数词系统

数值	小-大	大-小
31	ettirīs	tirīs ekek
32	battirīs	tirīs dēk
33	tettirīs	tirīs tinek
34	sauratirīs	tirīs hatarek

制约复合数词内部成分语序发生历时变化的因素主要有四个。一是其他语言的影响，上文提到的莫戈勒语和突厥语就是如此。二是语言使用经济原则的影响。语言使用者为了减少认知的负担而选择强势规则，从而减少一些规则的使用。马尔代夫语中出现"大-小"语序主要是因为受到德拉维语的影响（Cain，2000：265-271），而由两种语序共存到"大-小"语序占优势则是因为经济原则的制约。三是语言内部其他相关语序的影响。如上文所提到的 Greenberg（1978：276）指出的那样，一种语言复合数词的系位结构语序与数量结构语序存在一定对应关系。壮语就是如此，现代壮语保持了古壮语的"位-系"语序，以与"量-数"语序保持一致，同时也受到汉语的影响，运用"系-位"语序（冯孟钦，2004）。四是不同数值数词的句法特征的影响。由这个原因引起的历时语序变化通常是系位变成位系，以与"名词+数词"的语序保持一致，而其深层原因是，数词的数值越小形容词性越强，数值越大名词性越强（Corbett，1978）。

值得注意的是，以上历时考察表明，尽管受各种因素影响复合数词内部成分语序可能发生变化，但是这些变化并未增加新的成分语序类型也未减少已有的类型。

第五节　本章小结

本章在本书所建 365 种语言的语种库的考察基础上，对语种库的语言进行分析和数据统计，研究不同语义运算的成分语序类型、历时变化以及不同语序之间的相互关联后发现，加、乘、减的语序分别有四种、三种和五种类型，这些类型的数量分布并不平衡，一些语言的成分语序因四个影响因素而发生了历时变化，不同语义运算成分语序在一些语言中存在密切关联。本章详细介绍和分析了 Greenberg（1978）的关于加的成分语序的共性 26 和共性 27 以及关于乘的成分语序以及与外部语序关系的共性 28 和共性 29，根据对所建语种库相关语料的分析和统计后发现，共性 26 和共性 27 并非如 Comrie（2020）所说的没有依据，只是这两个共性都存在少量反例，因此需要由绝对共性改为倾向共性，同样，共性 28 和共性 29 也存在一些反例，它们也都是倾向共性而非绝对共性。

不同语言复合数词的成分语序反映了所在民族和文化对数量概念的不同认知方式和表达方式，相关研究对我们了解不同语言不同文化具有较高的学术价值和现实意义。本书所调查的语言根据各种语言所在语系或语族的多样性值选出，所考察的 365 种语言遍布世界 153 个语系中除世界语、洋泾浜语、克里奥语、混合语和手语等之外的 136 个语系，覆盖的语系广，类型学代表性较强，总结的类型比较全面，对不同类型复合数词内部语序运用分布情况的统计数据具有一定可靠性和可信度，证明了 Greenberg（1978）所总结的四个相关共性的相对准确性，同时也发现了一些反例，客观地揭示了世界语言数词系统的丰富性，这是本章的语言类型学价值之所在。

第八章

相对数表达法结构类型

相对数表达法是指表达相对数值范围或相对数值关系的称数法，包括概数表达法、分数表达法和倍数表达法。目前学界基本上没有从类型学的视角对汉英的相对数表达法加以比较的研究，但是作为称数法系统的一个重要组成部分，这个研究是不可或缺的。

本章将分概数表达法、分数表达法、倍数表达法和问数表达法四部分对汉语和英语的相关表达形式和方法加以比较，试图找出它们之间的共性和差异，总结出一些类别，作为对不同语言相对数表达法进行类型学研究的前期工作。由于学界目前对基本数表达法之外的称数法没有进行过类型学研究，因此本章希望通过这种研究得出一些初步的结论，给进一步的类型研究提供一个出发点和基础。由比较的对象和范围看来，本章的研究工作本质上是比较研究，只能说是一个"前"类型研究，而不算是真正的类型研究。之所以采用这种方法是因为以下四个原因。

首先，由于数概念在不同民族之间的共同性，不同语言的称数法具有很多共性。

其次，由于研究者所熟悉的语种有限，精力和资源也有限，对所有语言的了解和研究不可能同样的细致、深入。因此，以人们所熟悉的、使用人数最多、对世界其他语言影响较大的两种称数法的比较作为实例，不仅比较起来能够详细、系统、深入，而且比较的结论具有较大普遍性。

再次，考察的语言越多所作出的类型学归纳结论的准确性当然更高，但是在深入比较两种语言的基础上作出不完全归纳推理，然后把这些推论放到更多地语言中去验证和调整，不失为提高效率、减少劳动量的一个好方法。如果其他语言称数法的特征与本书所得出的推理结论相符，说明是准确的。如果某些特征与本书所得出的推理结论不符，则可以进一步研究以对它们进行调整，使之能反映更多语言称数法的普遍特征。

最后，目前对称数法的类型学研究基本上都只是对基本数词的研究，对分数、倍数、概数和问数表达法的类型研究几乎没有。如果横向地、系统地比较两种语言的相对表达法——包括分数、倍数和概数表达法——的共性和差异，通过不完全归纳推理初步得出一些推论，把它们作为对世界其他语言进行相应的类型学研究的出发点，对进一步的研究具有一定意义。

第一节　汉英概数表达法结构类型比较

本书第二章"称数法的定义以及层级"中区分了表达笼统的数意识和数量状态的"多、少、若干、好些、少许"，以及表达相对数值范围的语言表达形式和方法，本节的研究对象是后者。

一　汉语概数表达法

根据汉语概数表达法构成元素的语义和语法属性，本书认为概数表达法可以分为以下五类：

（一）单个基本数词

单个的基本数词表概数是指用一个基本数词的形式表达概数的概念，除开一般的基本数词外，"两"作为"二"的变体也具有这种功能。

1. 一般基本数词表示概数。如：

　　a. 我希望奶奶能活上一百岁。
　　b. 三千观众昨天观看了那台晚会。
　　c. 才学了三个字就以为自己是大秀才了。

这种概数表达法与基本数词的形式完全一样，要区别它们具体是表达概数还是确数可以参照下面区别"两"以及含"两"的系位结构是表达概数还是确数的方式。

2. 两/两+"十"以上的位数词。如：

　　a. 一整天才做完了这么两件事，尾巴就翘上天了。

b. 一下就来了两百人。

"两"以及含"两"的系位结构表示概数时，较难区分到底是表示概数还是确数。需要从以下三个方面加以区分：

（1）看重音。当"两"以及含"两"的系位结构表示确数时，通常会重读；当它们表概数时，重音通常在句子中的其他成分上。如上面的 a 句，"两"表示概数，重音在"一整"和"这么"上；b 句表示概数时，重音在"百"上，表示确数时，重音在"两"上。

（2）看语境。当"两"以及含"两"的系位结构表示概数时，通常有限定范围的副词，如"才""刚""就"等。

（3）看语义指向。当从上下文语境或广义语境中能清楚地了解"两"或"两+位数词"的语义所指时，就能较准确地判断它们到底是表概数还是表确数。

（二）两个基本数词连用

两个基本数词连用表示概数在汉语中很常见。根据连用的两个基本数词的数值大小的顺序，可以分为一般的连用以及逆序表达两种。由于逆序表达的特殊性，本书认为它与一般的连用在性质上不同，因而把它列为与基本数词连用相并列的一类。

1. 系数词$_1$+系数词$_2$。如：

三五个　七八下　五六口

这个结构还可以与位数词结合表示概数，位数词可以在前也可以在后。如：

一两百　二三十　十二三

这种结构所表达的数值范围就是这两个数之间。如："十三四岁""七八万""三五年"等，所表示的数值范围分别是"十三岁至十四岁，七万至八万，三年至五年"等。

需要注意的是，这种结构与倍数表达法和"一、二、三"之类的并列数很容易混淆。

这种概数表达法与相应的倍数表达法的区别是：

（1）两个数词连用表示概数，连用的一般为系数词，除开"三五"之外一般是相邻的两个系数词，而且能与位数词结合使用。倍数表达法则通常不是相邻的数词，而且不能与位数词结合使用。

（2）前者后面常接量词，后者后面不接量词。

（3）前者在古代汉语和现代汉语中都常用，后者在现代汉语中已不常用。

这种概数表达法与相应的并列数的区别是：

（1）含义不同。概数表达法表示不确定的概数，并列数表示两个并列的确数。

（2）形式不同。概数表达法中两个数的表达形式之间无顿号，并列数的两个数的表达形式之间有顿号。

（3）性质不同。概数表达法表达的是数目，并列数表达法一般指序数，具有很强的指代色彩。如五六个月表示五到六个月的时间长度，五、六月则表示五月份和六月份。

2. 基本数词或数量短语+到/至+基本数词或数量短语。如：

完成这项工作需要三到/至五年时间。/完成这项工作需要三年到/至五年时间

这种结构表示数值在两个基本数词或数量短语所表达的数值之间。从结构来说，第一个的数值一定要小于第二个数。

(三) 逆序表达法

所谓概数的逆序表达法是指通过颠倒两个或多个语言成分的习惯顺序来表达概数的方法。在汉语中，概数的逆序表达法是通过把大位数词放在小位数词前来表达的，即"大位数词+小位数词"。如：

a. 餐厅里，百十位客人在用餐。

b. 老人家的日子挺好过的，三个孩子每月都给她千儿八百的，不愁钱花。

这种结构采用高位数词在前低位数词在后的排序方式，是用与低位数

词作为系数的系位结构相区别的方式来表达概数。

骆晓平（1996）讨论了相关的现象，把这种现象称作"大数冠小数"约数表示法，用它来指称汉语中一大一小两个数目字前后相连表示约数的方法。

（四）基本数词加词或短语

基本数词加不同的词或短语构成概数表达法时，其中的基本数词的位置有前后之分。

1. 基本数词在后

（1）"大约/约/大概/估计/约莫"+基本数词。如：

　　大约一百　　约一百　　大概一百　　估计一百　　约莫一百

它们所表示的是比这个确数稍多、稍少或差不多的数值。不过，只要这类表示估约性的词语的语义指向是某个基本数词，这个表达法就表示概数，并不一定要与基本数词直接相邻。如：

　　完成这项工作大约需要三年时间。

（2）"好几"/"好几"+位数词。如：

　　好几个窟窿　　好几十斤土豆　　好几百块钱

"好几"表示量比较多的概数。对与之搭配的位数词和量词等没有特别的要求。

（3）"超过/超出/多于/高于/最少"等词+基本数词，表示数值范围以基本数词所表达的数值为下限。如：

　　超过五十岁　超出四十三个学生　最少六十六只羊　高于八十

"不到/不足/少于/低于/最多"等词+基本数词，表示数值范围以基本数词所表达的数值为上限。如：

不到五十岁　　不足四十三个学生　　最多六十六只羊　　低于八十

这个结构对基本数词的形式和数值没有要求。
（4）"将/几（ji）"+基本数词。如：

　　a. 今滕绝长补短，将五十里也，犹可以为善国。（《孟子·滕文公上》）
　　b. 凶年饥岁，君之民老弱转乎沟壑，壮者散而之四方者，几千人矣。（《孟子·梁惠王下》）

这两个词都是古汉语中的用法，表示数值接近后面的基本数词。
2. 基本数词在前
（1）基本数词+（量词）+"左右/上下/光景"。如：

　　一百上下　　一百人左右　　十岁光景

这类表达法表示与实际数值相差不远，可略多也可略少。用法没有限制。
（2）基本数词+许。如：

　　a. 风烟俱净，天山共色，从流飘荡，任意东西，自富阳至桐庐一百许里，奇山异水，天下独绝。（郁达夫《与朱元思书》）
　　b. 若欲服金丹大药，先不食百许日为快。（《三国志·吴志·吕岱传》）

这种结构多用在古代汉语中，现代汉语用例很少。
（3）整数词（没有零数的系位结构）+"余"。如：

　　三十余斤饼干　　六百余士兵　　五十余人

当这个系位结构中的系数是"一"时，系数通常省略。如：

十余斤饼干　　百余士兵　　十余人

在古代汉语中有"基本数词（通常是没有零数的系位结构）+有余"的用法，表示其后有零数。如：

　　a. 地之相去也，千有余里；世之相后也，千有余岁。(《孟子·离娄下》)
　　b. 由尧舜至于汤，五百有余岁。(《孟子·尽心下》)

(4) 基本数词+（量词）+"以上/以下"。如：

　　五百以上/以下　　三十岁以上/以下　　二十斤以上/以下

这个结构对基本数词和量词都没有要求，所表达的数值是否包含这个基本数词所表达的数值在内，有时需要根据语境具体分析才能判断出来。

(5) 基本数词+（量词）+"以外/之外/开外/出头儿"。如：

　　六尺以外　　三日之外　　五十开外　　六十岁出头儿

这个结构中没有量词时，基本数词不能是"十"或数值小于"十"的词。需要注意的是，表年龄的时候只能用"开外"，不能用"以外"和"之外"。

基本数词+（量词）+"以内/之内/不到"。如：

　　六尺以内　　三日之内　　五十不到　　二十五不到

尽管这些表达法中的"以内、之内、不到"与上面的"以外、之外、开外"意义相对，但是用法没有上面的那些限制。

(6) 数值大于1的系数词+"十"+"好几"。如：

　　二十好几　　三十好几岁

这个结构通常用来表示年龄。后面可以接量词。

（五）"来、多、把"与数词或量词结合用于表概数

"来""多"和"把"与基本数词等用于表概数时，不仅涉及"来、多、把"与基本数词，还涉及其他相关语言成分，用法有些特殊，有必要仔细探讨。

1. 基本数词与"来"结合使用表概数。

从结构来看，运用助词"来"表示概数的方式有如下三种：

（1）整数词（没有零数的系位结构）+"来"+量词+名词。例如：

五百来人　　三十来斤核桃　　二十来亩地　　五十来个鸡蛋
十来把伞

（2）系数词/十+量词+"来"+名词。如：

五尺来布　　十斤来米

这个结构中的数词，以"一至十"为多，十以上的有时也可以，例如"三十五斤来米，吃不了几天"，但比较少用。数词为"十"时，"来"可以放在数词或量词的后面，如："十来斤米""十斤来米"。但所表达的意思不同，前者表示"十斤左右米"，后者表示"将近十斤米"。（参阅刘月华、潘文娱，2001）

"来"用在名量词后，位置与名量词的种类有关（刘月华、潘文娱，2001：120）。"来"与表示非连续量的、不能分割的个体量词（例如"个""把""只"等）连用时，只能用在第一种结构中。"来"与连续量的、可以再分割的量词（例如度量衡单位"斤""两""尺""寸"，表示时间的单位"年""月""天"等）连用时，可以用在上面的两种结构中。

（3）整数词（数值小于一万的没有零数的系位结构）+"来"+万/亿/兆。例如：

三十来万　　六十来亿

这种结构其实是第一种结构的引申，是因为"万、亿、兆"等几个

高位位数词被用作了量词。

从表达的数值来看,"来,表示大概的数目。一般指不到那个数目,有时也指比那个数目稍大或稍小。"(吕叔湘,1981)"数词加'来'构成的约数表示的是比确数少、最多达到确数表示的数目,年龄比较大的人群中普遍有这样的认知感……有时,'来'也会表示接近前面数词所表示的数量,可能略多也可能略少,相差不太远。"(于晶晶,2006)

2. "多"与基本数词结合使用表概数。

跟"来"一样,"多"与基本数词结合使用表概数时有三种格式:

(1)整数词(没有零数的系位结构)+"多"+量词+名词。例如:

　　五百多人　　三十多斤核桃　　二十多亩地
　　五十多个鸡蛋　　十多把伞

(2)系数词/十+量词+"多"+名词。如:

　　五尺多布　　十斤多米

(3)整数词(数值小于一万的没有零数的系位结构)+"多"+万/亿/兆。

　　六十多万　　十多亿　　七十多兆

从数值来看,"多"与基本数词结合使用时,表示比基本数词所表示的相应的值稍多。从用法来看,由于"多"在这些结构中和"来"一样,这里不再赘述。

3. 基本数词与"把"结合使用表概数。

现代汉语的数量概略说法,北方多用"来"而南方多用"把"(刘月华、潘文娱,2001)。

从结构来看,"把"一般能与数词和量词等构成如下结构:

(1)位数词+把+量词。如:

　　十把个桃子　　百把只鸭　　千把斤糖　　万把块钱

这种结构中，位数词前不能出现系数。位数词通常只能是"十、百、千、万"，而不能是"亿、兆"。张谊生（2001）认为这个位数词不能是"十"，因为"十"既是位数词又是系数词。董为光（2006）也持同样的看法，因为"百、千、万"本质上是"位数词"，它们本身作为一种特殊的单位词（计数单位）发挥作用，并不是一般的数词。

本书不赞同以上观点，因为现代汉语中有很多"十把+量词"的用例，而且被认为可以接受。例如：

a. 李春燕：原来我们是想赚钱，我们是想，统计一下这里的人口，统计一下这里的户，有五百多户，两千多人吧，我一个医生，在这里假如每天都有十把个病人，要打针，这样都能养活我自己，不光养活我自己，还能养活我全家，原来我是这样想。①
b. 遇上精明的只收十把块碰到迷信的就骗几千元。②
c. 问你们十把个问题！按顺序标题号回答，谢谢合作。③

这说明张谊生（2001）和董为光（2006）的观点不全面。事实上，他们的论证本身需要进一步考虑。前者的逻辑思路是先根据自己认为合理的说法规定一个标准，然后运用这个标准来说明为什么其他的说法不合法。很明显，当他所认为的不合法的说法实际上合法的时候，他所设定的标准就不适用了。后者的论证也存在一定局限。该文认为"人们可以'一百一百'地数，也可以'一千一千'、'一万一万'地数；而'十'却一般不行"。但实际上是可以的，李宇明的文章《量词与数词、名词的扭结》就运用下面的例句说明"十"用作准量词的用法：

一十、二十、三十、四十，嚄，竟有四十粒！

这个例句推翻了董为光（2006）的论据。实际上，在湘方言中，"十把+量词+名词"的用法也很常见。例如：

---

① 新浪网：http://news.sina.com.cn/s/2006-01-17/16548893751.shtml，下载于2021年1月1日。
② Liaolili：《遇上精明的只收十把块碰到迷信的就骗几千元》，《桂林晚报》，2011年5月23日。
③ 百度贴吧：http://tieba.baidu.com/f?kz=632751970，下载于2021年1月1日。

a. 他来了十把天了。
b. 妈妈喂了十把只鸡。
c. 给了她十把块钱就把她打发了。

因此，本书认为，在"位数词+把+量词"的结构中，位数词可以是"百、千、万"，也可以是"十"。

（2）量词+把。如：

斤把（糖）个把（人）里把（路）次把

这种结构其实是省略了前面的系数词"一"，表示"一（量词）左右"的数量，其中的量词可以是个体量词，如："个"；可以是名量词，如："碗、句"；也可以是动量词："次、回"；还可以是时间量词，如："天、年"；还可以是度量量词，如："斤、两"；等等（董为光 2006）。

不过，运用到这个结构之中的量词都需要具有以下特征：

（1）不能是集合量词。

因为这个结构表示"确定的数+左右"（如："斤把"表示"一斤左右"）的含义，表示不确定的量，而集合量词有些本身的量就不确定，如"班"。即使按照结构的意义把"班把"解释为"一班左右"，以不确定的量作为参照的"左右"是没有意义的。

同时也是因为"量词+把"这个结构的构造理据。董为光（2006）认为："这个结构最初是两个单位词的并列组合：'X'是单位词，开始是量词'个'，后来发展为其他单位词；'把'，是以手把握计量的约略单位词，表示'不多的几个'。它们都省略、排除了数词'一'，紧缩成一种内部性质协调的均衡结构。后来，虽然'把'逐渐虚化，但这种原始格局还隐约维持着。"因为这个原因，这个结构中的量词前不能加"一"或其他系数。本书认为，也正是因为这个原因，这个结构中的量词不能是集合量词，否则集合量词的数量会和"把"的"不多的几个"的意义产生冲突，从而打破这个结构的均衡性。

（2）只能是单音节量词。

这是由于语音韵律的要求。这里的量词与"把"黏着使用，构成双音节结构。

从表达数值来看，这两个结构都表示"数—左右"的意义。同时，"量词+把"结构往往具有主观评价为量小的意义（于晶晶，2006）。这一评价意义有时会对它的数量意义产生一定的影响，进而促使人们对"位数词+把"也产生"数量不足该位数词"的印象（于晶晶，2006）。

二 英语概数表达法

根据英语概数表达法构成元素的语义和语法属性，本书认为概数表达法可以分为以下三类：

（一）单个基本数词

英语中也有用单个的基本数词表概数的方法，而且既可以用基本数词的单数形式也可以用复数形式表达概数。

1. 基本数词的单数形式

由于 10 或 5 的倍数（如：five、ten、twenty、one hundred 等）常常被当作认知参照点，因此常常表达概数。如：

    a. *A hundred* people visited him. 一百个人拜访了他。
    b. This town has *five thousand* residents. 这个镇子有五千居民。

a 句中的 a hundred 的数值意义不一定确指 100，可能是 98 或 99，也可能是 101 或 102，b 句中的 five thousand 也并非一个不多一个不少，可以是 4980，也可以是 5030。所以说有些基本数词的形式尽管是确数，但表达的是大概的数。通常，确数的数值越大，可允许的数值浮动范围就越大，只是浮动范围的界限仍然不明确。

郑易里等编著的《英华大词典》（第二版）ten 词条中曾指出："ten 和 twenty，hundred，thousand 等一样，常用以泛指'多'义。"例如：

    A thousand friends are few, *one* enemy is too many.

他所说的这种用法是"虚数"的用法，而不是概数。表达"虚数"时，数词并不是表达它的字面数值意义而只是表示"多"或"少"，而表达"概数"时，数词所表达的数值与它的字面数值意义较接近。可以根据语境对两者加以区分。

2. 基本数词的复数形式

这类基本数词通常是 10 的倍数或次方，表示"数……"的含义。如：tens（数十），tens of thousands（数万），hundreds（数百），thousands（数千），hundreds of thousands（数十万），millions（数百万），tens of millions（数千万），等。

  a. *Hundreds* of people came here. 数百人来过。
  b. *Hundreds of thousands* of people died in the Second World War. 数十万人在第二次世界大战中死亡。

另外，表大概的年龄或年代时，用位数词为十的系位结构的复数形式，如，thirties, 1960s（nineteen-sixties）等。

  a. He is in his *sixties*. 他六十多岁。
  b. They lived in the town in 1970*s*. 二十世纪七十年代他们住在这个镇子上。

（二）两个基本数词连用

两个基本数词连用表示概数在英语中也很常见。从结构的角度可以把两个基本数词连用的形式分为"二选一式"和"区间式"两种。

1. 二选一式。

二选一式的确数连用法通常用 or 连接。例如：one or two、two or three、three or five。

  a. Jerry has *one or two* jobs to do this afternoon.
   今天下午杰瑞要做一两件事。
  b. It took the writer *six or seven* months to finish this novel.
   作者花了六七个月才写完这本小说。

这种形式与表示选择的形式一样，区分的方法是重音。如下面的两组例句，问句的形式是一样的，但是因为用重音区分了 one or two，答案不一样。从不同的答案可以看出重音对区分用 or 连接的两个确数的作用。

a. -Would you like one or two *oranges*?

-Yes, please.

(你想要一两个橘子吗？好的，谢谢。)

b. -Would you like *one or two* oranges?

-Yes, I would like one.

(你想要一个橘子还是两个？我想要一个。)

a 组例句中，重音放在 orange 上，one or two 表示"一两个"的含义，是一个概数。b 组例句中重音分别在 one 和 two 上，表示选择"一个还是两个"。

除此之外，这类概数表达法中的构成还要满足一定条件，否则就是表示选择的形式。本书将在"汉英概数表达法比较"部分描述这些条件。

2. 区间式。

区间式的确数连用法通常用 to、from…to…或 between…and…连接。如：ten to fifteen，from seventy to eighty，between seventy and eighty。

a. The distance between two villages is *two to three* miles.

两个村子之间的距离是两到三英里。

b. This work would take us *from three to four* hours. 这个工作要花我们三到四个小时。

c. He told me of an invention discovered *between three and four hundred* years ago. 他跟我讲了一个三四百年以前的发明。

这种类型的概数表达法，只需要前一个数小于后一个数。

（三）基本数词加词缀、词或短语

英语中基本数词加不同的词或短语构成概数表达法时，基本数词的位置有前后之分，也有位置不确定的情况。同时，不同于汉语的是，英语中不仅有加词或短语的形式，还有加词缀的形式。

1. 基本数词在后

（1）形容词性质短语 upwards of、close to、approximate to、more or less、up to 等基本数词。

用表示"大约""大概""极近似于……的"等的形容词与基本数词

连用表示概数，是书面用语，多用于正式场合。形容词比较级 more or less 在特定的上下文中可作"大约"解，口语和书面语中通用。

  a. I still have *more or less two* chapters to write. 我还要写两章左右。
  b. This sum of money is *approximate to one million*. 这笔款子大约有一百万。
  c. This company supplies *up to* 50 supermarkets. 这个公司为多达五十家超市供货。
  d. Production costs *close to* ＄100,000. 生产成本接近十万美元。
  e. That's *upwards of two* hour's journey. 差不多两个小时的路程。

（2）介词或介词短语 about、around、exceed、beyond、under、below、over、a little over、somewhere about、of the order of、in the neighborhood of 等基本数词。

  a. He can write *about three thousand* words a day. 他每天大约能写 3000 字。
  b. The river is *over fifty* miles long. 这条河五十多英里长。
  c. There is nothing in his house *above a hundred* dollars. 他家的东西没有超过一百美元的。
  d. He walks for somewhat *about three* miles every afternoon. 他每天下午走三英里左右。
  e. He left the house *around five* o'clock. 他五点左右离开这所房子的。

（3）形容词的比较级或最高级 more than、less than、fewer than、at least、at most、a minimum of、a maximum of 等基本数词，表示具有上限或下限的数值范围。如：

  a. He lived in the neighborhood for *more than three* years. 他在这里住了三年多。
  b. This stone weighs *at least fifteen* kilograms. 这块石头至少有十五

公斤重。

c. He can run a mile in *fewer than seven* minutes. 他能在不到七分钟的时间里跑一英里。

d. *A minimum of ten thousand* people visited this exhibit today. 今天至少有一万人参观了这个展览。

2. 基本数词在前

基本数词+odd/and odd /or so/or more/and more/or less/or thereabouts/ minimum/ maximum/or under/and over 等。如：

a. He spent *forty odd* dollars on this shirt. 他花了四十美元左右买这件衣服。

b. He is *forty or so*. 他四十岁左右。

c. *A hundred* people *or thereabout* visited him. 大约一百人拜访了他。

d. He planed to finish this job in *one month or under*. 他计划一个月之内完成这个工作。

3. 位置不确定

副词（如：roughly、approximately、some nearly、some、almost）以及副词性短语（如：介宾短语 in the rough 等）与基本数词结合表示概数。

a. *In the rough* the new dictionary costs *forty* dollars. 这部字典大约二十元。

b. The country has *approximately forty million* people by current estimations. 目前估计这个国家有大约四千万人。

d. The house was built at a cost of *roughly ten thousand* dollars. 这所房子造价大约一万美元。

e. It will cost *some nearly one thousand* dollars. 大约要花一千美元。

副词或副词性短语与基本数词结合表示概数时，位置较灵活，可前可后。

4. 后缀-ish 加在基本数词之后，表示"大约……"。例如：

a. He is *fortyish*. 他大约四十岁。
b. The girl is *sixish*. 这个女孩大约六岁。

这种用法是现代英语口语和非正式文体中出现得越来越多的形式，常用来表年龄。

三 概数表达法结构比较

对汉英概数表达法的比较表明，两种语言有四种相同的表达类型、三种不同的类型。其中，相同的类型又有不同之处。下文将先探讨相同的类型以及同中之异，后探讨汉语中有而英语中没有的两种类型。

（一）相同的类型以及同中之异

1. 相同类型一：单个基本数词

汉语和英语中都有用单个基本数词表达概数的用法。

汉语中用来表达概数的单个基本数词有两种，一种是一般的基本数词，另一种是基本数词的变体。这两种表达法都是单数形式。英语中用来表达概数的单个基本数词也有两种，一种是单数形式，另一种是复数形式。

同中之异：

汉语中有单个基本数词的变体"两"以及相关系位结构表达概数的情况，是由于量词对于基本数词"二"的影响，因为当"二"后面接量词时，通常变为"两"，而当后面不接零数时，"十"以上的位数词作为计量单位的功能更突出，相当于量词。英语中由于量词很少，而且量词与名词的结合没有汉语紧密，所以不存在这种情况。

汉语中，表达概数的一般的基本数词通常是位数词形式，但是也可以用其他的基本数词，英语中却不管是单数形式还是复数形式，常用的都是10 的倍数或次方。一方面，这是因为汉语是意合语言，可以更多地通过语境获得基本数词表示概数的信息；另一方面，是因为作为整数的 10 的倍数或次方更容易在认知上让人理解为概数。因为 10 以及 10 的次方（通常是位数词）常被用来当作计数单位，常被用作认知的参照点。

汉语中用词表示概数，而英语中用基本数词的屈折形式表达概数，这是因为：

（1）首先，这是由汉语和英语的类型区别决定的。汉语是孤立型语言，而英语是综合型语言；前者无屈折和派生的词形变化，而后者多屈折和派生。

（2）在英语中，10 的次方的复数形式，即位数词的复数形式，可以用来表概数，表达"多个位数词表达的数值"的概念。这是因为，复数形式表示两个及两个以上的多数概念。如，apples 表示"多个 apple"。以此类推，tens 表示"多个 ten"，hundreds 表示"多个 hundred"，因而可以用来表示概数。

（3）在英语中，10 的倍数（多为系数词是 1-9、位数词是 10 的数）的复数形式表概数时，表达的是数值区间的概念。如：teens 表达 10-19 的数值（通常是指年龄，teen 是 ten 表达年龄时的变体）；twenties 表达 20-29 的数值，等等。本书认为，它们是对所在数值区间的所有数值的概称，例如，twenties 是 "twenty-one，twenty-two，twenty-three…，twenty-nine" 的概称。由此可见，10 的倍数的复数表概数和 10 的次方的复数表概数的理据实际上是不一样的。

另外，在表达一段时间时，1920s（nineteen twenties）表示从 1921 年、1922 年到 1929 年的整个 20 年代，是一个时间区间，是概数表达法的具体运用。基本数词加序数词后缀"-th"表示一个世纪的表达法与之相比，在表现形式上不同，但功能一致，也是表示一个时间的区间。例如，"14th"表示整个第十四世纪。

2. 相同类型二：两个基本数词连用

汉语和英语中都有用两个基本数词连用表达概数的用法，都是把两个基本数词用不同的方式连接在一起，表示不确定的概数。

同中之异：

汉语中两个基本数词连用时，中间可以有连接成分，也可以没有连接成分。没有连接成分时，可以表达或然和区间的概念。如：三五个，表示的是"三个或五个"或"不少于三个不多于五个"的概念。连接成分因为通常是"至"或"到"，所以一般只能表达区间的概念。但是在英语中，两个基本数词之间一定有连接成分，二选一式的中间是 or，区间式的用的是 to 或 from…to…，前者表达的数值意义跟汉语中的没有连接成分的表达法一样，后者表达的跟中文中有连接成分的一样。

因此，下文将先比较汉语中没有连接成分的类型和英语中用"or"做连接成分的类型，后比较汉语中有连接成分和英语中用 to 或 from…to…连接的类型。

(1) 汉语中的"系数词$_1$+系数词$_2$型"和英语中的"二选一（a or b）型"比较

由于英语中这类概数表达法中的两个基本数词被"or"分离开来，所以 D. Terence Langendoen（2006）把它们称作"分离概数词"（Disjunctive Numerals of Estimation，DNEs）。汉语中的由于是直接连用的，所以不能这么称呼。两种语言对进入这个结构的两个基本数词有不同的要求。

1）汉语中，两个系数词除开"三五"这个表达法之外，其他的都是相邻的两个数，如"一二、二三（两三）、三四……八九"等。

英语中却不是这样，只要满足如下条件都可以。（Langendoen，2006）

A. 两个基本数词之间的数值差距（D）是 10^n（n≥0），或 10^n（n≥0）的二分之一或五分之一。

B. 数值差距满足以上条件的所有的基本数词，可以构成一系列的分离概数词，前一个分离概数词中的第二个数是接下来的分离概数词的第一个数，而且数值差距 D 是这一系列分离概数词中所有的数的公约数。

C. 每一个分离概数词中，第一个数都小于第二个数。

例如，2 可以是数值差距 D，因为它是 10^1 的五分之一。数值差距为 2 的所有的数可以构成一系列的分离概数词。如：six or eight，eight or ten，ten or twelve…在这一系列的分离概数词中，six or eight 中的第二个数 eight 是接下来的分离概数词 eight or ten 的第一个数。同时，数值差距 2 是 six、eight、ten、twelve…所有这些数的公约数。

因此，下列分离概数词都是成立的：

　　one half or one, one or one and a half, one and a half or two, two or two and a half……（数值差距为 1/2）

　　one or two, two or three, three or four... （数值差距为 1）

　　six or eight, eight or ten, ten or twelve... （数值差距为 2）

　　……

　　a hundred or two hundred, two hundred or three hundred, three hundred or four hundred... （数值差距为 100）

D. Terence Langendoen（2006）认为还有一类情况可以认为是分离概数词，因为它们是内涵概念相邻的两个数。例如：

①a. They will get married in *thirty or sixty* days.
他们会在三十到六十天内结婚。
 b. They will get married in *one or two* months.
他们会在一两个月内结婚。
②a. This trip needs *twelve or sixteen* quarts gas.
跑这趟要十二到十六夸脱汽油。
 b. This trip needs *three or four* quarts gas.
跑这趟要三到四加仑汽油。
③a. Christmas holiday in our school is usually *ten or fourteen* days.
我们学校的圣诞节假期通常是十到十四天。
 b. Christmas holiday in our school is usually *one and a half weeks or two* weeks.
我们学校的圣诞节假期通常是一个半到两个星期。

这三组的 a 句中由 or 连接的数词尽管都不满足前面所说的三个条件，但都构成了分离概数词，是因为它们的内涵概念相应地与 b 句中的内涵概念相对应。

2）汉语中用大于"十"以上的数表示概数时，两个系数词与位数词结合构成表概数的表达法，位数词可以在前也可以在后。如"一两百、二三十、十二三"等。英语中用"10-19"以内的数以及 10 的倍数表示概数时，需要把两个数词都写完整，如 thirteen or fourteen、thirty or forty。其他的数值与汉语相似，如 one hundred or two hundred/ one or two hundred。

3）这种结构修饰名词或量词时，汉语中通常是把它放在名词或量词前，如"一两百学生、二三十岁"，不过有时也可以把名词或量词插入两个基本数词之间，如"三年五载"。但英语中却不可以。three or four years 表示"三四年"，three years or four years 却不能表概数，只表选择"三年还是四年"。

4）汉语中这种结构只能表示概数，英语中的这种结构在一些情况下能表示选择，需要靠语境或重音来区别。这一点在前面已经讨论过，此处不再赘述。

（2）汉语的"a 至/到 b 型"和英语的"区间型（(from) a to b）型"比较

两种语言中这种类型的概数表达法相似度高于前面一种，只有一点有区别，那就是在修饰名词或量词时，汉语中通常是把它放在名词或量词前，如"三至五年"，不过有时也可以把名词或量词插入两个基本数词之间，如"三年至五年"。但英语中却不可以，只能用 three to four years 表示"三四年"，而不用 three years to four years。

3. 相同类型三：基本数词加词或短语

汉语和英语中都有用基本数词加词或短语表达概数的用法，而且汉语和英语中都有基本数词在所加词或短语的前面和后面两种情况。但是两种语言的这种类型也有不同之处。

（1）从顺序的类型来看，英语中还有一类位置不确定的情况，即所加的词或短语可以在句子中的不同位置，既可以在基本数词的前面，也可以在它的后面。如：

  a. *In the rough* the new dictionary costs forty dollars.
  b. The new dictionary costs forty dollars *in the rough*.
  c. The new dictionary *in the rough* costs forty dollars.

这三个句子的意义都是"这部字典大约四十美元。"但表示"大概"含义的 in the rough 位置不一样。

汉语中表达"大概、大约"的词尽管可以有不同的位置，但总体来说都是在基本数词之前。如：

  a. 今年的生产总值大约是两百万元。
  b. 今年的生产总值是大约两百万元。

这两种用法都可以，"大约"的位置不同，表达的意义尽管有差异但都表示概数，而且"大约"都是在基本数词"两百万元"之前。

（2）就所加的成分类型来看，汉语和英语中都有词和短语，英语中还有一类加词缀表示概数的方式。英语中类似 fortyish 这种表达法都是源于"-ish"这个词缀本身有"……的样子、具有……的特征、像……一样"的含义，如 childish 表示"像孩子一样"。fortyish 就表示"四十的样子"，亦即"大概四十"。

（3）就所加的词或短语的语法属性来看，分别有下列性质：

汉语中所加的词或短语的语法属性：

1）名词。主要是方位名词，如：左右、上下、以内、以外、以上、以下等。也有其他的名词，如：光景、样子。

2）动词。如：超过、超出、接近、估计。

3）形容词。如：最少、最多。

4）副词。如：大约、约、大概、约莫。

5）形容词+介词。如：多于、少于。

英语中所加的词或短语的语法属性：

1）名词。如：maximum、minimum。

2）动词。如：exceed。

3）形容词。如：close to、odd。

4）介词。如：about、around、beyond、under、below，等等。

5）副词。如：or so、in the rough。

两种语言所运用的这些词和短语的语法属性大致相同，只是英语中用介词的情况较多，而汉语中的较少。

（4）就所加的词或短语所属的语义场来看，也是有同有异。

汉语中所加的词或短语所表达的原始语义大体有如下几个方面：

a. 数量。如：多于、少于、最多、最少、差不多。

b. 空间。如：左右、上下、高于、低于、以内、以外、之内、之外。

c. 估计。如：大约、大概、估计、约莫。

d. 程度。如："好几"中的"好"。

e. 位置。如：接近、不到、将近、超过、超出、出头儿、开外。

f. 摹状。如：样子、光景。

英语中所加的词或短语所属的语义场有如下几个：

1. 数量。如：more or less、a maximum of、a minimum of、or more、or less、at least、at most、exceed。

2. 空间。如：above、below、over、under、beyond。

3. 估计。如：approximate to、around、about、in the rough。

4. 位置。如：close to。

5. 摹状。如：-ish。

由此可见，汉语和英语的基本数词加词或短语表示概数时，这些词或短语所表达的原始语义类型基本一样。不同之处在于：

1）汉语中比英语中多了"程度"。尽管汉语中只是比英语中多了"好"这个词，但是却比英语中多了一个类型，这个词是用来修饰数量本身的，说明数量比"几"所表达的数量多。英语中不存在这种情况。

2）在相同的语义类型中，汉语和英语所用的词也不完全对称。汉语所用的词比英语的多了"左右、上下、超过、超出、出头儿、开外、不到"。

a. "左右"和"上下"

其中，"左右"和"上下"属于"空间"。两者都是用表达空间概念的对称的两个方位词来表达"多于、少于或等于基本数词所表数值"的概念。英语中 more or less 这个表达方式是对称的形式，汉语中没有完全对应的表达。

值得一提的是，"上下"这个表达方式在英语中有单个的对应表达，如 above thirteen、below fourteen、over fifteen、under sixteen 等。"左右"这个表达方式却没有。这是因为在表达空间概念的英语介词中，没有表示"在……的左边"或"在……的右边"的词化表达，left 和 "right" 都是名词、副词或形容词，不能像 above、below、over、under 等一样与数词连用表示一定的数值范围。

同时，这也进一步反映了英语文化中不像汉语文化中把"左"视为小"右"视为大，因此不会存在 left to 表示"小于"、right to 表示"大于"的情况。

b. "超过""超出""不到""出头儿"和"开外"

其他的几个"超过""超出""不到""出头儿"和"开外"等都属于"位置"语义场，英语中表达相应概念的都是用 more than、less than，属于"位置"语义场而用来表达概数的只有 close to 这个词。

这说明汉语文化中比英语文化中更多地用位置的相对先后来表达数量的多少。

（5）这些不同语义类型的词或短语与基本数词连用表概数时所运用

的机制有如下几种类型。

1）直接表达模糊语义。如：属于"数量"语义场的"多于、少于、最多、最少、more or less、more than、less than"等等。

2）隐喻。利用隐喻的机制表达概数，即用其他语义类型的词表达数量的概念。例如，表达"空间"语义的"左右"本来指空间上在某个参照点的左边或右边。用在基本数词后隐喻表达"比这个作为参照点的基本数词所表示的数量稍多或稍少"。用隐喻的机制表达概数的有属于"空间"语义的"左右、上下、高于、低于、above、below、over、under、beyond"，属于"位置"语义的"超过、超出、不到、出头儿、开外、close to"。

这类隐喻反映了在汉语和英语文化中，"上""高"都是"多"；"下""低"都是"少"。在汉语文化中，"右"是"多"，"左"是"少"，而英语文化中没有这个隐喻。

3）主观估计转移。通过把表达主观估计的词或短语的推测意义转移到对数量的推测上。如："大约、大概、about、approximate to"。

4）添加模糊语义的词。通过表达摹状的词使基本数词所表达的数值模糊化。如："样子、光景、-ish"等。

4. 相同类型四：概数表达法连用。

Channel（2000：69）指出人们有时会借助"约数连用"来增加数词的模糊度，如 It's about sevenish。张乔（1998：160）则认为，"约数连用"在汉语中行不通，"大约"与"左右"同时使用属错误用法。例如，英语可以说"It's about sevenish"，汉语却不能说："时间是大约七点左右。"蒋跃、于群（2007）与张乔（1998）持不同的观点，他们认为汉语中存在约数连用。如：大约要等三四天。

本书赞同蒋跃和于群的观点，认为概数表达法能够连用。事实上，张乔（1998）所举的例子之所以行不通，是因为在句子的前半部分加"时间是"的用法不符合规定，下面的相关句子成活度是比较高的。

   a. 大约七点左右。
   b. 当时的时间大约是七点左右。

这意味着"大约"和"左右"是能同时使用的。下列表达概数的一些表达法也能够连用：

  a. 它 5 月产卵，每次产卵三四枚，雄、雌朱轮流孵卵。大约一个月左右，雏鸟破壳而出，仍由父母轮班照看，共同喂养。(《中国儿童百科全书》)

  b. ……冰箱是大冷冻的，沙发是真皮的。"价钱算起来，大概都有两万元上下吧。"衡满囤说。[《人民日报》(1995 年 4 月，转自北大语料库)]

  c. He had lived in New York for *about fourteen to fifteen* years.

  d. This bridge is *about thirty to forty* meters long.

  以上四句都有两个概数表达法连用，如果去掉其中的一个，仍然能表达概数，语用效果相差也不大，只是两者连用，表达的模糊性更强一些。这是否说明所有类型的概数表达法都能连用呢？如果不是，那么哪些能够连用呢？

  综合观察以上例句可以发现，这些能够连用的表达法里有一类必然是表达推测或估计的表达方式，如"大约、约、大概、估计、about、roughly、in the rough、approximately"等等。由于这些表达方式本身具有推测的含义，因此可以与基本数词连用表示概数。当它们与其他概数表达法连用时，仍然是表示推测和估计，并不影响它们表示概数的功能。其他的概数表达法之间不能连用。

  据此看来，确实存在概数表达法连用的情况，只是能够与其他概数表达法连用的只有表示推测的一类。

  (二) 不同之处

  1. 汉语中有"来、多、把"这类助词与数词或量词结合用于表达概数的情况，英语中没有。这三个词的用法如下：

  来：(1) 整数词（没有零数的系位结构）+"来"+量词+名词。(2) 系数词/十+量词+"来"+名词。(3) 整数词（数值小于一万的没有零数的系位结构）+"来"+万/亿/兆。

  多：(1) 整数词（没有零数的系位结构）+"多"+量词+名词。(2) 系数词/十+量词+"多"+名词。(3) 整数词（数值小于一万的没有零数的系位结构）+"多"+万/亿/兆。

把：(1) 位数词+把+量词。(2) 量词+把。

比较"来""多""把"的用法，可以发现，它们的位置跟与之连用的基本数词的数值有很大的关系。数值较大时，在量词的前面，紧接着数词；数值较小时，在量词的后面，离数词较远。

在英语中也存在类似的情况，如 or so 的用法。当数目较小时，表达概数的结构是"数词+or so+名词"，如 six or so books；当数目较大时，结构是"数词+名词+or so"，如 six thousand books or so。

不过，汉语中的"来""多""把"与数词的距离关系是数值越大离数词越近，而英语中的 or so 相反。

这说明，在这类概数表达法中，数值的大小与使基本数词所表达的数值模糊的辅助词的相对位置有一定联系。

2. 汉语中有不用表数量的词表达概数的方法（个把），而英语中没有。

汉语中可以把"一万把块钱"说成"万把块钱"，"一里把路"说成"里把路"，从而形成不用表数量的词表达概数的情况。这与基本数词中如果系位结构的系数词为"一"可以省略不说的情况（例如"十五、十个、百人、千吨"）一样。

3. 汉语中有逆序表达法，但英语中没有。

本书把骆晓平（1996）所说的"大数冠小数"约数表示法称作逆序表达法，一是因为实际上骆晓平（1996）所说的表示法不仅有约数，也包括虚数。二是因为骆晓平（1996）的研究只是针对汉语，而本书的研究是从更多语言出发。这种概数表达法不仅出现在汉语中，也出现在其他语言中；有些语言不仅只是用"大数冠小数"的方法表示概数，也用其他语言成分的逆序来表达概数。

例如：在俄语中，表示事物大概数量时，除了用 около, приблизительно 等词汇手段外，还常常通过调整表示数量意义词组中的词序来表示约数。词序变动的有两种词汇，一是称谓事物的名词，二是表示数量（类似汉语的量词）使用的名词（如 человек 等）。调整名词词序来构成约数，又可分三种情况：（1）在"数词+名词"组合中，将名词前移，成为"名词+数词"即可表示大约的数量。（2）"前置词+数词+名词"组合，构成约数时，名词要移到前置词的前面，成为"名词+前置词+数词"组合。（3）"数词+形容词"组合，构成约数时，同样是将名词移到最前面，后接数词+形容词组合。在有量词的词组中，如"数词+量词+名词"，或"数词+量词+形容词+名词"，构成约数时，只将量词移到数词前面，其余的不动。常用的量词有 человек（人）、экземпляр（份、册）、штука（个、支）等等（刘泽农，1999）。

在俄语中，顺序的调整涉及了数词之外的名词和量词。综合考察不同语言可以发现，逆序表达法是概数表达法的一种类型，是通过调整语言成分的顺序来表达概数的一种方法。

四 不同语言概数表达法结构类型推演

根据以上对汉英概数表达法的比较，本书发现不同语言概数表达法的结构至少存在着以下六类：（1）单个基本数词；（2）两个基本数词连用；（3）基本数词加词或短语；（4）用完全不表数的词表达概数；（5）用逆序表概数；（6）两个表估量意义的词连用并与基本数表达法一起表达概数。

由于暂时没有找到更多的语料，本书将根据以上两种语言的比较对不同语言的概数表达法不同类型的分布特征作出初步的推测：

1. 有称数法的语言中都有概数表达法。

2. 不同语言中，概数表达法至少有六种类型：单个基本数词，两个基本数词连用，逆序表达法，基本数词加其他表达方式，用完全不表数的词表达概数，两个表估量意义的词连用并与基本数表达法一起表达概数。这些表达方式有典型与非典型之分，按照典型性由大往小排列，顺序如下：

基本数词加其他表达方式→两个基本数词连用→单个基本数词

→两个表估量意义的词连用并与基本数表达法一起表达概数→逆序表达法→用完全不表数的词表达概数

3. 有概数表达法的语言中都有下列类型：单个基本数词、两个基本数词连用、基本数词与其他表达方式组合。

4. 概数表达法中所涉及的基本数词的值越大，该概数表达法的数值浮动范围越大。

5. 运用单个基本数词表达概数时，用位数词的概率高于系数词，用数值大的词的概率高于数值小的词。

6. 用两个基本数词连用表达概数时，有直接连用两个基本数词以及用其他语言成分连接两个基本数词两种类型。有的语言中可以用任意一种，有的语言一定要用其他语言成分连接两个基本数词，后者是无标记形式。

7. 当基本数词与其他的词或短语连用表示概数时，所加的词或短语所处的位置有在基本数词之前及在它之后两种类型，语义类型有表达数量、空间、位置、估计或摹状等几种，表达概数的机制的类型有直接表达概数、添加模糊语义的词、隐喻、主观估计转移等几种。

8. 当基本数词与其他的词或短语连用表示概数时，所用的词或短语通常呈对称分布。如：以内—以外、以上—以下，maximum‐minimum、more than‐less than，等等。

9. 当基本数词与其他的词或短语连用表示概数时，其中的基本数词的数值大小可以影响所加词或短语所处的位置。这种影响有两种，一种是数值越大，所加词或短语离这个基本数词越近，另一种相反。

10. 概数表达法中通常都含有表达数目的表达方式，只有极个别的语言中存在不用与数量相关的表达方式表达概数的情况。如，汉语中的"个把、斤把"等"量词+把"的格式。

11. 存在着用逆序表达法表达概数的情况。这个逆序可以是表达数量的表达方式的逆序，也可以是其他表达方式的逆序。

12. 概数表达法和基本数词存在边界模糊的问题，即两种表达法由于存在形式一致的情况，如单个确数表达概数这种类型与相应的基本数词。不同类型的概数表达法与相应的基本数词的边界模糊情况各不相同，模糊的程度从大到小可排列如下：

单个基本数词>用不含表数量成分表达概数的结构>两个基本数词>逆序表达法>基本数词加词或短语>两个表估量意义的词连用并与基本数表达法一起表达概数

以上是在比较汉语和英语的概数表达法的基础上所作出的十二个推测，其目的是对不同语言概数表达法的结构类型研究进行思路和结论方面的探索，需要放到更多语言中去验证并加以调整，才能成为准确性较高的类型研究结论。

第二节　汉英分数表达法结构类型比较

在计数的过程中，为了提高效率，人们创造了进位制，还创造了分数和倍数。数学中运用进位制是为了把计数的过程分块以使计数更条理化，语言中运用与进位制相对应的数词基是为了避免为每一个数值创造相应的词的负担。分数和倍数则是为了利用已有的整数更高效地计数，表达数量与数量之间的关系。分数用来计量某个"基数"的"部分或份额"，倍数用来计量某个"基数"的"倍数"。在语言中，表达分数和倍数的分别是分数表达法和倍数表达法，它们的基数可以体现在上下文中，也可以暗含在语境中。

一 汉语分数表达法

汉语分数表达法的概念意义可以通过其从古代到现代的发展过程中所呈现出的结构类型加以推演。

（一）汉语分数表达法

汉语分数表达法经历了由古代到近代再到现代三个发展阶段。

1. 古代汉语分数表达法

关于古代汉语分数表达形式类型的研究成果主要有徐国洋的《古汉语分数的表示法》、韩陈其的《谈谈古汉语中的分数表示法》、方文一的《也谈古汉语中的分数表示的结构层次》、胡长青的《先秦分数表示法及其发展》以及李明晓的《试析上古时期分数的产生与发展》，根据他们的研究以及对古代汉语语料的整理，可以总结出古代汉语分数表达法的几类形式：

（1）母数+分十之+子数。如：

　　a. 故关中之地，于天下三分之一。（《史记·货殖列传》）
　　b. 若复数年，则损三分之二也，当何以图敌。（诸葛亮：《后出师表》）

（2）母数+分+名词/单位量词+之+子数。如：

　　a. 冬至，日在斗二十一度四分度之一。（《汉书·律历志》）
　　b. 方今大王之兵众不能十分吴楚之一。（《史记·淮南衡山王列传》）
　　c. 凡八节二十四气气损益九寸九分六分分之一。（《周髀算经》

卷下)

这种格式中，单位量词是"寸、丈、尺"等度量衡量词。
（3）母数+名词/单位量词+之+子数。如：

大都不过参国之一。（《左传·隐公元年》）

（4）母数+之+子数。如：

a. 王户禄米每石征银一两，后增十之五。（《明史·杨守随传》）
b. （大都不过参国之一），中，五之一，小，九之一。（《左传·隐公元年》）

（5）母数+分+子数。如：

子一分，丑三分二，寅九分八，卯二十七分十六。（《史记·律书》）

（6）母数（十、百、千、万等整数）+子数。如：

a. 每岁大决，勾者十四三，留者十六七，皆缚至西市待命。（方苞《狱中杂记》）
b. 会天寒，士卒堕指者什二三。（《史记·高祖本纪》）

（7）母数+名词+子数+名词。如：

千人一两人耳。（《史记·匈奴列传》）

这种格式中，两个名词相同。
（8）母数+分+名词+有/取/得+其+子数。如：

三分天下有其一，以服段。(《论语·泰伯》)

(9) 母数+……+其+子数。

范蠡既雪会稽之耻，乃喟然叹曰："计然之策七，越用其五而得意。"(《史记·货殖列传》)

(10) 分母+分+有/取/得+分子：

以期月减其衣食，勿过三分取一。(《秦律十八种》)

(11) 分母（系位结构）+而+取+分子：

吾欲二十而取一，何如？(《孟子·告子上》)

(12) 分数特称：半、大半、少半、参、驷。

a. 种：稻、麻亩用十斗大半斗，禾、麦亩一斗，黍亩大半斗，叔（菽）亩半斗。(《秦律十八种·仓》)
b. 居官府分食者，男子参，女子驷（四）。(《秦律十八种》)

(13) 分母为"十"时，可省去：

粟复以十万之众五折于外。(《史记·鲁仲连传》)

(14) 承前省分母（这是《算数书》中特有的现象）：

禾租四斗四十七分之十二，麦租三斗分九，租二斗分二十六。(《算数书·并租》)

2. 近代汉语分数表达法

专门研究近代汉语分数表达法的成果相对较少，田有成、曾鹿平的

《近代汉语数词表示法》中大致提及除了古代汉语和现代汉语共有的分数表达法"×分之×"和"×成"之外，也存在一些特有的分数表达法。例如《佛经文学故事选》中有如下分数表达法：①

（1）海水三分，已抒其二。(46页)
（2）用王宝藏，三分向二。……三分之物，向用其二。……所残藏物，三分用二。……前所残物，日日布施，三分之中，已更用二。(83页)

这两处所用的分数表达法都是将分母和分子分别放在前后两个分句中。与前面所总结的古代汉语分数表达法的第九类相似。

3. 现代汉语分数表达法

与古代汉语和近代汉语相比，现代汉语的分数表达法非常简单，通常是"×成""×分之×"等固定格式，如"八成""五分之四"等。还有"十有八九"等一类表达分数概数的情况。

（二）汉语分数表达法的结构类型及其概念意义

以上的这些结构又可以合并为三类：

1. 分母+（分）+（名词/单位量词）+（而）+（动词（取、有、得））+（之/其）+分子②

2. 省略分母或分子的三类：

"分母+分子"结构中，（1）分子为"一"时，可省去；（2）分母为"十"时，可省去；（3）承前省分母。

3. 分数特称：半、大半、少半、成、参、驷。

在古代汉语、近代汉语和现代汉语中，都存在着一些与规则的分数表达法不同的、表达特定分数的特称。例如，成、半、参和驷。

其中，"半"表示"二分之一"，"成"表示"十分之一"。在现代汉语中不再使用的"'参'在秦律中本指容纳三分之一斗的量器。《秦律十八种》有'半斗不正，少半升以上；参不正，六分升一以上。'特指'三分之一斗'……'驷'表'四分之一斗'"（李明晓，2002）。

---

① 任常侠：《佛经文学故事选》，上海古籍出版社1958年版。
② 括号表明其中的词可有可无。

把前面所列出的从古至今的分数表达法的所有结构方式大体归总在一起①，可以把这些结构的轨迹结合为如下表达式：

分母+分+名词/单位量词+而+动词（取、有、得）+之/其+分子+名词

把这个表达式改写成实际使用的语言，即：

几分某个整体或某单位，而取其中几份事物。

如果用具体的数词和具体的事物代替其中的指示词，则可以改写为如下的表达："三分一瓶水（为三份），而取其中的两份水。"

从这个表达式可以看出汉语分数表达法普遍的概念意义，那就是：把一个整体分为几等份并取其中的几份。

（三）汉语分数表达法的普遍结构特征

汉语中所有这些分数表达结构（除开"×成""半"等特称结构），具有如下普遍特征：

（1）从组成元素来看，通常有三部分：分母、分子以及连接两者并表达两者关系的成分。根据对古汉语分数表达法及其发展的考察可以发现，分母和分子通常是都有的，表达关系的成分可以没有。现代汉语常用的两种表达法中，"×分之×"是分母、分子和关系成分都有；"x（x≤10）成"则不是分子、分母和关系成分的关系，只有份数x及表示"十分之一"份额的"成"，其数值关系是"x×1/10"，不同于"×分之×"的"分子/分母"数值关系。

（2）从组成元素的语义和语法性质来看，"分"的基本义是"使整体事物变成几部分或使联在一起的事物离开（跟"合"相对）"（《现代汉语词典》）和"分开、划分"（《汉语大辞典》），这表达了分数的语义内涵，是一个行为过程，是动词。从古代汉语的语言用例可以看出，起初分数表达法中的"分"也是这个意义。不过，随着运用"×分之×"结构表达分数的稳定化，以及其他相关结构表达分数的用法的消失，"×分之×"结构中"分"的含义及语法属性已经发生了改变。

《现代汉语词典》认为，它"表示分数：二~之一｜百~之五"。与之相关的义项还有"十分之一：万~重要"。这两个义项说明在现代汉语中，"×分之×"结构中的"分"已经名词化了，尽管其意义是"等分"，与原

---

① 此处不包括"半""x成"等特称。

本的意义相比并没有发生太大改变。这个判断是基于"之"的语义和语法特征以及这个结构的含义。

"之"在《汉语大辞典》中的释义是：助词。用在定语和中心词之间，相当于现代汉语的助词"的"。因此，整个"x分之x"结构的含义是"x（等）份（中）的x（等份）"。

（3）就整个结构的语义来看，其重心是在最后的分子上。如"十分之九"的语义重心是"九"。

（4）从分子数值的单、双、复的属性对分母的形式的影响来看，汉语分数表达法中，不管分子的值是一、二、三还是一万，分母的形式不发生任何改变。

（5）从元素的顺序来看，绝大多数的汉语分数表达法普遍都是分母在前，分子在后，关系成分在中间，只有"x成""半"等分数特称是例外。从分数表达法的结构顺序可以看出汉语文化中分数的形成过程，是把整体先分成几等份然后从中取几份。

古今汉语分数表达法的结构成分发生改变较频繁，语序却没有发生改变，由于分数表达法结构的相对稳定性，成分改变体现的是词汇使用习惯层面的改变，是语言本身的变化，而语序与文化思维等的关系密切，因此可以认为语言的稳定性在某个层面上说来要比文化思维习惯的稳定性低。

二 英语分数表达法

像汉语分数表达法一样，英语的分数表达法也有一般的表达法和特称之分。

（一）一般的英语分数表达法

一般的英语分数表达法的构成方式有如下几种：

第一种由基数词和序数词构成，基数词作分子，序数词作分母。当分子为"1"时，分子可以用 a 也可以用 one 表示，分母用单数形式；当分子大于"1"时，分母用复数形式。例如：

  a/one third　　三分之一
  two thirds　　三分之二

这种结构与分数的"份额"含义最接近。例如，two thirds 意味着

"把一个或多个事物看作一个整体，把这个整体平均分成三等份，每一等份是 one third，two thirds 是这样的两等份"。

第二种结构是"基数词+（名词）+介词（in, out of, of, 等）+基数词+（名词）"。如：

one out of ten　　十分之一
two persons in five　　五人中的两个
three eggs of ten eggs　　十个鸡蛋中的三个

这种结构与分数表达"部分"的意义最接近，表示"整体中的多少部分"的概念。

第三种的分子分母都是基数词，中间用 over，to 或 divided by 连接。分子分母数值大的、都有系位、整零或零整结构的，多用这种形式。如：

twenty-four over twenty-five　　24/25
thirty-two to forty-seven　　32/47
fourteen divided by twenty-three 14/23

这种结构与分数的数学意义最接近。其中的"over"是数学中分数的形式"分子在分母之上"的转译，"to"是对分数中"分子比分母"关系的表达，而 divided by 表达的是"分子除以分母"的概念。

以上结构还可以加名词"part"来构成以下结构（分子大于 1 时，part 用复数）：

（1）基数词（或 a）+序数词+part（s） a hundredth part 百分之一
（2）基数词+part（s）+in+基数词 six parts in one thousand 千分之六
（3）基数词+part（s）+per+基数词 seven parts per million 百万分之七

这些结构中的 part 表示"部分"，进一步强调分数的"部分"含义。

（二）英语分数表达法特称

除开以上一般的分数表达法之外，英语中也有一些特称。

1. 表达"二分之一"的 a/one half。但是，two halves 不是分数表达法，而是数量短语。

2. 表达"四分之几"的 x quarter（s），x 通常是 one、two 或 three。

当 x 的值大于 "1" 时，quarter 用复数形式。如：

  a/one quarter 四分之一
  three quarters 四分之三

  "四分之几"也可以用一般的方式表达成 x fourth（s），但是这种特称形式用得更普遍。
  3. 表达"百分之几"的 x percent，x 是基数词。如：

  thirty-two percent 百分之三十二
  fifty percent 百分之五十

  由于 percent 前半部分 per 是表比例关系的"每一"，后半部分 cent 是拉丁语 centum 的简写表示"百"，整个词的意义是"每百分之中的""百分之……"，而不是"百分之一"，所以不管是百分之几，"percent"不用复数形式。
  "百分之几"也可以用一般的方式表达成 x hundredth（s），但是用百分数的形式更普遍。
  （三）英语分数表达法的特征
  1. 一般的分数表达法的总体特征
  英语的分数表达法有几种不同的结构，这些结构的总体特征可以分析如下。
  （1）从概念意义来看，几种不同的结构尽管都是表示分数，但是反映了不同的概念意义，第一种结构反映的是"份额"的含义，第二种反映的是"部分"，第三种更多反映的是分数的数学意义。本书认为这说明第一种结构是最典型的对分数的语言表达，第二种结构次之，第三种结构的典型性最弱。
  （2）从组成元素来看，分子、分母是三种结构所共有的元素，连接分子分母并表达两者关系的成分只有后两种结构有。
  （3）从组成元素的语义和语法性质来看，三种结构的构成情况不同。
  第一种结构的分子是基数词，分母的性质学界的观点不一，相关内容将在下一部分"'one third'中的'third'是序数词吗？"中讨论。

第二种结构和第三种结构的分子分母都是基数词，关系成分都是介词。其中第二种结构中的介词 in、out of、of 等表示分子与分母的被包含关系，第三种结构中的 over 表示分子在分母之上的位置关系，to 表示分子比分母的比值关系，divided by 表示分子与分母的被除关系。

（4）就三个结构的语义来看，重心都是在前面的分子上。

（5）从分子数值的单、双、复的属性对分母的形式的影响来看，第一种结构中，如果分子的值大于一，分母用复数形式，第二种和第三种结构中做分母的数词不用复数形式。

（6）从元素的顺序来看，都是分子在前，分母在后，关系成分在中间。

2. "one third" 中的 "third" 是序数词吗？

徐立吾（1980：139）认为：在分数中，分子为基数词，分母为序数词（被用作名词）。这种观点具有代表性，目前国内的英语语法著作、英语教材大多都是持这种观点。

但是，在 one third（三分之一）和 two thirds（三分之二）中，third 都是做分母，为什么会有单复数之差呢？一般说来，英语序数词是没有复数形式的，这里的 third 为什么能够有复数形式呢？同一个结构在数值不同时有单复数之差，说明它的可数名词性质[①]，难道英语序数词能够用作可数名词吗？是不是应该认为，作为分母的序数词在分数表达法中已经名词化了呢？

语言学界对这个 third 的性质所持的观点各不相同。Midhat Gazale（1999）认为，分数"one third（三分之一）"表示事物的第三部分，就像在日常生活中，人们常常把整体分成部分。这说明他认为 third 在这个结构中是序数词。王恒杰（2006）却认为 one third 中的分母不是序数词而是表示"几等份之一"的可数数量名词。

那么，这个 third 到底是什么性质呢？

首先来看它的意义。英语语言学界认为，数词是表达数目以及与数目相关的数量、顺序、频率和份额的词。也就意味着，表达与份额相关的词 third、tenth、hundredth 等等，不仅是序数词，也是表达份额的词，两者尽管形式相同，但意义并不完全一样，在分数中的 third、tenth 之类的词

[①] 区别于 hundreds of 及 thousands of 等结构中的复数形式表达的是概数概念，没有单数与复数的相对区分。而分数表达法中的分母用作同一功能时，当分子的值不同时有单复数之分。

是表达份额的。《韦伯斯特辞典》对 third 的解释是："One of three equal parts of a divisible whole...（可分割整体的三等份之一……）"这个释义说明了分数表达法中序数词的份额含义。因此，当分子的数值超过"1"时，说明份额是两个或两个以上，分母用复数形式。

本书发现，当分子为"1"时，可以用不定冠词 a 表达。例如：a third、a fifth、a sixth 分别表示"三分之一、五分之一、六分之一"。我们知道英语中的不定冠词 a 通常放在可数名词之前表示"一"，这一定程度上说明了英语分数表达法中做分母的序数词的名词性特征。

再比较表达"四分之几"的特称结构与一般结构，a/one fourth 与 a quarter、two fourths 与 two quarters 都存在，且结构一致，意义一致。这说明 fourth 与 quarter 的语法性质相同，也就证明了作为分母的序数词的名词性特征。

王恒杰（2006）引用了下面这句话来说明分数表达法中序数词的名词性特征：

> It is one‑third that is very rich and two‑thirds that are very poor. People in the rich third, don't realize the enormous differences between them and the other two‑thirds.
>
> 世界上富裕的是三分之一的人，贫困的是三分之二的人。而那富裕的三分之一并不了解：他们与另外那三分之二之间存在着巨大的差异。

他认为，在概念内涵上，该句中的序数词 third（s）的含义是 third part（s）。在与基数词组合中，third（⅓）在这里可以看成一个分数单位（单元）。"⅓"是"一个三分之一"（1×⅓），即 one third。"⅔"是"两个三分之一"（2×⅓），所以是 two thirds。从词性和句法功能上看，该序数词 third 在句中有单复数之分，可以和冠词（a third，the third）、形容词（rich，other）、介词（in，between）连用，还可以用定语从句加以修饰。这些特点说明，此处 third 已完全名词化了。因此，他认为英语分数由下面两部分构成：表整个分数的系数的基数，以及表分数单位（单元）的名词。

也就是说，因为英语分数表达法中做分母的 third 等词具有很多名词的特征，王恒杰（2006）因此认为它们不是序数词而是名词。

本书认为这些序数词是表达数值为"1/序数词对应的基数"的意义，是表数的，仍然是数词性质。只是这个序数词的形式能使它区别于与它相对应的基数词，例如，one third 中的 third 用的是序数词形式，就使它与 one three（一 三）区别开来。而且，尽管分数表达法中的序数词具有名词性质，但不能因此就说明它是名词，因为其他的数词也可以具有名词性质。实际上，很多数词都具有名词的功能，尤其是大数值系位结构就是很好的例子，例如，the second hundred（第二百）中的 hundred 的名词性就很强，他所讨论的 third 的特征，hundred 都有，但是人们不会因此就认为 hundred 是名词，只会认为它是数词，不过名词性很强。

综上所述，本书认为，英语分数表达法中做分母的 third、fifth、tenth 等词尽管名词性很强，但仍然是序数词，其数值意义是"1/序数词对应的基数"。

这解释了为什么能出现只有分母而没有分子的情况。例如：

Access time（the time taken to get information out of the memory）was reduced from *thousandths* to *ten*, even *a hundred thousandths* of a second...① 访问时间（从储存器中获取信息的时间）从千分之几秒降到了万分之几秒甚至是十万分之几秒。

这个句子中的 thousandths、ten thousandths、a hundred thousands 分别表示"千分之几秒、万分之几秒、十万分之几秒"。它们都是分母，没有分子。之所以能够这样使用，正是因为序数词的数词性质以及它们表示"1/序数词对应的基数"的表意功能。

三 分数表达法结构比较

下文将分别比较英语和汉语中的一般分数表达法和分数特称表达法。

（一）一般分数表达法的比较

1. 意义与结构的关系比较

英语用三种不同的结构表达分数的"份额""部分"和数学表达式的读法这三种意义，而汉语中只用一种结构表达（尽管古今分数表达法有一些差别，但大体结构是一致的）这三种不同的意义。这从结构上反映

---

① 转引自项志强《英语分数词表示法与译法》，《中国翻译》1995 年第 1 期。

出了"英语是形合语言，而汉语是义合语言"的一贯特征。

2. 结构比较

从组成元素来看，英语和汉语中的分数表达法都可以有分子、分母和连接分子分母并表达两者关系的成分。两种语言中也都存在只用分子和分母表达分数的情况。

从元素的顺序来看，汉语分数表达法：分母在前，分子在后，关系成分在中间。反映汉民族的整体先于局部、集体先于个体、先背景铺垫的文化和思维特征。

英语分数表达法：分子在前，分母在后，关系成分在中间。反映英语突出描述主体、先说新信息的一贯特征，进而反映英语国家的强调个体、图像优先、表达信息直接的文化和思维特征。

3. 组成成分性质比较

从组成元素的语义和语法性质来看，英语和汉语有差异。英语中可以用序数词做分母，而汉语中都是基数词。就关系成分来说，英语的不同分数表达法中的关系成分通常是介词，而汉语的"之"是助词。汉语中的"分"在英语的一些结构中有相应的成分 part，但 part 可以有复数，"分"始终不变。

4. 语义重心位置比较

英语的分数表达法的语义重心在前面，而汉语分数表达法的语义重心在后面。

5. 分母形式比较

从分子数值的单、双、复的属性对分母的形式的影响上来看，英语的第一种分数表达法中，如果分子的值大于一，分母用复数形式。而汉语的分数表达法没有单复数形式的变化。

（二）分数特称比较

汉语的分数特称有：表示"½"的"半"，表示"1/10"的"成"。李明晓（2002）所提到的"参"和"驷"在现代汉语中不再使用，因此不列入讨论范围之内。

英语的分数特称有：表示"½"的 half，表示"¼"的 quarter，表示"1/100"的 percent。

1. 汉英分数特称比较

（1）"半"

"x 半"是汉语分数特称，表示"x 个 1/2"的含义。

邢福义（1993a，1993b）就"半"的语义和语法属性做了深入、全面的研究。他认为：首先，"半"既可以是数词又可以是量词。当它同量词结合使用的时候，数量框架把它规约为数词；当它同数词结合使用的时候，数量框架把它规约为量词。例如："半根"中的"半"是数词，"一半、两半"中的"半"是量词。"半"做数词时，在数词系统中是无次第数词，只用于统数，不具备跟"第"组合的功能，不能作为"数+数"结构中的第一个数。从表意上说，"半"即"二分之一"，是有定统数词，一般跟物量词组合，且其组合对象必须是表示跟确定数量或确定实体相联系的可二分单位的量词（如，可以说"半打""半点"，而不能说"半群""半些"）；"半"一般也不跟动量词组合（如，不能说"半下""半次"），但在对情况作否定性强调的场合，"半"可同任何量词组合成超常搭配现象（如可说"我半次也没去过！"）。其次，有的时候"半"字单用，跳出了数量结构的框架，脱离了数词和量词的规约。这时，"半"的词性处于"数量混沌"的状态。如"房门半开"中的"半开"，如果理解为"开了二分之一"，"半"似乎是数词；如果作开了一半解，"半"似乎又是量词。这里的"半"似数似量，可数可量，即数量混沌现象。从总体上看，数量混沌的"半"偏向于数词，可以在承认它属于数量混沌现象的前提下算作数词（邢福义，1993a、1993b）。

  本书认为，"半"之所以"在数词系统中是无次第数词，只用于统数，不具备跟'第'组合的功能"（邢福义，1993a），正是因为它是分数特称。汉语分数表达法的概念含义是把一个整体分成几等份然后取其中的 x 等份，既然是等份，所以没有次第之差。同时，作为分数特称，它的结构是"x 半"（x 的值通常只能是 1 或者 2，且这个值是 1 的时候，x 可以省略），因此它一般"不能作为'数+数'结构中的第一个数"（邢福义，1993a、1993b）。

  但是"'半'不能作为'数+数'结构中的第一个数"的观点并不完全正确。因为存在着一个特例"半百"。它的语形结构是邢福义（1993a）所说的"数+数"结构，语义结构可以认为是"系数词×位数词"，这类情况属于本书第四章第二节所讨论的分数特称做乘数。

  "半"作为数词时，是"有定统数词，一般跟物量词组合，且其组合对象必须是表示跟确定数量或确定实体相联系的可二分单位的量词"（邢福义，1993b)，也是由于"半"作为分数表达法的属性。因为分数表达法要"把一个整体分成几等份"，那么与表达"二分之一"的"半"组合的物量词就必须具有以上特征。

另外，"半"为什么能够作为分数特称表示"二分之一"呢？

汉语中可以用"半"作为特称表示"二分之一"，是源于"半"表示"把事物分成两等份"的意义。古汉语中"半"就表达这个含义。《说文解字》中对"半"的解释是"半，物中分也。从八从牛。牛为物大，可以分也"。如：

a. 噫！亦要存亡吉凶，则居可知矣。知者观其象辞，则思过半矣。二与四，同功而异位。(《周易》)

b. 今又杀臣之父及七舆大夫，此其党半国矣。君若伐之，其君必出。(《国语》)

英语表达"1/2"只能用"a/one half"，但汉语中既能用"二分之一"又能用"(一)半"，是因为汉语和英语分数表达法中分母的语义和语法性质不一样。汉语中分母是基数词，表达的就是基数词本身的意义，而不像英语需要用表示"1/序数对应的基数"的序数词来做分母。

"半"和half一样，都能够省略前面的系数单用。例如："半打，半车；half load, half box"。原因是：其一，因为两个词本身就表示"½"这个数值。其二，因为"一个整体分成两等份之后，取其中的一份"就是"一半"或"a/one half"，"取其中的两份"就是"1"了。省略前面的系数"1"不会引起歧义。其三，因为单用时不像其他的分数表达法的分母单用时表达其他的意义。例如，"x成"中的"成"如果省掉系数，就不再是表达"十分之一"的意义了。"one third"中的"third"如果省掉系数，除非有很严格的语境因素限制，就表示"第三"，不再是"⅓"的含义了。

(2)"成"

"x成"是分数表达法，这在学界没有异议。但是，关于"x成"结构中的"成"的属性看法不一。

刘月华、潘文娱(2001：117-122)认为它是分数，意思是"十分之一"。例如，"今年的蔬菜比去年增加了三成。"张谦亨、顾振彪(2000：

63）对这个结构中的"成"的解释是"<数>总体的十分之一",例如"增产一成"。有人却依据朱德熙（1982：48）给量词下的定义"量词是能放在数词后头的黏着词"而认为"成"是量词,因为它总是用"一成""两成""三成"等格式表达数目。例如,郭先珍（2002：19-20）把"成"看作名量词,"计数量的增减","十分之一"叫"一成",例如"增产三成/减收两成/七成新//……三成回扣/八成新/十有八成是假话"。李荣、刘丹青（2002）所主编的《现代汉语方言大词典》中对"成"的定义存在矛盾之处：其中的《苏州方言词典》分册和《福州方言词典》分册,都把"成"归入"数字等"。《苏州方言词典》分册的解释是"十分之一叫一成,十分之二叫二成,依此类推：三成/六成/九成/十成"。在《福州方言词典》分册中解释"十分之一叫一成：有八成把握"。但是,《南京方言词典》分册和《扬州方言词典》分册,又都把"成"归入"量词"。《南京方言词典》分册明确说：成是量词,表示十分之一。例如,一成、三成、四成、六成、九成（李荣、刘丹青,2002）。这些分册的语言用例是一致的,并没有体现出数词和量词的差别,却在不同的地方把它界定为不同的性质。

李宇明（2000）认为,"成"是一种计量单位,其最基本的功能是帮助数词计数或排序,同时,它具有明显的数的意义,因此认为它是一个数量量词。他还指出,现代汉语的语法规则要求,除度量衡量词之外的一般量词后面,不允许再出现数词。除开"半"这个特殊的数量混沌的词之外,"三成""四成"后面不能再出现数词。这进一步证明了"成"的量词性质。

本书认为在这个结构中,"成"是称数法的构成成分,性质较接近数词,因为它在这个结构中本身就表示数目,其数值是"十分之一"。它的用法是"系数词+成",与"打"一样,在"x 成"的结构中,系数"x"的性质就像系位结构中的系数一样,表示有几个"成",而"成"像系位结构中的位数一样表达数值的单位数目。

从跨语言比较的角度来看,"x 成"中的"成"和英语中的 one tenth 一样,具有相似的意义、结构和语法属性。首先,意义都是表达"十分之一",结构都是前面加系数词（只是英语中当系数的数值大于"1"时,tenth 用复数）,语法属性都是与系数词一起构成分数表达法,在句子中充当称数法所能充当的角色。

那么,"成"为何能够表示"十分之一"呢?考察了古代汉语文献之后,本书发现"成"在古代汉语中表达"就"(《说文解字》)、"毕"(《广韵》)等多种含义。与数的概念相关的有两个:

第一个含义:"成事品式著于簿书文券可以案验者。"古代典籍对这个含义的"成"的解释如下:

a. 掌士之八成。(《周礼·秋官·士师》)
b. 八成者,行事有八篇,若今时决事比也。(郑玄注《周礼·秋官·士师》)
c. 成,邦之八成也。(《礼记·缁衣》)
d. 八成与后文岁会、月要、日成之成义同,谓成事品式著于簿书文券可以案验者。(《周礼·天官·小宰》)

第二个含义:"方十里为成。"古代典籍对这个含义的"成"的解释如下:

a. 方十里为成。(《左传·哀公元年》)
b. 井十为通,通十为成。(《周礼·地官·小司徒》)
c. 通十为成,成方十里。(《孟子·梁惠王上》)
d. 通十为成,成方十里,成税百夫,其田万亩。(《诗·小雅·甫田》)

从这两个含义中可以看出"成"的最初意义与"十分之一"没有关系。"八成"原指所有"邦之"八种"成事品式著于簿书文券可以案验者"。"一成"原指"八成"之一。

这说明"x 成"能够成为不同于一般的分数表达法的分数特称,是因为汉语内部的词汇意义的发展。

(3) half

为什么英语中表示"二分之一"只能用(a/one) half 而不能像其他的分数一样遵循"1/序数词"的结构用 one second 表达呢?上面已经讨论到,一般的英语分数表达法中的分母是序数词,其数值意义是"1/序数词所对应的基数词",那是因为英语中 third 以及以上的序数词具有"可分割整体的 n 等份之一……"的意义。但是，表达"可分割整体的两等份之一……"的含义的词不是 second 而是 half。因此，在英语中，把一个整体分为两等份是 two halves，其中一份是 a（one）half。

Greenberg（1978：261）的观点说明了英语中的这一现象不是特例，而是一个普遍性的语言现象。该文认为"1/2"几乎表达为一个简单数词，其词义一般源自"切分""分开"或类似的意义。即使在分数表达非常完整的语言中，把 half（半）表达为 one second（二分之一）的情况也非常少。他的结论是普遍性的，只有汉语等极少数的"½"既可以用词化的特称表达又可以表达为"二分之一"。

（4）quarter

quarter，14 世纪借自古法语中表示"任何事物的四分之一"的 quartier、拉丁语中表"第四部分"的 quartarius 和表"第四"的 quartus。最早的含义是"刑罚中被肢解的身体部分"。15 世纪开始用在 first/last quarter moon 中表示"上/下弦月"，16 世纪 90 年代用来表示"一刻钟"。用 quarter 来表示"二十五美分"的硬币是美国特有的。据记录，这样的用法始于 1783 年。① 这些都是对 quarter 的"四分之一"含义的运用。正因为是借词，所以在英语中 one fourth 和 one quarter 表示"四分之一"的用法并存。

（5）percent

percent，16 世纪 60 年代借自现代拉丁语中表示"以百为单位的"的 per centum。该词中的 cent 早在 14 世纪晚期就已经从拉丁语中的 centum 借用过来表示"百"。16 世纪 80 年代 per 从拉丁语中借入，用来表示"每"。percent 就发展到了"每百分之中的""百分之……"的意义，不过它在 20 世纪之前通常被当作缩写并相应地在词尾加点。② 也因为 percent 是借词，在英语中后于 hundredth（14 世纪就已经存在）出现，所以在英语中 x percent 和 x hundredth（s）表示"百分之 x"的用法并存。

2. 汉英分数特称比较小结

汉英分数特称的情况可以总结如表 8.1 所示。

---

① 参考 Online Etymology Dictionary，http：//www.etymonline.com/index.php?allowed_in_frame=0&search=half&searchmode=none，2021 年 5 月 13 日。
② 参考 Online Etymology Dictionary，http：//www.etymonline.com/index.php?allowed_in_frame=0&search=half&searchmode=none，2021 年 5 月 13 日。

表 8.1　　　　　　　　　　汉英分数特称

数值	½	¼	1/10	1/100
英语分数特称	a/one half	a/one quarter		one percent
汉语分数特称	（一）半		一成	
不同于其他分数表达法的原因	"second" 没有"两等份之一"的意义 "半"具有"两等份之一"的意义	借自其他语言的借词的影响	语言内部词汇意义的发展	借自其他语言的借词的影响

比较两种语言的分数特称，可以发现，它们的分母要么数值较小，要么就是与数词基的数值相关，其中，两种语言都有表达"½"这个数值的分数特称。同时，成为分数特称而不同于其他规则的分数表达法都是有一定原因的，通常是由于来自其他语言的借词的影响或者语言内部词汇意义的影响以及词汇意义的发展。

四　不同语言分数表达法结构类型推演

根据以上对汉英分数表达法的比较，可以对不同语言的分数表达法的类型进行初步的推演。

从分数表达法的构成结构、构成成分及顺序来看，分数表达法至少存在以下几种类型：（1）分子+关系成分+分母；（2）分子+分母；（3）分母+关系成分+分子；（4）分母+分子；（5）分数特称。

从表达的意义角度来看，分数表达法至少有以下几种类型：（1）表达"份额"的意义；（2）表达"部分"的意义；（3）表达数学分数的意义。

同时，这些类型还可能有以下分布特征：

1. 有称数法的语言中都有分数表达法。
2. 有分数表达法的语言中都有超过一种分数表达法。
3. 有分数表达法的语言中都有规则的分数表达法。
4. 规则的分数表达法可能有典型形式和非典型形式之分。
5. 在有语法数的屈折变化的语言中，典型形式的分数表达法的分母一般用复数。
6. 作为对数学分数的语言"翻译"的非典型分数表达法中，分母通常不用复数形式。

7. 每种语言中都有分数特称。

8. 每种语言中都有与½相应的分数特称。

9. 除开½之外，每种语言中的分数特称都是由于其他语言的影响或者本语言的语言、文化因素的影响。

10. 分数特称的分母要么数值较小、要么与该语言的数词基相关。

11. 分数表达法有分子、分母和连接分子分母的关系成分三种组成元素。当语境条件许可时，分子或分母可以省略。关系成分不是必然要素，典型的分数表达法在不造成歧义的情况下可以没有关系成分。

12. 没有关系成分的分数表达法通常存在于有语法数的屈折变化的语言中。

13. 没有关系成分的分数表达法中必有一部分表示"x 等份"。

14. 分子、分母和关系成分的顺序排列可以有下列类型：

a) 分子+关系成分+分母

b) 分子+分母

c) 分母+关系成分+分子

d) 分母+分子

以上是在比较汉语和英语的分数表达法的基础上所作出的十二个推测，其目的是对不同语言分数表达法的结构类型研究进行思路和结论方面的探索，需要放到更多语言中去验证并加以调整才能成为准确性较高的类型研究结论。

第三节　汉英倍数表达法结构类型比较

从意义上来看，倍数表达法表达的是数与数之间的关系，描述对象是可以计量的事物。我们可以从语言实例中看出它们的"数"性以及表达相对数量关系的属性。先看下列例句：

(24) a. 你的书的数量是我的书的两倍。
　　　b. 你的书是我的（书的）两倍？
　　　c. 你的书是两倍。*

(25) a. 外语学院今年比去年科研量增长了一倍。
　　　b. 外语学院今年比去年增长了一倍？

c. 外语学院增长了一倍。*

（26）a. 论资源，辽宁是山东的两倍。

b. 辽宁是山东的两倍？

c. 辽宁是两倍。*

（27）a. Tom is *twice* as old/quick/tall as Jimmy.（我是你的一倍大/快/高。）

b. Tom is *twice* as Jimmy. *

c. Tom is *twice*. *

（28）a. The size of the country has *doubled*.（这个国家的疆域扩大了一倍。）

b. The country has *doubled*. *

（29）a. The average hotel occupancy rate increased *threefold* to over 60 percent this month.（酒店的平均入住率上升了三倍，本月已达百分之六十以上。）

b. The hotel increased *threefold*. *

在以上汉语例句中，每一组的 a 句都成立，b 句要在语境提供了足够的信息的情况下才能成立，而且补充的信息要是数量或者能够用数量衡量的对象才可以。如 24b 在不同语境中可以理解为："你的书是我的书的两倍那么多/厚/贵……" 24c 句也都不成立。英语的例句也是如此，例 27—29 中每一组的 a 句都成立，b 句和 c 句都不成立。

在这六组例句中，每一组的 a 句中比较的对象都是表示数量、表示具有可以用不同程度衡量的某种特征或者本身有不同的"度"的事物，如"数量、科研量、资源、old、quick、tall、size、rate"等，而每一组的 b 句比较的对象，尤其是"外语学院、辽宁、山东、Tom、Jimmy、country、hotel"等，都是实体名词，都不表示数量、特征或者"度"。c 句则不是两个对象之间的比较，只有一个描述对象。

既然这六组例句都是与倍数相关，接下来继续考察倍数的定义。数学中的倍数定义是：对于整数 m，能被 n 整除（m/n），那么 m 就是 n 的倍数。从这个定义可以看出，倍数表达的是数与数之间的数值关系，因此不能把一个数单独叫作倍数，只能说谁是谁的倍数。相应地，作为倍数的语言表达的倍数表达法，是用一定的语言形式表达数与数之间的成倍的数值关系，而且这两个数在这个语言形式所处的语境中都要体现出来。

因此，这些例句中，a组成立，b组和c组都不成立，究其原因，是因为作为倍数表达法的"两倍"的语义和结构要求。

这一节将对汉英倍数表达法进行比较，并对不同语言倍数表达法的类型进行推测。目前国内对汉语的倍数表达法的研究是关于倍数表达法本身的，例如，"基数词+倍数"。但是对英语的倍数表达法的研究，却通常是关于经常与倍数表达法捆绑使用的短语或句子结构的，例如："be+倍数词+than that of+被比对象"和"be+倍数词+as...as+被比对象"。这种不对等是不合理的，与倍数表达法同现的结构不是倍数表达法本身。目前国内学界出现这种不合理的理解，究其原因，还是因为倍数表达法对句子结构的要求，尤其是对形式化程度较高的语言中的句子结构的要求，使得这些结构已经固定下来，使人误解它们就是倍数表达法本身。

为了使比较的对象对等，也为了进一步廓清真正的倍数表达法，本书所比较的对象确定为"三倍、百分之三百、两番、二八（十六）、threefold、double、twice"等表达倍数概念的语言形式。

一　汉语倍数表达法

（一）汉语倍数表达法的类型

1. 古汉语倍数表达法类型

（1）基数词+倍。如：

a. 贵酒肉之价，重其租，令十倍其朴，然则商贾少，农不能喜酣，大臣不为荒饱。（《商君书》）

b. 敛积之以轻，散行之以重，故君必有十倍之利，而财之横可得而平也。（《管子》）

（2）系数词$_1$+系数词$_2$。如：

a. 因而六之，六六三十六，故三百六十音以当一岁之日。（《宋书·历志上》）

b. 三五容色满，四五妙华亏。（《中兴歌》）

(3) 基数词+之。如：

　　a. 术（衍）曰：取七斗者十之，得七石，七日亦负到官，即取十日典七日并高法，（七石高实，实）如法得一斗。（《算数书》）
　　b. 因而六之，六六三十六，故三百六十音以当一岁之日。（《宋书·历志上》）

(4) 基数词$_1$+而+基数词$_2$+之。如：

　　a. 凡听角，如雉登木以鸣，音疾以清。凡将起五音凡首，先主一而三之，四开以合九九，以是生黄钟小素之首，以成宫。（《管子》）
　　b. 通乎天气，故其生五，其气三。三而成天，三而成地，三而成人。三而三之，合则为九，九分为九野，九野为九藏。（《黄帝内经·素问》）

(5) 单用单个基数词。如：

　　a. 大国地方百里，君十卿禄，卿禄四大夫，大夫倍上士，上士倍中士，中士倍下士，下士与庶人在官者同禄，禄足以代其耕也。（《孟子·万章下》）
　　b. 故用兵之法，十则围之，五则攻之，倍则分之。（《孙子·谋攻》）

(6) 单用"倍"表示"一倍"。如：

　　a. 今又倍地而不行仁政，是动天下之兵也。（《梁惠王下》）
　　b. 求也为季氏宰，无能改于其德，而赋粟倍他日。（《离娄上》）

(7) 用"蓰"表示五倍，用"倍蓰"的结构，不单独使用。如：

a. 夫物之不齐，物之情也；或相倍蓰，或相什伯，或相千万。（《孟子·滕文公上》）

b. 不能憗百年之期憗，所以谓之尽性也。世有童年早慧，诵读兼人之倍蓰而犹不止焉者，宜大异于常人矣。（《文史通义》）

（8）"什伯，千万"表示"十倍，千倍"。如：

a. 夫物之不齐，物之情也；或相倍蓰，或相什伯，或相千万。（《孟子·滕文公上》）

b. 物价之不齐也，自古而然。不意三十余年来，一物而价或至于倍蓰什百，且自贵而贱，自贱而贵，辗转不测，不知何时而始。（《阅世编》）

在这八种倍数表达法中，第一种目前在现代汉语中是最常用的表达法。第二种表达法在较文艺的写法中还偶有使用。例如，"如雪中红梅、雨后春笋、鹰击长空、鱼翔浅底、初生牛犊、二八少女，都可以说是生意盎然的象征"① 中的"二八"。后面六种表达法在现代汉语中都不再使用。

2. 现代汉语倍数表达法类型

现代汉语表示数量增加用倍数表达法，数量减少用分数，不用倍数。倍数表达法的类型与古代汉语相比大大减少。常用的类型有下面几类：

（1）基数词+倍。如：

a. 虽然它的个头与普通母鸡差不多，但下的蛋比鸡蛋大五倍，相当于体重的⅓或¼。（《中国儿童百科全书》）

b. 收取的提留款大大超过了这规定，已经比"百分之五"的比例多出了五倍还要多！（《中国农民调查》）

（2）百分之+基数词+百。

这种结构中，基数词的数值通常不大于九。如：

---

① 引自黄家同《散落京校的记忆碎片》，《黄家同文集——雪泥鸿爪的留言》，http：//www.frguo.com/grwj/read.asp？id=35488&userid=44117，2021年12月18日。

a. 因为 C.C 在英国两千四百多所私立中学中，排名非常靠前，也属于重点中学，历年来它的高考率升学率也是百分之百，而能够以优异成绩进入英国排名前十位的顶尖大学的深造者，竟然高达 89% 左右。(池莉《来吧，孩子》)

　　b. 杂志采访时，排除了今年冬季再次引进球员的可能性。他称，拜仁百分之三百不会在冬季联赛间歇期引进新球员。(新华社 2004 年新闻稿（004）(转引自北大语料库))

　　c. 增值额超过扣除项目金额百分之一百、未超过扣除项目金额百分之二百的部分，税率为百分之五十。(《人民日报》(1993 年 12 月，转引自北大语料库))

(3)（翻）+基数词+番。

这种结构只能与"翻"结合使用表示"是基数的 2^n 倍"，为了避免计算太复杂，通常这个 n 的值通常较小，可以是小数，大于九的用例极少。如下面的 a 句中的"（翻）一番"是两倍，即"是基数的两倍"，b 句中的"翻两番"是 2^2 倍，即"是基数的四倍"：

　　a. 8 月，中共中央召开北戴河会议，通过了建立人民公社和 1958 年钢产量比 1957 年翻一番的决议。这次会议对农业形势非常乐观，估计 1958 年粮食产量达到 6000 亿斤到 7000 亿斤……（《周恩来传》)

　　b. 中国房地产价格在未来 10 年会再翻两番，其理由是：第一，现在说中国房地产出现泡沫，是因为中国当前房地产价格上涨的速度没有同老百姓的收入增长同步，也就是说，当前中国老百姓的收入水平还远远达不到房地产快速增长的水平，因此……①

(4) 系数词$_1$+系数词$_2$。如：

　　如雪中红梅、雨后春笋、鹰击长空、鱼翔浅底、初生牛犊、二八

---

① 引自搜狐 bbs，http://club.sohu.com/read_elite.php?b=enjoy&a=9912848，2021 年 12 月 18 日。

少女，都可以说是生意盎然的象征。①

(二) 汉语倍数表达法的类型以及发展特征

1. 古汉语倍数表达法的旧类型以及消失的原因

总体看来，古汉语的八种倍数表达法可以分为四类：第一类是数量结构（上面所列举的第一种倍数表达法）；第二类是数数连用，前者做倍数后者做基数（第二种表达法）；第三类是数词或量词活用为动词（第三、四、五、六种表达法）；第四类是特称（第七种和第八种表达法）。

比较古汉语和现代汉语中的倍数表达法，可以发现，古汉语中的八种表达法只留下了"基数词+倍"以及"系数词$_1$+系数词$_2$"两种，而且后一种的用例也非常少了，只有在很文艺的写法中才运用，实际上不是现代汉语倍数表达法的类型而只是古汉语倍数表达法的遗留。

考察古汉语中倍数表达法的消失的原因，大致有以下几类：

(1) 古汉语词汇义项使用频率降低。"基数词+之"和"基数词$_1$+而+基数词$_2$+之"这两种结构的消失就有部分是因为这个原因。其中的"之"是虚用，无所指。目前仍然表达这个意义的就只有"久而久之"等古汉语中保留下来的固定表达了。

(2) 古汉语语法中词类活用的消失。其中，单用单个基数词和单用"倍"表示"一倍"两种倍数表达法在古汉语中是数词活用为动词。随着这种词类活用的消失，这两种倍数表达法也消失了。

(3) 古汉语用词消失。表示"五倍"的"蓰"在现代汉语中很少见到用例，但是在清代及其以前较多。在北大语料库所收集的"蓰"的用例在清代及其以前的作品中有 139 例，其中表示"五倍"的有 127 例，而现代汉语中"蓰"的用例只有 4 例，而且都是出现在文言文式的文学作品之中。

(4) 原有的倍数表达法在古代汉语中本身就不是固定的用法，而只是某个作品中的个别用法。如，"什伯""千万"分别表示"十倍"和"千倍"的情况在古汉语中只在《孟子》中出现过，后世的相关用例都只是引用或模仿《孟子·滕文公上》中的"或相倍蓰，或相什伯，或相千万"。

---

① 引自黄家同《散落京校的记忆碎片》，《黄家同文集——雪泥鸿爪的留言》，http://www.frguo.com/grwj/read.asp? id=35488&userid=44117，2021 年 12 月 18 日。

（5）古汉语注重音律美，尤其是在文艺性作品中。这就是为什么上面的第二种倍数表达法会存在，而且多用于诗词、戏曲、小说等文艺性作品，在经、史、子等典籍中运用较少。但是，白话文更注重表意直接，因此第二种表达法也基本上消失了。

（6）中国古代文化重含蓄间接，而现代汉语的表达在一定程度上更直接。这就是为什么在古代汉语中经常用第二种倍数表达法或特称来表年龄，例如，"豆蔻、弱冠"等（当然用特称更多是为了表达特定年龄的特殊意义），而在现代汉语中极少使用。

白话文运动以后，文言文的使用越来越少，在现代汉语中，只有在极少的场合才偶尔用几句文言文。张中行（2007）指出，相对于白话文，文言文在用词方面"单音节词多，词用法灵活，有些零件性质的词文言没有"，在表达方面"重押韵"。古汉语倍数表达法的后七种类型分别体现了这些特征，相应地，随着文言文被白话文所替代，这些倍数表达法也消失了。这说明：

（1）称数法作为语言的子系统，反映整个语言系统以及语言系统中其他同级别子系统的总特征。

（2）随着语言系统的发展，称数法也在发生着改变。其改变也从一定程度上反映语言系统的发展。

2. 现代汉语倍数表达法的类型及其特征

现代汉语中的倍数表达法有四种。

其中，"系数词$_1$+系数词$_2$"这种表达法中的两个数一般是不相邻的个位数。前面的数表倍数，后面的数表基数，而且前面的数小，后面的数大。同时，因为这种结构表达的数值是两个数的乘积，因此所表示的只能是非质数。多用于诗词、戏曲、小说等文艺性作品，在经、史、子等典籍中运用较少，且多用来表年龄。这种结构在现代汉语中已经很少使用，主要用于比较文艺的写法中或文艺作品中，可以认为是古代汉语倍数表达法的遗留。因此本书主要来看其他三种。

（1）基数词+倍

这种倍数表达法是现代汉语中使用最多的一种。除了"三倍""四倍""五十倍"等之外，还可以运用"三倍半""四个倍""三倍于……"等表达。

学界一般认为"倍"是量词。如《现代汉语八百词》就认为"倍"

是量词。(吕叔湘,1980:69)

朱德熙(1982)给量词下的定义是:能够放在数词后头的黏着词。根据这个定义,"倍"肯定是量词。但是,《现代汉语八百词》认为:量词的语法作用本来是使不可计数的事物变成可以计数的事物。根据这个定义,"倍"又似乎不是量词。朱德熙(1982)列举了七类量词:个体量词(如,本、张、头、匹),集合量词(如,双、套、群、批),度量词(如,尺、寸、斤、斗),不定量词(如,点儿、些),临时量词(如,"一碗饭"中的"碗"、"一口袋面"中的"口袋"),准量词(如,"两县"中的"县"、"三站"中的"站"),动量词(如,趟、次、遍)。"倍"似乎不属于这七个中的任一类。同时,"三个倍""面对三倍于己的敌军"等表达法也表明"倍"有别于典型的量词。

该怎么解释这种状况呢?

首先,本书认为,"倍"是量词。李宇明(2000)把量词定义为一种计量单位,其最基本的功能是帮助数词计数或排序。他认为,除了"成、打、倍、对、双、半"等有明显的数意义之外,系列量词、复合量词以及一些群体量词,都含有某种数意义。因此,他把这类量词称为数量量词。他还指出,现代汉语的语法规则要求,除度量衡量词之外的一般量词后面,不允许再出现数词。除开"半"这个特殊的数量混沌的词之外,"一倍""两倍"后面不能再出现数词。这进一步证明了"倍"的量词性质。

其次,"倍"的前面能够加"个"这个量词,是因为"倍"的意义的特殊性。李宇明(2000)讨论了量词与数词、名词的扭结,其中提到了"倍""成""半"等。他指出:"倍"是以一定的数量作为量词,它本身就含有数意义,它的原义是"跟原数相等的数"。正是因为"倍"的原义,使它可以构成"三个跟原数相等的数"的结构,即"三个倍"。

再次,"基数词+倍"能够用在"于……"之前构成一个比较结构,而其他的数量结构不能这样使用,是因为它是一个倍数表达法,本身表达的是数与数之间的关系,它的存在本身就预设了语境中所存在的比较关系,因而可以用于比较结构。

(2)(翻)+基数词+番

与古代汉语的倍数表达法相比,现代汉语倍数表达法中新增了"(翻)+基数词+番"以及"百分之+基数词+百"两种。

根据北大语料库的相关语料，"（翻）+基数词+番"在古代汉语中没有，在现代汉语中的使用始于 1958 年 8 月。当时，中共中央政治局扩大会议上提出钢铁产量"翻一番"的决议，就是要从 1957 年的 535 万吨，达到 1958 年的 1070 万吨。尽管对"翻一番"很容易理解，但是目前对"番""翻两番""翻三番"等的理解不一，因此有必要考察清楚。

《现代汉语词典（第二版）》对"番"的解释是：

量词。②回；次；遍：思考一~｜几~周折｜三~五次｜翻了一~（数量加了一倍）。

《现代汉语词典（第三版）》的解释相似，只作了细微的调整：

量词。（2）回；次：思考一~｜三~五次｜翻了一~（加倍）。

《汉语大辞典》认为"番"也有同样的义项：

量词。回；次。南朝宋刘义庆《世说新语·文学》：于是弼自为客主数番，皆一坐所不及。《西游记》第五十九回：行者收了铁棒，笑吟吟地道："这番不比那番！任你怎么掮来，老孙若动一动，就不算汉子！"

但是《汉语大辞典》认为"翻几番"中的"番"并不属于以上这个义项，而是：量词。倍。胡耀邦《全面开创社会主义现代化建设的新局面》："从一九八一年到本世纪末的二十年，我国经济建设总的奋斗目标是，在不断提高经济效益的前提下，力争使全国工农业的年总产值翻两番。"

综合以上释义，可以发现，这些词典尽管对"翻两番"中的"番"是量词没有异议，但是对它到底是表示"回、次"还是"倍"的意见不一致。这说明了目前对它的看法还不一致。下面运用语言实例来考证它的意义。

　　a. 2003 年，中国国内生产总值（GDP）规模已经达到 11 万亿元（约 1.33 万亿美元），并预计到 2020 年翻两番，达到 4 万亿美元以上。[新华社 2004 年新闻稿（001）（转引自北大语料库）]

　　b. 2000 年，国内生产总值达到 117.46 亿元，比 1995 年翻一番，比 1990 年翻两番，相当于和平解放前的 30 余倍。[《中国政府白皮书：西藏的现代化发展》（转引自北大语料库）]

　　c. 胡锦涛说，中国已经明确了本世纪头 20 年的奋斗目标，这就是全面建设惠及十几亿人口的更高水平的小康社会，到 2020 年实现国内生产总值比 2000 年翻两番，达到 4 万亿美元，人均国内生产总值达到 3000 美元，使经济更加发展、民主更加健全、科教更加进步、文化更加繁荣、社会更加和谐、人民生活更加殷实。[新华社 2004 年新闻稿（002）（转引自北大语料库）]

这四个语料的最初来源都是政府的报告和计划，因此较能反映"番"的真正含义。从 a 句中的"翻一番……从……535 万吨，达到……1070 万吨"可以判断："翻一番"是指"（达到基数的）两倍"。从 b 句中的"约 1.33 万亿美元……翻两番……达到 4 万亿美元以上"可以判断："翻两番"是指"（达到基数的）四倍"。c 句和 d 句中的"2000 年，国内生产总值达到 117.46 亿元"，"2020 年实现国内生产总值比 2000 年翻两番，达到 4 万亿美元"也可以看出"翻两番"是指"（达到基数的）四倍"。

因此，"番"并不是"倍"，而更接近于"回、次"。"翻一番"是"翻一次"，即"（基数的）两倍"；"翻两番"是"翻两次"，即在"翻一番"所得到的数（即基数的两倍）的基础上再"翻一次"，也就是"（基数的）四倍"。

（3）百分之+基数词+百

百分数表示倍数是一种特殊形式的倍数表达法。因为从结构说来，百分数是分数表达法。但是由于其在表达倍数的时候，分子的值超过了分母的值，与分数表达法的概念不相符，因而不再属于分数表达法。所以本书可以认为百分数有两种，当分子的值小于分母时是分数表达法，当分子的值等于或大于分母时，是倍数表达法。

这种结构做倍数表达法时，基数词通常小于九。表达 200%时，只能用"百分之二百"而不能用"百分之两百"。这种倍数表达法通常用来表达夸张强调倍数的情况（如：他说的话我百分之二百不相信），或者用在科技文章中，或者表达不是整倍的情况。表达不是整倍的情况时后面要再接数词，如，百分之四百三十六、百分之七百八十三。如果所接数词是位数词为"十"的系位结构，位数词"十"常省略。如，百分之三百五（十）、百分之二百四（十）。

二 英语倍数表达法

英语的倍数表达法有下列四种：

1. 基数词"times"

如，two times（两倍，也可写成 two times），three times（三倍，也可写成 thrice），four times（四倍），nine times（九倍），hundred times（百倍），等等。

2. 基数词+fold/基数词-fold

如，twofold/two-fold（两倍），threefold/three-fold（三倍），fourfold/four-fold（四倍），ninefold/nine-fold（九倍），hundredfold/hundred-fold（百倍），等等。

3. 基数词词根"uple"

如，double（两倍），treble/triple（三倍），quadruple（四倍），nonuple（九倍），等等。

前两种表达法是英语本族语中就有的，既可以做名词又可以做形容词和副词；后一种表达法由 14 世纪后期借自拉丁语，可以做动词、形容词和副词。第三种表达法一般只能表达到"十倍"，与其他的倍数表达法的对应如表 8.2 所示。

表 8.2　　　　　　　英语两种倍数表达法对照表

	n times	nfold/n-fold	-uple
一倍			once
两倍	twice（two times）	twofold	double
三倍	thrice（three times）	threefold	treble（triple）
四倍	four times	fourfold	quadruple
五倍	five times	fivefold	quintuple
六倍	six times	sixfold	sextuple
七倍	seven times	sevenfold	septuple
八倍	eight times	eightfold	octuple
九倍	nine times	ninefold	nonuple
十倍	ten times	tenfold	decuple

4. 特称

英语中倍数表达法特称有：once、twice、thrice、double、treble/triple 等。相对应的都是"一倍、两倍或三倍"这些数值较小的倍数。

5. 百分数表达法

像汉语中一样，英语中也能把百分数用作倍数表达法，例如：two hundred percent（百分之二百）、three hundred percent（百分之三百）。英语中通常是用这种倍数表达法表达不是整倍的情况。表达不是整倍的情况时，系数仍然只用在 percent 之前，例如：two hundred and thirty percent（百分之二百三十）、three hundred and thirty-five percent（百分之三百三十五）。

三　倍数表达法结构比较

综观古汉语和现代汉语的倍数表达法，共有五类：第一类是数量结构（如：一倍、两倍）；第二类是数数连用（如：三五、二八）；第三类是基数词或量词活用（如：六之、一而三之、倍）；第四类是特称（如：蓰）；第五类是百分数（如：百分之三百）。

英语的倍数表达法也有五类：第一类是数量结构［如：four times（四倍）、six times（六倍）］；第二类是基数词加后缀［如：fourfold（四倍）、sixfold（六倍）］；第三类是基数词变体加后缀［如：quadruple（四倍）、sextuple（六倍）］；第四类是特称［如：twice（两倍）、thrice（三倍），double（两倍）、treble/triple（三倍）］；第五类是百分数［如：three hundred percent（百分之三百）］

两种语言中的类型的对应关系如表 8.3 所示。

表 8.3　　　　　汉英倍数表达法结构类型对应关系

汉语倍数表达法类型	英语倍数表达法类型
数量结构	数量结构
数数连用	基数词加后缀
基数词或量词活用	基数词变体加后缀
特称	特称
百分数	百分数

比较汉语和英语的倍数表达法，可以发现它们同中有异、异中有同。

1. 相似之处

都有数量结构、特称和百分数这三种类型。不过这三种类型并不是完全一样。

就数量结构类型的倍数表达法来看,汉语的数量结构"基数词+倍"中,"倍"没有复数形式,英语中的"time"在基数词的值大于"1"时要用复数形式。

就特称类型的倍数表达法来看,汉语的特称有"蓰""什佰""千万",在现代汉语中已经不再使用;英语的特称有:once、twice、thrice、double、treble/triple,这些都是数值较小的倍数,在现代英语中广泛使用。

就百分数类型的倍数表达法来看,两种语言在用百分数形式表示非整数倍数时有差异:汉语中的零数放在第二个"百"后,而英语中的零数紧接在整数后面并与整数一起都是放在 percent 的前面。

2. 不同之处

汉语中曾经有数数连用和数词或量词活用这两种倍数表达法,英语中没有。汉语中之所以曾经存在过这两种表达法是因为古汉语的单音节词多、词用法灵活、形体简短、缺少一些零件性质的词的特征(张中行,2007)。

英语中有数词加后缀和数词变体加后缀这两种表达法,但是汉语中没有。这是由英语的语言特征所决定的。因为英语是形式语言,常常用词缀表示某些词所共有的特征;它也是字母语言,常常用字母组合的细微区别表示同一词根在不同的词中所表达的意义差别。

不过,在现代汉语中,"基数词+倍"这个结构中的"倍"已经有词缀化的倾向。这是由于这个结构使用频率的增加,以及这个结构本身的稳定性所致。这在一定程度上体现了汉语的数量结构倍数表达法与英语的数词加后缀结构倍数表达法之间的相似之处。

四 不同语言倍数表达法结构类型推演

根据以上对汉英倍数表达法的比较,可以对不同语言的倍数表达法所存在的类型作出初步的推演。

不同语言倍数表达法结构至少有以下几个类型:数量结构,数数连用,基数词或量词活用,倍数特称,百分数,基数词加后缀。

同时,这些类型还可能有以下分布特征:

1. 有称数法的语言都有倍数表达法。
2. 有倍数表达法的语言中都有超过一种的倍数表达法。
3. 倍数表达法的形式中都有表示数目的成分(除了能省略"1"的情

况，如古汉语中的"倍"）。

4. 有倍数表达法的语言中都有"数+表'倍'的词"的倍数表达法。

5. 有倍数表达法的语言中都有特称倍数。

6. 有倍数表达法的语言中都有百分数倍数表达法。

7. 以上倍数表达法在不同语言中的地位都是由典型到次典型再到非典型，即按照典型性渐降的顺序可以排列为：

数+"倍"——→特称倍数——→百分数形式

8. 特称倍数通常都数值较小或者与该语言的数词基相关。

9. 有称数法的语言都有系数词变体。

10. 有屈折变化的语言中都存在"基数词/基数词变体+后缀"这种结构的倍数表达法。

以上是在比较汉语和英语的倍数表达法的基础上所作出的十个推测，其目的是对不同语言倍数表达法的结构类型研究进行思路和结论方面的探索，需要放到更多语言中去验证并加以调整才能成为准确性较高的类型研究结论。

第四节 汉英问数表达法结构类型比较

问数法是指询问数量多少的表达法，如："几、多少、how much、how many"等。关于它在称数法系统中的地位，学界观点不一。有些把问数与基数、序数并列，例如王力（1949）；有的认为问数词不是数词而是疑问代词，例如周彩莲（2002）；还有很多研究者把问数纳入概数的范围，例如郭攀（2004）把问数纳入约数的范围。牛岛德次（1995）和庄正容（1980）都认为有问数，不过前者称之为疑问数，后者称之为疑数。萧国政、李英哲（1997）认为一种语言的数词可分为表数数词（基数词）和表序数词（序数词）两大类。表数数词又可分为陈述数目多少的述数词（如：三、十五、三分之一、四十多万、五倍，等等）以及询问数目多少的问数词（如：几、几何、多少等）。

本书把称数法分成述数法和问数法，而不是像很多语言学家那样把称数法直接分为确数表达法（词）和概数表达法（词），因为既然"称数法（numeration），即语言中数目的表示法，就是关于数目的称说方法"（王力，1995：67；王力，1985：235），那么表达数目的表达法和询问数目多少的表达法都应该是称数法。而两者的区别先于确数表达法和概数表达法的区别，是因为不管数目是确定的还是不定的，都是表达数目的量，而问数法则是询问这个量的多少。因此，问数法不属于概数表达法，也不是与基数表达法和序数表达法并列的概念，而是与述数法并列作为称数法的下位概念。另外，之所以把"问数法"称为"问数法"而不是"问数、问数词、疑数、疑问数"，是因为它是询问数目的表达方法，不仅是词还可以是短语（如：how much、how many），不是存疑而是询问。本章将分别整理汉英问数法的类型，然后对两者进行比较，进而对问数法类型学特征进行不完全归纳推理。

一 汉语问数法

（一）古今汉语问数法

1. 古代汉语问数法

王力（1945：95–96）指出："古代的问数法是用'几'字……，关于距离、度量衡及时间的询问，古代用'几何'或'几许'。"不过，在考察了古代汉语语料之后，我们发现，古代汉语常用问数法有"几""几许""几何""几多""多少"等。如：

  a. 对曰："吾以靖国也。夫有大功而无贵仕，其人能靖者与有几？"（《左传》）
  b. 上问珠："库中仗扰有几许？"珠诡答："有十万仗。"（《宋书·顾深传》）
  c. ……曰："年几何矣？"……对曰："十五岁矣。"（《史记》，卷43）
  d. 日日进前程，前程几多路？（《白居易诗全集》）
  e. 又曰："士马多少？"答云："四十余万。"（《宋书·张杨传》）

这比王力先生所指出的多了"几多"和"多少"。同时，"几何"和"几许"的用法并不仅局限于对距离、时间等的询问，如上面的例句 b 和 c 分别是对人数和年龄的询问。再看如下例句：

a. 子胥兵马，欲至郑国三十余里，先遣健儿看郑国有几许兵马相敌。行至郑国，四城门牢闭。（《敦煌变文集新书》）

b. 夫子问小儿曰："汝知天高几许？地厚几丈？天有几梁？地有几柱？风从何来？雨从何起？霜出何边？……"（《敦煌变文集新书》）

c. 既微且尰，尔勇伊何！为犹将多，尔居徒几何！（《诗经》）

d. "夫民虑之于心而宣之于口，成而行之，胡可壅也？若壅其口，其与能几何？"王不听，于是国莫敢出言，三年，乃流王于彘。（《国语·周语上》）

e. 王曰："虢其几何？"对曰："昔尧临民以五，今其胄见，神之见也，不过其物……"（《国语》）

f. "若是则必广其身。且夫人臣而侈，国家弗堪，亡之道也。"王曰："几何？"对曰："东门之位不若叔孙，而泰侈焉，不可以事二君……"（《国语》）

g. 闲坐悲君亦自悲，百年都是几多时？（《唐诗三百首》）

h. 孟子说"知言"处，只有诐、淫、邪、遁四者。知言是几多工夫？何故只说此四字？盖天地之理不过是与非而已。（《朱子语类》）

i. "今师前后所与弟子道书，其价直多少？""噫！子愚亦大甚哉！乃谓吾道有平耶？诺。为子具说之……"（《史论·太平经》）

从 i 句可以看出，古汉语中存在"多少"做问数法的情况。同时，a 至 h 这几个句子中的"几何"和"几许"都可以用"多少"代替。这说明"几何""几许"和"几多"是相当于"多少"的问数法，它们可以用来对不定数量、抽象的事物和具体的事物进行提问。

"几何""几许""几多"与"几"的区别在于：

（1）"几何"和"几许"是双音节词，运用于需要达到音节平衡效果的情况；

（2）"几何"和"几许"可用于对抽象事物的数量进行提问，"几"常用于对具体事物数量提问；

（3）从使用的环境来说，"几何"和"几许"更多用于书面语。"几""几多"和"多少"的使用范围更广。

（4）"几"所提问的数量一般小于或等于 10；

（5）问数法后面如果有量词，一般不能用"几何"和"几许"而用"几"，因为"几何"和"几许"跟"多少"一样，可以用作提问数量对象和量词的合称。不管所提问的是什么对象的数量，时间也好距离也好，只要后面有量词，就不会是"几何"或"几许"，但可以是"几多""几"和"多少"。

2. 近代汉语问数法

田有成、曾鹿平（2000）总结了近代汉语常用的问数法："几多""几何""多少"等等。它们与古代汉语问数法基本相似。例如：

a. "汝离吾在外多少时邪？"曰"十年"。
b. 几多骏骑嘶明月，无限香车碾暗尘。
c. 二圣相去几何……如何超百亿？①

3. 现代汉语问数法

陈勇（2011）认为，现代汉语中，询问数量的询问词比较常见的有"几、多少、多、哪、何"等。但是笔者认为"哪"和"何"不是问数法，下文将解释持此观点的原因。

现代汉语中比较常见的问数法有"几、多少、多（+形容词）"等，在正式语体和标题中仍然使用"几许"和"几何"，"几多"也仍然有使用。

（1）"几"和"多少"

1）"几"

"几"是现代汉语中使用最多的问数法之一，可以直接询问事物、行为、动作等的数量。例如：

a. 她买了几双袜子？
b. 那个钟整点响几下？
c. 你去过上海几次？

---

① 三个例句都转引自田有成、曾鹿平《近代汉语数词表示法》，《延安大学学报》2000年第9期。

"几"可以重叠用于问年份（田有成、曾鹿平，2000）。不过，严格说来，"几几"并不是问数法，因为它提问的对象是具体的年份，而不是数量。例如下面的两个例句都是问的具体的年份，而不是多少年：

  a. 大炼钢铁是几几年的事？
  b. 你几几年到武汉的？

"几"还可以与其他的词一起构成"几×几×"的格式（陈勇，2011）。例如：

  a. 人们能否在不看钟表的情况下准确地说出时间过去了几分几秒？
  b. 医生问：他这个样子已经有几天几夜？
  c. 谁能够预料自己的人生将经历几沉几浮？

通常这些与之连用的词都是紧密相关的，要么是整零关系，如 a 句中的"分"和"秒"；要么是并列关系，如 b 句中的"天"和"夜"；要么是反义关系，如 c 句中的"沉"和"浮"。这种格式实际上是两个相同问数法的连用。

2）"多少"

"多少"也是现代汉语中使用最多的问数法之一。几乎可以用于对所有事物的提问，后面可加名词或量词，也可不加。例如：

  a. 你来武汉多少年了？
  b. 这辆车的最高时速可以达到多少？
  c. 要跟你说多少遍才能记住呢？

3）"几"和"多少"的区别

① "几"所提问的数量一般小于或等于 10，"多少"所提问的数值范围比"几"大[①]；同时，"几"所提问的对象通常是整数而非分数或小

[①] 王力先生在《汉语语法纲要》一书中指出，"'几'字往往只问十以内的数，或问零数。""'多少'则用于普通的问数。"

数,"多少"所提问的对象可以是整数也可以是非整数的数值。

②"几"不能询问数量,只能询问数(李宇明,1986),"多少"两者都可以。例如:

  a. 这个场地的面积是几平方米?
  b. 这个场地的面积是几?*
  c. 这个场地的面积是多少平方米?
  d. 这个场地的面积是多少?

这四个例句中,只有第二句不成立,正是因为"几"不能问数量,即它问数目时后面常接量词。

王力先生在《中国现代语法》一书中指出,"有时候,所问的事物是已知的,或是易知的,就只用'多少'来代替。这种事物往往是银钱之类"(王力,1985:236)。例如:

  a. 这一包银子一共多少?
  b. 王夫人来了,给她多少?

实际上,仍然是由于"几"是问数,而"多少"可以问"数+量"。如例句 a 可以换成"这一包银子一共几两?"例句 b 可以换成"王夫人来了,给她几百大洋?"这样换用"几"以后也都是成立的。

就这一点,王楠(2010)对不同语料进行统计分析得出了较可靠的结论:

  a. 表疑问且问动量时,"几"不能缺省动量词,与此情况不同的是,"多少"在绝大多数情况下后面不能缺省动量词。

  b. 表疑问且问数量的时候,"几"不能省略物量词,而"多少"后面的物量词可有可无。

③"几"能对小于"万"的位数(即低位位数词)的系数进行提问,如:"他几十岁?""你有几千块钱?"但是"多少"不可以,"多少十""多少百""多少千"这些表达都是错误的,只有在"万"及其以上(即高位位数词)才可以,如"多少万""多少亿""多少兆"这些可以。

④如前所述,"几"可以与其他的词一起构成"几×几×"的格式做

问数法，但"多少"不可以。

⑤"几"可以嵌入分数表达法中对分数进行提问，如：1厘米是几分之几米？"多少"无此用法（李宇明，1986）。

(2) "多"（+形容词）

"多"也能询问数量，但是它后面只能接形容词。"多+形容词"格式问事物、动作或行为等的某一个属性或特征的数目。例如：

  a. 这个窗台多宽？
  b. 高铁有多快？
  c. 人类最高可以跳多高？
  d. 老人家，您多大岁数了？

(3) "几多"

"几多"在现代汉语中的用例也较多，它的用法与"多少"很接近，既可以与量词结合使用，又可以加名词，还可以单独使用。例如：

  a. 李惠颜还说："不能直接问小孩子有多少年纪，只能够用'有几多个手指'来代替发问孩子的年岁。其原因……恐怕触犯了神的尊严……"（《中国古代文化史（三）》）
  b. 一个奖项，一分成绩，几多奉献？（《1994年报刊精选（01）》，转引自北大语料库）
  c. 但是，真正卷入冲突的国土、省份、城镇、人口和派别又有几多呢？媒体的报道往往会把局部问题和细节夸张、放大，造成"一叶障目"。（《新华社2004年新闻稿（002）》，转引自北大语料库）

(4) "几许"和"几何"

"几许"和"几何"在较正式的用法中和标题中仍然有使用，例如：

  a. 市场经济讲的是优胜劣汰，那么，智慧价几许？（《1994年报刊精选（01）》，引自北大语料库）
  b. 芳龄几许问新城（《1994年报刊精选（08）》，文章标题，引

自北大语料库）

  c. 商业优势还有几许（《1994年报刊精选（10）》，文章标题，引自北大语料库）

北大语料库所收现代汉语语料中，"几许"有195个用例，其中用作询问数目的用例是30例，而这30个用例中用于口语的仅有1例，这说明，"几许"是个书面语用词，较正式。

  a. 钢材，今年身价又几何？（《1994年报刊精选（04）》，文章标题，引自北大语料库）
  b. 如此算来，棉农种棉的一个劳动日能值几何？（《1994年报刊精选（06）》，引自北大语料库）
  c. 试想，唱歌清谈附加开一记车门就索价700块；倘需进一步"服务"，其价几何呢？（《1994年报刊精选（06）》，引自北大语料库）

从现有语料的分析中，我们可以看出"几何"与"几许"的用法相似，都较正式，而且后面都不能接量词。

 （5）"哪"和"何"不是问数法

  关于"哪"与询问数量的相关用法，陈勇（2011）指出：1）"哪"询问数量时，一般只能够询问时间数量，表示"什么（时候）"。如："如今，要分手了，她反而有些依依不舍。眼泪汪汪地说：'你们哪个时候去我们寨子？'" 2）"哪"的询问形式也可以连缀使用。如："他是哪年哪月哪天去的北京？" 3）"哪"和"几"连缀使用，也可以询问数量。如："报志愿必知的是哪几条分数线？" 这个问题的答案是列举具体的分数线。4）同时，该文还指出，"哪一年出生"的说法成立，但"多少年出生"的说法不成立，这是因为，"多少"一般用于询问时间段。关于"何"的用法，他认为与"哪"相似。

  本书不赞同陈勇（2011）的以上观点。"哪"和"何"并不是问数法，而是对具体事物某个方面情况的询问。"哪几"提问所得的答案是具体的列举，是因为这个提问的对象是具体的某几个方面；"哪一年出生"成立而"多少年出生"不成立，是因为"哪"提问的对象是出生的具体年份，而不是问"多少年"。之所以很多人认为"哪"能够作为问数法，是因为它能够用来询问时间和序数，但是它询问时间时，问的是具体的点或区间而不是时间的数量；询问序数时，问的也是特定的对象而不是数量，如"哪一层"问的是"第几层"，具有特指义，而不是数量。

（二）汉语问数法类型

综合古今汉语问数法，大概有"几、几许、几何、几多、多、多少"等几个。根据不同的分类标准，这些问数法可以分为不同的类型：

1. 提问数目的大小

在提问之前，说话人会对所提问的数量有个粗略的把握并相应地选用问数法。根据提问的数量的多少可以把以上问数法分为两类。

（1）提问较少数目：几；

（2）提问不限数目：几许、几何、几多、多、多少。

2. 提问对象的性质

问数法问的是数目，不过通常问的是确定对象的数目，也就是说对象通常是已知的。根据提问对象性质的不同，可以把以上问数法分为三类。

（1）提问离散对象的数目：几、多少、几多；

（2）提问抽象对象的数量：多少、几许、几何、几多；

（3）提问程度的数量：多（+形容词）。

3. 问数法与量词的关系

不同问数法与量词的联系紧密程度不一样。

（1）通常加量词：几。因为它只能提问离散对象的数目。在汉语中，描述离散的对象的数量时，通常用"数+量"。

（2）可加可不加量词：几多、多少。因为它们能提问离散对象的数目，所以可以加量词；同时，它们又能对抽象对象的数量进行提问，抽象对象是不能衡量的，所以不加量词。当然它们之所以可以不加量词，还有一个原因：它们本身可以表达"数+量"的概念。

（3）不加量词：几许、几何、多。"几许"和"几何"不加量词是因为它们通常对抽象对象加以提问，并且本身可以表达"数+量"的概念。"多"不加量词，因为它只提问程度，是副词性质，只能加形容词。

二 英语问数法

英语的问数法有"how+形容词、what is the + 表达事物某一方面数量

的名词 + of"等。

1. "how+形容词"

这种问数法问事物、动作或行为等的某一个属性或特征的数量。例如：

a. *How big* is that UFO? 那个不明飞行物有多大？
b. *How long* is the Great Wall? 长城有多长？
c. *How often* does she come to visit her mother? 她多久来看一次她母亲？
d. *How frequent* is bus No. 8? 八路车多长时间来一次？
e. *How fast* does the bullet train run? 高铁有多快？

在这种问数法中，有两个比较特殊：how many 和 how much。这两种表达法相似，大体上都属于第一种"how+形容词"的类型。

How many 的提问对象是可数的，how much 的提问对象是不可数的，how much 后面可以加名词也可以不加，不加名词的情况是当它问钱数或在语境中可以得知提问对象时，how many 后面一样可以加名词也可以不加，不过只有在语境中可以得知提问对象时才不加名词。例如：

a. *How many* eyes does a fly have?. 一只苍蝇有多少眼睛？
b. *How many* oranges did she have yesterday?. 她昨天吃了多少个橘子？
c. *How much* weight have you lost? 你体重减轻了多少？
d. *How much* did the fridge cost?. 这个冰箱花了多少钱？

2. "what is + the 表达事物某一方面数量的名词 of"

如果其中的名词是概括某一个方面的数目的，如：population、size、weight、length、width 等，也可以用作问数法。例如：

a. *What is the population of* your country? 你们国家有多少人口？
b. *What is the size of* this room? 这个房间有多大？
c. *What is the length of* the Great Wall? 长城有多长？

这种用法与"how + 形容词"的用法可以互换。上面的三个例句可以换成：

a. *How many people* does your country have? 你们国家有多少人口？
b. *How big* is this room? 这个房间有多大？
c. *How long* is the Great Wall? 长城有多长？

在这种问数法中，有一个比较特别，那就是 What is the number of，它的提问对象只能是可数的。如：

a. *What is the number of* Internet users in China? 中国有多少人使用因特网？
b. *What is the number of* students in your class? 你的班上有几个学生？

这种表达法也可以用来问电话号码和门牌号码等不同的号码，但问的不是数目。

三　问数法比较及其类型学推演

相对于述数法来说，汉语和英语的问数法都较简单。两种语言的问数法有相同之处也有不同之处。

1. 相同之处
（1）都有提问具体和抽象对象之分；
（2）都有提问离散对象的问数法；
（3）都有提问事物、动作或行为等的某一个属性或特征的数量的问数法。

2. 不同之处
（1）汉语中，提问大数目和小数目所用的问数法有区分，但英语中无此区分；
（2）因为英语中量词很少，少量的量词的用法也相当于名词，因此没有不同问数法跟量词关系不同的情况；而汉语中存在这种情况。
（3）汉语问数法没有提问可数和不可数对象之分，但英语中存在这种差异。

根据以上对汉英问数法的比较，可以对不同语言的问数法的类型学特征作出以下不完全归纳推理：

1. 有称数法的语言中都有一种以上问数法。

2. 在提问数量之前，说话者对提问对象的性质以及所提问的数量等预先都有一个基本的估量，并相应地采用不同的问数法。

3. 问数法有下列类型：（1）提问具体对象的；（2）提问抽象对象的；（3）提问离散对象的；（4）提问事物、动作或行为等的某一个属性或特征的数量的；（5）提问大数目的；（6）提问小数目的；（7）提问可数对象的；（8）提问不可数对象的。

4. 在各种语言的不同问数法类型中，都有提问具体和抽象对象之分；都有提问离散对象的问数法；都有提问事物、动作或行为等的某一个属性或特征的数量的问数法。

5. 在各种语言的不同问数法类型中，有的语言的提问大数目和小数目所用的问数法有区分；由于数词跟量词关系很紧密，有些语言中不同问数法跟量词关系紧密程度不同；有些语言的问数法有提问可数和不可数对象之分。

汉英问数法的共性和差异在一定程度上反映了不同语言问数法的类型特征，本节分别整理并比较了汉英问数法的类型，进而对不同语言的问数法类型学特征进行不完全归纳推理。在掌握的语料有限的情况下，深入系统比较两种使用范围广、发展成熟并有很大代表性的语言的基础上对其他语言的相关特征进行不完全归纳推理，继而将这些推论放到更多语言中进行验证并对它们加以调整，这种做法与典型的类型学研究思路不同，但是不失为一种有益的尝试。

第五节　本章小结

本章详细比较了汉语和英语的相对数表达法，总结了两种语言的概数表达法、分数表达法、倍数表达法和问数表达法之间的共性和差异，并在此基础上推测了不同语言相应称数法的类型及其分布特征。

不同语言概数表达法的结构至少存在着以下六类：（1）单个基本数词；（2）两个基本数词连用；（3）基本数词加词或短语；（4）用完全不

表数的词表达概数；(5) 用逆序表概数；(6) 两个表估量意义的词连用并与基本数表达法一起表达概数。

从分数表达法的构成结构、构成成分及顺序来看，分数表达法至少存在以下几种类型：(1) 分子+关系成分+分母；(2) 分子+分母；(3) 分母+关系成分+分子；(4) 分母+分子；(5) 分数特称。从表达的意义角度来看，分数表达法至少有以下几种类型：(1) 表达"份额"的意义；(2) 表达"部分"的意义；(3) 表达数学分数的意义。

不同语言倍数表达法结构至少有以下六个类型：(1) 数量结构；(2) 数数连用；(3) 基数词或量词活用；(4) 倍数特称；(5) 百分数；(6) 基数词加后缀。

不同语言问数法有下列类型：(1) 提问具体对象的；(2) 提问抽象对象的；(3) 提问离散对象的；(4) 提问事物、动作或行为等的某一个属性或特征的数量的；(5) 提问大数目的；(6) 提问小数目的；(7) 提问可数对象的；(8) 提问不可数对象的。在各种语言的不同问数法类型中，都有提问具体和抽象对象之分；都有提问离散对象的问数法；都有提问事物、动作或行为等的某一个属性或特征的数量的问数法。

以上研究能够给相关研究提供思路和结论上的一些参考。不过，由于只是建立在两种语言比较的基础上并只对照了极少数语种的相关现象，这些推测结论可能有较多不准确的地方，需要放到更多语种中去验证，并对这些结论加以调整才能成为最后的类型学研究结论。

第九章

世界语言称数法系统的类型及普遍特征

上文第四章至第九章对世界语言称数法系统的结构进行了类型学考察，本章将在语料考察和前文的基础上总结不同语言称数法系统的类型、它们在结构方面的普遍特征以及它们所反映的称数法系统历时演变特征和人类对数量认知的普遍特征。

第一节 称数法系统类型

本书通过语料考察、文献阅读和分析研究发现，根据基本数词系统复杂程度的差异，可以把世界语言的称数法系统分成不同类型。这些不同类型反映了人类认知数量的不同阶段。

人类并非一开始就能认识抽象的数，最初只是对数目的多少产生直观的概念，并创造了与之相应的表达"多"与"少"的方式。后来对数目有了一些认知，但仍然没有抽象的数目概念，而是把数量与实物捆绑在一起，用手指、身体、木棒、绳结和刻痕等来计数。例如，伸出四根手指表示摘了4个椰子，指着自己的身体表示养了20只羊或指着身体的某部位表示摘了7个橘子，放9根木棒表示卖了9头猪，打10个绳结或在墙上划10个划痕表示过了10个日夜。随着生产的进步和物资交换频率和数量的增加，原始人类慢慢对数量有了进一步的认识，开始把数从实物中抽离出来，有了抽象的数概念。最开始有了数目"1"，后来逐一增加1，得到"1、2、3"等。到了有计数更大数目的需求时，有些族群开始有了数的集群概念，开始分群计数。

人类对数量的认知的不同阶段体现在不同类型的称数法系统中。

一 无基本数词类

世界上极个别语言的现存状况反映了人类最初只有数量多少的直观概念，而未认识抽象数量的这个阶段，这种语言是亚马孙河流域的皮拉罕语，它没有表达确定数量的基本数词。

皮拉罕语中到底是否有确数词一度在学界有争议。Everett（1986）年提出 Pirahã 语中有表达 1 和 2 的词，分别是 hói（1）和 hoí（2），两个词只是音调不同。2005 年又指出该语言完全没有数词，hói 和 hoí 实际上分别表示"少量"和"数量较大"（Everett，2005）。Frank et al.（2008）设计了两个实验证明了这种语言只有表达"多"和"少"的状态的表达方式。一个实验中，他们一次把一个电池放到桌上，共计放了十个，然后让四个皮拉罕人被试说出有几个电池。四个人的回答都证实了第一个观点：他们都用 hói 表示"一个电池"，hoí 表示"两个电池"，用 hoí 和表示"很多"的词混合表示"两个以上电池"。第二个实验中，他们一开始就把十个电池都放在桌上，然后一次拿走一个。当桌上还剩下六个电池的时候，一个被试用了 hói，当桌上还剩下三个电池的时候，四个被试一致地使用该词。由此可见，皮拉罕语可能只有表示相对或比较意义"很少"或"较多"的 hói 和 hoí，而没有表示确定数目意义的数词，甚至连"1"和"2"都没有。

还有几种语言也可能从未有过自己的数词系统。阿根廷的皮拉加语（Pilagá）、莫科维语（Mocovi）和托巴孔语（Toba-Qom）可能从未有过数词系统，它们的数词系统全部借自西班牙语（Vidal，2013）[①]。

二 身体部位计数类

在巴布亚新几内亚目前仍然存在一些用身体部位来计数并用身体部位词做数词的部落，他们的称数法系统反映了人类把数目与实物捆绑在一起认知的阶段。这些称数法系统有些还停留在身体部位计数阶段，有些已经发展到较为复杂的系统，但仍然保留着身体部位计数的痕迹。

对巴布亚新几内亚有文字记载的 468 种语言的称数法系统的统计分析表明，有 38 种语言把表示身体部位的词系统地用作数词，256 种语言表

---

① 参见 Alejandra Vidal，"Pilaga"，in Eugene Chan，Numeral systems of the world's languages，2013-03-27，https：//lingweb. eva. mpg. de/channumerals/Pilaga. htm，2021 年 6 月 12 日。

示"5"的数词要么与表示"手"的词词形一致或相近,要么部分包含表示"手"的词。

身体部位计数系统的典型语言有亚奥罗省(Oro)的巴鲁噶语(Baruga),其基本数词有 22 个,与它们分别对应的是 22 个不同的身体部位的名称,具体对应情况如表 9.1 所示(语料引自 Rauff, 2003)。

表 9.1　　　　　　　　巴鲁噶语的身体部位计数系统

数值	巴鲁噶语数词	语义	数值	巴鲁噶语数词	语义
1	angusi	小拇指(右手)	12	mendo	鼻子
2	doro	无名指(右手)	13	bee	左耳
3	doro	中指(右手)	14	dengoro	左肩
4	doro	食指(右手)	15	visa	左边手肘
5	ubei	大拇指(右手)	16	ungubo	左手手腕
6	tama	右手手腕	17	tama	大拇指(左手)
7	ungubo	右边手肘	18	ubei	食指(左手)
8	visa	右肩	19	doro	中指(左手)
9	dengoro	右耳	20	doro	食指(左手)
10	diti	右眼	21	doro	无名指(左手)
11	diti	左眼	22	angusi	小拇指(左手)

已经发展到较为复杂的系统但仍然保留着身体部位计数痕迹的典型语言有巴布亚新几内亚高地的亚夯语(Yahang)。在该语言中,表示 5 的数词为 wom nateng(手),10 是 kolou nateng(双手),20 是 kolou nateng kolou inding(双手 双脚)。该语言中的数词都是由 numsuku/numu(1)、kolou(2)及表示"手"和"脚"的词构成,例如,7 是 nor nateng kolou(手和 2),9 是 nor nateng kolikolou(手和 2+2)。

三　有限基本数词类

在一些称数法系统中,只有少数几个基本数词,而没有复杂的基本数词系统。它们反映了人类最初认知抽象数概念"1、2、3"的阶段。这类系统大多出现在南岛语系的语言。例如巴西和秘鲁使用的库里纳语(Culina)以及澳洲西部的布纳巴语(Bunaba)都只有表示"1"和"2"的两个基本数词:

ohari 1
pama 2
(库里纳语，语料引自 Dienst，2009①)
yuwarna 1
thurranda 2
(布纳巴语，语料引自 Rumsey，2012②)

四 进位制基本数词类

当有了数的集群概念，开始分群计数之后，不同语言开始渐渐有了复杂的称数法系统。不同语言运用不同进制进行分群计数，世界语言进位制基本数词称数法系统共有二进制、四进制、五进制、六进制、八进制、十进制、十二进制、十四进制、十五进制、二十进制、三十二进制、四十进制、六十进制等多种。表 9.2 是本书所建语种库中不同进制的称数法系统的分布情况（只给出特殊进制语言的分布情况）。

表 9.2　　语种库中不同进制称数法系统的分布情况

进制	语言及所属语系
二进制	澳大利亚语系布拉拉语（Burarra）、博得语系瓦里斯语（Waris）、法斯语系莫穆语（Momu）、考雷语系考雷语（Kaure）、索马哈语系莫穆纳语（Momuna）、托里切利语系朱瓦尔语（Juwal）
四进制	斯可语系杜莫语（Dumo）、跨新几内亚语系翁布-翁古语（Umbu-Ungu）、南岛语系奥尔穆语（Ormu）
五进制	安妥-穆三语系西亚维语（Siawi）、南岛语系噶哈巫语（Kaxabu）、奇布恰语系瓜图索语（Maléku Jaika）、乔科语系塔多语（Emberá-Tadó）、蒙格尔-兰甘语系姚尔语（Yaul）、帕莱尼汉语系阿丘马维语（Achumawi）、塞皮克-拉穆语系阿普玛语（Ap Ma）、塞皮克语系安布拉斯语（Ambulas）、跨新几内亚语系桑语（Sam）、跨新几内亚语系比安盖语（Biangai）
六进制	库翁塔利-百摆语系孔塔里语（Kwomtari）、中南部巴布亚语系那马语（Nama）、跨新几内亚语系恩多姆语（Ndom）
八进制	奥托曼几恩语系北部帕米语（Northern Pame）
十进制	汉语等大多数汉藏语系语言等很多语言

---

① Stefan Dienst, "Culina", in Eugene Chan, *Numeral Systems of the World*, 2009-05-16, https://lingweb.eva.mpg.de/channumerals/Culina.htm, 2023 年 5 月 6 日。
② Alan Rumsey, "Bunaba", in Eugene Chan, *Numeral Systems of the World*, 2012-10-10, https://lingweb.eva.mpg.de/channumerals/Bunuba.htm, 2023 年 5 月 6 日。

续表

进制	语言及所属语系
十二进制	尼日-刚果语系伊古塔语（Iguta）、尼日-刚果语系埃罗伊语（Eloyi）、南亚语系索拉语（Sora）
十四进制	跨新几内亚语系杜纳语（Duna）
十五进制	跨新几内亚语系（Huli）
二十进制	印欧语系丹麦语等很多语言
三十二进制	尼罗撒哈拉语系恩吉蒂语（Ngiti）
四十进制	帕曼语系卡沙亚语（Kashaya）
六十进制	跨新几内亚语系艾卡里语（Ekari）

由表9.2可知，世界语言进制系统有多种，其中最多的是十进制和二十进制，五进制次之，八进制、十四进制、十五进制、三十二进制、四十进制和六十进制只存在于少数语言的称数法系统之中。

在运用不同进制进行分群计数的同时，世界不同语言运用不同语义运算类型、不同语义形式表达和不同成分语序来编码复杂的称数法系统。世界大多数语言都运用这类系统，其具体类型如本书第四章至第九章所讨论的那样繁多，相互之间既有共性又有差异。其结构如下文第二节所示的具有极强的有序性和层级性，其历时演变如下文第三节所示的具有发展的阶段性。以上四类称数法系统都反映了人类认知数量概念时所具有的普遍特征，本章第四节将探讨这些普遍认知特征。

第二节　结构特征

每一种语言的数词都构成一个独立的语言子系统，表达该语言所需表达的数的概念系统。其成员都按照一定的规则组织在一起，而不是随意地堆放在一起，每一个成员都在该系统中表达唯一的、其他成员所不能表达的功能。

总的来说，只要一种语言具有数词，它的数词系统就具有以下结构特征。

一　有序性

不管一种语言中的数词成员数目有多少，它们都按照从小到大的顺序排列。有序性体现在下列方面：

（一）成员的有序性

在每一个数词系统中，成员的排列都是有序的。在基本数词系统中后一个数都比前一个数的数值大1。据本书对世界语言的调查，无论是只有几个数词的语言还是数词系统发达的语言，基本上每一种有基本数词的语言的数词系统成员都是逐一排列，中间不会有间隔。

这是由它们所表达的语义——数的概念——所决定的，因为数的概念都是由小到大排列。同时，数词最基本的功能是计数，计数过程总体来说都是由无到有、由小到大的累加过程，这决定了数词的有序性。

不同语言中有很多的语言形式都证明了数词系统结构的有序性。例如，哈卢艾语的1、2、3、4分别表达如下：

1　paŋ
2　mos
3　mos paŋ　（2＋1）
4　mos mos　（2＋2）

（引自 Comrie，2022）

其中的3表达为2+1，表明3是在2之后，4表达为2+2，又表明4是在3之后。这说明了这些表达法的有序性。胡利语中的语例也有同样的情况：

1　mbira
2　kira
15　nguira
16　nguira-ni mbira　（15和1）
17　nguira-ni kira　（15和2）

（引自 Takasugi，2022）

由于胡利语是十五进制，16表达为15+1，17表达为15+2，后面的数词也是同样的结构，这也从语言形式上证明了数词的有序性。在汉语和英语中这样的语例非常多，如"二十一、二十二、twenty-one、twenty-two……"等等。

　　同时，还有很多语言现象能够说明这些数的表达法的有序性。例如，"四中"能表示"第四中学"，并暗含着前面还有"第一中学、第二中学、第三中学"，是因为在基本数词中，"四"是排在"一、二、三"之后。这种语言现象是利用基本数词的有序性来表达顺序，是基本数词有序性的具体体现。再如，"十五号"能表示一个月的第十五天，也是因为利用了数词的有序性。下文将讨论对数词系统有序性的不同运用方式。

（二）内部结构的有序性

　　从内部结构上来看，数词也是有序的。本书第四章所考察的语义运算方式为加的成分在不同语言中的语序类型说明了这一点。总体来说，世界语言基本数词系统语序有以下四类。

　　a. 从大到小。这类顺序汉语是典型的例子。例如，四百六十三。
　　b. 从小到大。例如，标准 Malagasy 语的 354 表达为：

　　　　efatra amby dima-mpolo sy telo-njato
　　　　4　　加　　5-10　　和　3-100

（引自 Comrie，2022）

　　c. 在数值较小的组合中，从小到大排列；在数值较大的组合中，从大到小排列。例如：德语中的 354 表达为：

　　　　drei-hundert-vier-und-fünf-zig
　　　　3 -　100　 - 4 - 和-5-10

（引自 Comrie，2022）

　　d. 在数值较小的组合中，从大到小排列；在数值较大的组合中，从小到大排列。这一类语序的数词系统非常少。例如：Malagasy 的 Nosy Be 语中的 352 表达为：

　　　　limam-polo roe amby, amby telon-jato
　　　　5 - 10　　2　　加,　　加　3-100

（引自 Comrie，2020）

从总体来看，以上的 a 类和 c 类语序从数值上来看整体上是"大-小"结构，b 类和 d 类语序为与前者相反的"小-大"结构。不管是哪类语序，每种语言的复合数词中的成分排列都不是杂乱无章的，而是按照自己语言的顺序规则有序地排列。尽管 c 类和 d 类从整体来看有变化，但是不影响其有序性。极少数语言在变化的临界数段会有不同语序出现，例如威尔士语中 60—100 之间的数词既有"小-大"语序也有"大-小"语序，但是整体而言是"大-小"语序。

(三) 特殊情况

在数词的有序性中有两类特殊情况需要加以说明。一类是成分之间数值语义运算为减、分数乘法以及预设计数的基本数词，一类是基本数词之外的分数表达法、倍数表达法和概数表达法。

第一类表达法是否会打破它们所在系统的有序性？第二类表达法的系统成员之间的排列和表达法内部成分的排列是否有序？下文将回答这两个问题。

1. 语义运算关系特殊的表达法是否影响有序性

由于成分之间语义运算关系为减、分数乘法和预设计数的基本数词在形式上与一般的表达法不同，跳脱了一般的顺序，看似倒退（减和分数乘法）或者跨越（预设计数），因此它们所在的数词系统的有序性会受到质疑，需要进行深入的分析。

成分语义运算关系为减的表达法在拉丁语中非常典型，我们以 16-31 这个数段为例来看它们的有序性。

表 9.3　　　　　　　　　　拉丁语数词

数值	拉丁语基本数词	表达形式的意义
16	sē-de-cim	6* + 10*
17	septen-de-cim	7* + 10*
18	duo-dē-vīgintī	2-减- 20
19	ūn-dē-vīgintī	1 -减- 20
20	vīgintī	20
21	vīgintī ūnus	20 + 1
22	vīgintī duo	20 + 2
23	vīgintī trēs	20 + 3

续表

数值	拉丁语基本数词	表达形式的意义
24	vīgintī quattuor	20 + 4
25	vīgintī quīnque	20 + 5
26	vīgintī sex	20 + 6
27	vīgintī septem	20 + 7
28	duo-dē-trīgintā	2 -减- 30
	vīgintī octō	20 + 8
29	ūn-dē-trīgintā	1 -减- 30
	vīgintī novem	20 + 9
30	trīgintā	30
31	trīgintā ūnus	30 + 1

（引自 Takasugi，2022）

考察表 9.3 中基本数词的内部结构可以发现：这些数词所表达的语义无疑是有序的；具有减法关系的表达法所出现的位置是有规律的，这个规律使它们不会破坏它们所在的数词系统的有序性；成分关系为减法的表达法看似跳脱了整个系统的形式表达规律，但是从紧邻的数词的结构来看仍然具有一致性。例如，18 和 19 分别表达为 duo-dē-vīgintī、ūn-dē-vīgintī，其中 duo 表示"2"，ūn 表示"1"，dē 表示"减法关系"，vīgintī 表示"20"。也就是说，18 表示为"20-2"，19 表示为"20-1"。接下来的 21 表达为 vīgintī ūnus（20+1），22 表达为 vīgintī duo（20+2）。很明显，即使 18 和 19 表达为减法，在形式上与前面的数不一致，但是从整体来看仍然是一致的。接下来的 28 和 29 也可以用减法方式表达为 duo-dē-trīgintā（30-2）和 ūn-dē-trīgintā（30-1），而且也可以用与前面的表达法形式一致的加法表达为 vīgintī octō（20+8）和 vīgintī novem（20+9）。后面的 38、39，48、49，58、59 等数也是如此，这进一步反映了拉丁语数词系统的有序性。

从逻辑上分析，如果一个数词要用减法关系来表达，那么肯定要有被减数，而且被减数不可能只有一个，它像被加数一样是数词基，而不同数词基之间的排列是有序的，这也决定了表达为减法的数词的排列仍然是有序的。

接下来以索西语（Tzotzil）为例来看计数方式为预设计数的表达法所

在称数系统的有序性。下面截取索西语 1-43 这个数段加以考察，列表如表 9.4 所示。

表 9.4　　　　　　　　　索西语数词

数值	索西语的表达形式	表达形式的意义
1	jun	1
2	chib	2
3	'oxib	3
4	chanib	4
5	vo'ob	5
6	vakib	6
7	vukub	7
8	vaxakib	8
9	baluneb	9
10	lajuneb	10
11	buluchib	9 + 2
12	lajcheb	10 + 2
13	'ox lajuneb	3 + 10
14	chan lajuneb	4 + 10
15	vo' lajuneb	5 + 10
16	vak lajuneb	6 + 10
17	vuk lajuneb	7 + 10
18	vaxak lajuneb	8 + 10
19	balun lajuneb	9 + 10
20	j-tob	1 × 20
21	jun xcha'-vinik	1 第二个 20
22	chib xcha'-vinik	2 第二个 20
23	'oxib xcha'-vinik	3 第二个 20
24	chanib xcha'-vinik	4 第二个 20
25	vo'ob xcha'-vinik	5 第二个 20
26	vakib xcha'-vinik	6 第二个 20
27	vukub xcha'-vinik	7 第二个 20
28	vaxakib xcha'-vinik	8 第二个 20
29	baluneb xcha'-vinik	9 第二个 20
30	lajuneb xcha'-vinik	10 第二个 20
31	buluchib xcha'-vinik	(9 + 2) 第二个 20
32	lajcheb xcha'-vinik	(10 + 2) 第二个 20

续表

数值	索西语的表达形式	表达形式的意义
33	'ox lajuneb xcha'-vinik	(3 + 10) 第二个 20
34	chan lajuneb xcha'-vinik	(4 + 10) 第二个 20
35	vo' lajuneb xcha'-vinik	(5 + 10) 第二个 20
36	vak lajuneb xcha'-vinik	(6 + 10) 第二个 20
37	vuk lajuneb xcha'-vinik	(7 + 10) 第二个 20
38	vaxak lajuneb xcha'-vinik	(8 + 10) 第二个 20
39	balun lajuneb xcha'-vinik	(9 + 10) 第二个 20
40	cha'-vinik	2 × 20
41	jun y-ox-vinik	1 第三个 20
42	chib y-ox-vinik	2 第三个 20
43	'oxib y-ox-vinik	3 第三个 20

（引自 Takasugi，2022）

仔细考察以上数词，可以总结出索西语的如下排序特征。

a. 索西语的基本数词总体来说是顺序排列；

b. 索西语属于二十进制，以二十为一个区间，每一个区间内的数词都是下一个二十的一员，都表达为下一个二十中的 m（0<m<20）。jun xcha'-vinik（21）用中文表达是"1 第二个 20"，因此它的构成成分之间的关系用数字可以表达为 1+（2-1）×20。相应地，41 的构成成分之间的关系可以表达为 1+（3-1）×20。依次类推，61 可以表达为 1+（4-1）×20，81 表达为 1+（5-1）×20，等等。据此看来，尽管这种数词系统中有些数词的表达方式是预先计数式的，但是整个系统的构成不是杂乱无章的，而是有规律的，即有序的。

c. 在索西语的数词系统中，还有一类特殊情况，就是表达（20×n-10）+1 及（20×n-10）+2 的数值的数词形式与其他规则的表达不一样，它们会分别表达为"（9+2）第 n 个 20"及"（10+2）第 n 个 20"。例如，31 表达为 buluchib xcha'-vinik，即"（9 + 2）第二个 20"；32 表达为 lajcheb xcha'-vinik，即"（10 + 2）第二个 20"。尽管不同于其他规则的表达，但是这类格式所出现的位置也是有规律的。

d. 尽管从形式上来看，以上的两类表达比较特殊，但是所有这些表达仍然没有脱离"由小到大顺序地表达数的概念"这一轨迹。因此，即使是运用了预设计数式计数方法的数词系统，也是有序的。

（3）最后来看乘数为分数的表达法所在数词系统的有序性。

Greenberg（1978：261）共性 16 指出：成分之间的除法关系总是表达为乘一个分数。被除数总是位数词或位数词的倍数，而且分数的分母总是 2 或 2 的次方。例如：威尔士语中的 50 表达为 hanner cant，即 "½ 100"，在这个复合数词中，两个成分 hanner 和 cant 之间的关系是除法，不过具体表达为被除数乘一个分数，被除数是位数词 100，分数的分母是 2。

从这个共性可以推断：这种数词系统的表达也不是杂乱无章的，而是遵循规律的制约。这类数词既然有位数词，那么肯定有系数词。系数词和位数词的结构形式本身就说明了其结构构成的有序性。同时，"被除数总是位数词或位数词的倍数，而且分数的分母总是 2 或 2 的次方"，说明了语义运算为分数乘法的基本数词所出现的位置也是有规律的。

这种语言现象的典型语言丹麦语中的相关语例说明了这个系统的有序性。

表 9.5　　　　　　　　　　　丹麦语数词

数值	丹麦语基本数词	语义
50	halvtreds*	$2\frac{1}{2} \times 20$
51	enoghalvtreds*	$1 + (2\frac{1}{2} \times 20)$
52	tooghalvtreds*	$2 + (2\frac{1}{2} \times 20)$
53	treoghalvtreds*	$3 + (2\frac{1}{2} \times 20)$
…	…	…
59	nioghalvtreds*	$9 + (2\frac{1}{2} \times 20)$
	…	…
70	halvfjerds*	$3\frac{1}{2} \times 20$
71	enoghalvfjerds*	$1 + (3\frac{1}{2} \times 20)$
72	tooghalvfjerds*	$2 + (3\frac{1}{2} \times 20)$
…	…	…
79	nioghalvfjerds*	$9 + (3\frac{1}{2} \times 20)$
…	…	…
90	halvfems*	$4\frac{1}{2} \times 20$
91	enoghalvfems*	$1 + (4\frac{1}{2} \times 20)$
92	tooghalvfems*	$2 + (4\frac{1}{2} \times 20)$

续表

数值	丹麦语基本数词	语义
…	…	…
99	nioghalvfems*	9 + (4½ × 20)

（引自 Takasugi，2022）

由表 9.5 可以看出，作为乘数的分数的排列顺序是由小到大，即，第一个 ½ 是 ½，第二个 ½ 是 1½，第三个是 2½，依次类推：

第一 ½ = ½
第二 ½ = 1½
第三 ½ = 2½
……

这些形式本身明确反映了乘数为分数的基本数词的排列顺序也是有序的。

综上所述，内部成分关系特殊的基本数词，并未打乱所在的数词系统的有序性。

2. 分数表达法、倍数表达法和概数表达法的有序性

分数表达法、倍数表达法和概数表达法的成员也按照一定顺序排列，因为它们的主体部分大多是由基本数词构成，它们所表达的数量本身也是由小到大排列。不过，它们的有序性更多地体现在表达方式上，即称数法的由简及繁、用具体表达抽象、用确定表达模糊、由典型到非典型等表达特征。本节第二部分将详细论述相关内容。

（四）数词有序性的运用

不同语言中有很多语言现象说明了对基本数词有序性的运用。

因为基本数词是有序的，一个数词表达一个具体的数值，因而可以直接用数词来表达顺序、特指等功能。

1. 表顺序

这种运用的情况可以从以下语例看出端倪。

a. 我们住六楼，他们住五楼。

b. 小荷是二年级三班最棒的学生。

以上两例中,"六楼"和"五楼"分别表示"第六层楼"和"第五层楼","二年级"表示"第二年级","三班"表示"第三班"。王霞(2017:69)认为这种现象是序数缩略表达式。笔者认为这不是因为序数表达式省略了序数标记"第"而表顺序,而是对基本数词的序数用法,是运用基本数词的有序性来表顺序。

2. 表特指

特指的功能源于基本数词的表顺序的功能。基本数词表顺序概念时,就可能具有特指的含义。上面的例句 a 中的"六楼"和"五楼"可以分别特指"第六层楼"和"第五层楼",只是如果要具有特指的意义,语境中需要给出必要的信息。例如上面的例句 a,如果上下文或语境中已经限定了"我们"和"他们"所住的是具体的某一号楼某一个单元,那么"六楼"和"五楼"中的"六"和"五"就即表顺序又表特指。

下面的例句中"六"也表示顺序,但是特指意义相当弱,因为语境和上下文没有限定所指的范围:

——你家住的楼层高吗?有没有电梯?
——高呢,六楼,还没电梯。

但是,当基本数词用于表达年、月、日、星期、小时、分、秒等时间概念时,由于这些概念的范围的规定性,基本数词的表顺序的功能被进一步用来表示更强的特指。例如:

a. 对他来说,九七年十月二十三号是一个终生难忘的日子。
b. 我星期五下午去做头发。
c. 飞机八点三十分起飞。
d. 神舟九号将于北京时间二〇一三年六月八日二十点三十分四十五秒发射。

二 层级性

除开有序性之外,不同语言的称数法系统还有一个非常重要的特征:

层级性。从宏观的系统的结构来看，称数法都分成了不同层次；从具体的表达形式的分布来说，称数法也是分层次的。

(一) 系统的层级性

不同语言的称数法系统中各种表达法紧密联系，相互依存，组成一个完整的系统。称数法系统可以分成不同的层级，如基本数词、分数表达法、倍数表达法和概数表达法等，基本数词又包括系数词、位数词、系位结构等。数词系统就是由这些不同层次的表达法组成的一个分为不同层级的体系。

本书在第三章中所总结的称数法的系统构成情况一定程度上说明了称数法系统的层级体系：这个系统的底层是系数词、位数词、连接符号和其他的简单数词，上一层是其他表达法，包括分数表达法、倍数表达法、概数表达法等，所有这些基本数词与相对数表达法一起构成整个称数法系统。

在称数法的层级系统中，系数词、位数词、连接符号和其他的简单数词是最基本的，它们按照一定的规则组成上一级的基本数词，数量极大地增加。例如汉语的系数词只有九个，常用的位数词只有六个，但是它们可以组成超过 10^{12} 个或简单或复杂的数词，这些数词又可以与其他语言元素一起构成无数个分数表达法、倍数表达法和概数表达法等。

下面以汉语基本数词为例来说明这个层级系统。

最底层是系数词、位数词和其他简单数词，例如：一、二、三、四、五……十、百、千、万、亿、兆、两、几、多少……第二层是由以上简单数词构成的复合数词或分数、倍数表达法等，例如：三百六十五、十分之七、三倍……这些表达法可以构成概数表达法，例如：三百左右、五十以上、一百以内……所有以上表达一起构成了汉语中数量无穷的数词系统。

(二) 表达形式的层级性

由前几章的研究内容也可以总结出称数法表达形式的层级性特征。这些特征有：用简单的表达方式表达复杂的数概念，用表达具体概念的词表达抽象的相对数概念，用确定的表达方式表达模糊的相对数概念，表达同一类数概念的表达形式可能有多种并且典型性有不同。

1. 由简到繁

所谓"由简到繁"包括两个方面的含义，一是表达形式由简单向复杂发展，二是用简单的表达形式表达复杂的数概念。

一方面，数词系统的结构呈现出由简单到复杂的层级性。例如：汉语和英语的基本数词都是以系数词和位数词为基础，上层是复合数词，低位的数词又可以成为高位数词的组成部分。而在更复杂的分数表达法、倍数表达法和概数表达法中，较简单的基本数词往往是其中重要的组成部分。例如：汉语中的简单数词"三"可以是"三分之一、三倍、三四个"等复杂数词的成分，英语中的简单数词 two 可以是 two thirds、twofold、two to three 等复杂数词的成分。

另一方面，相对简单的数词可以用来表达较复杂的数概念。例如第八章第一节中所提到的汉语中的"两"和"百"、英语中的 a hundred 和 a million 等表达法用来表概数时，表达的不是这个确数概念而是复杂的、模糊的数值范围。

2. 用具体表抽象

用具体表抽象是指用描述具体概念的词表达抽象的相对数值范围，它反映了对数量的表达起源于具体的事物。

例如，本书第八章第一节中所提到的汉语中的"五十左右、六十上下、一百以上"等运用表达具体空间概念的语言形式"左右""上下""以上"等来表达抽象的相对数值范围。英语中的 close to forty、above one hundred、under thirty 等用表达相对位置概念的表达方式 close to、above、under 等表达抽象的相对数值范围。

这反映了人类用具体的身体部位名称表达抽象的数量概念，以及用具体的身体部位相对位置关系表达抽象的相对数量关系的认知策略。相关内容将在本章第二节详细论述。

3. 用确定表模糊

这种特征是指运用表达确定概念的数词表达模糊的数的概念。这种特征体现在两个方面。一是用确数表达法直接表达概数，二是用确数表达法加其他词或短语表达概数。

例如，本书第八章第一节所举的汉语和英语的例子，A 组是第一种情况，B 组是第二种情况。

A. a. 我希望奶奶能活上一百岁。
    b. 三千观众昨天观看了那台晚会。
    c. 一下就来了两百人。
    d. This town has *five thousand* residents. 这个镇子有五千居民。

B. a. 五百以上/以下
   b. 三千左右
   c. It took the writer *six or seven* months to finish this book.
      作者花了六七个月才写完这本书。
   d. *More than fifty* people died in that fire.
      那场大火中有五十多人丧生。

4. 由典型到非典型

这种特征是指同一类数词的不同表达方式通常有"典型、次典型、非典型"之分。例如，本书第八章第三节中所提到的倍数表达法，按照典型性渐降的顺序可以依次排列为：

基本数词+"倍" ──→特称倍数──→百分数形式

第三节　历时演变的阶段性

称数法是表达数概念的语言形式和表达方法，包括基本数词和相关数表达法。基本数词即通常所说的确数表达法，关系数表达法包括表示相对数值范围的概数表达法，以及表示相对数量关系的分数表达法和倍数表达法。在称数法系统运用于语言交际时，产生了询问数量的表达方式，即问数法。这些表达法的产生和历时发展都呈现出阶段性。

一　演变阶段性的共时语言证据

不同语言的基本数词的共时形式表达的变化都具有一定阶段性，即有序的数词在某一个或某些具体的表达法发生形式上的变化，并且变化后的形式在接下来的表达法上保持不变，直至下一个形式发生变化的转折点。例如，汉语的基本数词在 1—10 这个数段是简单数词，10 以后就变成复合数词，在"十"这个转折点之后形式发生了变化，这个转折点之前和之后的数词形式明显地分成了两个层级。

不同语言的称数法系统中数词形式大多在三、十、二十以及数值较大的某个位数词发生改变。这反映了称数法系统是一个阶段一个阶段发展起来的（Hurford，2001）。该结论从一个侧面反映了称数法系统的表达形式分成不同的层级，并且这个分层的转折位置具有一定的普遍性。

这类形式表达变化的阶段性在不同语言中都有很多例子。

例如3以及与之相邻的几个数是称数法形式发生变化的一个转折点，5、10、20、100和1000也是很多语言基本数词形式发生变化的转折点，这体现了基本数词系统形式表达变化的阶段性。不过，这并不意味着每一种语言的基本数词都是逐一产生的。有些语言较大数目基本数词的发展可能具有跨越性，例如希卡利亚纳语中较大的数词可能比较小的数词还要产生得早，该语言没有表达6—9这个数段的词。

1　towenyxa
2　asako
3　osorwawo
4　towtɨnke
5　kamorɨ ɨrakay（o）me（我们的手（复数标记）一半）
10　kamothɨrɨ tkatxehkaxe ro（我们的手（复数标记）完成）

（引自 Comrie，2022）

二　历时演变的阶段性

以上情况都证明了称数法系统共时形式表达的阶段性。形式表达变化的阶段性和系统构成的层级性，是在称数法系统中表现得比其他语言概念的表达系统更显著的两个特征。它们反映了称数法系统历时发展的阶段性，而且这个发展的阶段性可以分为以下三个层面。

（一）由模糊至确定

从历时发展来看，称数法系统中先有表达模糊数量的表达方式后有表达确定数量的表达方式。

数量意义上的概数有两个不同的层次，一个层次是笼统的数意识和数量状态，跟"多"和"少"的状态有直接的联系，这是数概念的起始状态，随着精确表达数量的需要的出现，"少"开始具体化为"1"，才有了"1"和"非1"的区分，这构成了最开始的初始表数系统。

世界不同语言称数法系统的发展程度佐证了这一点。本章第一节所提到的皮拉罕语、皮拉加语、莫科维语和托巴孔语是现存语言的证明。儿童的数词习得过程也说明了这一点。幼儿最初不会数数，但是他们能分清楚数量的多少，要从两份喜欢的东西中选择一份时他们会选多的那一份。待年龄稍长，他们才从身边的人和其他环境中学会了1、2等数量概念以及相应的数词。

（二）由小数至大数

称数法系统中先有表达小数目的表达方式后有表达大数目的表达方式。简单数词先产生，在此基础上产生复杂的表达法。有些语言基本数词系统中数词的数量较少，内部结构有限甚至完全只是简单数词。例如上文所提到的曼格拉里语只有表示1、2、3的简单数词，伊帝尼语只有表示1、2、3、4、5的简单数词，希卡利亚纳语只有表示1、2、3、4、5、10的基本数词。儿童习得数词的一般顺序是从小到大、从简单到复杂，也一定程度上说明了这一特征。

本书第四章所研究的复合数词通过把简单数词运用加、乘、减等语义运算方式结合而成也证明了这一点。本章第一节所探讨的称数法系统的层级性也是一个证明。本章第二节中所探讨的数量认知过程和方式由身体和生活经验借用到小数的表达中，身体和生活经验的表达通常只出现在小数中，再由小数的表达借用到大数的表达中。再如在卡卢里语（Kaluli），借用身体的不同部位表不同的数，在运用身体部位计数法表达到35之后，如果要表示更大的数值就必须想其他的办法，这个办法是运用语义运算规则把已有的数词用起来，例如40表示为"35和5"。

所有以上语言证据都说明，称数法系统的总体发展历程是先有小数后有大数。

（三）由基本数至相对数

大多数语言从总体发展历程来看都是先有基本数量的表达法后有相对数量的表达法。

这体现在相对数量表达法的结构上。很多语言的相对数表达法大多是由基本数表达法加其他成分构成，或者直接用基本数表达法表示相对数。例如汉语中的"两三（个）""十余""十左右"，英语中表示频次的twice和thrice、表示序数的fourth、表示倍数的two times等等都含有相对应的基本数词或者基本数词词基。

总而言之，人类称数法系统的总体发展历程是由模糊至确定、由小到大、由基本到相对。值得注意的是，这并不意味着所有语言的所有发展历程都是如此，也不意味着不能"跳级"。例如上文提到了希卡利亚纳语

（Hixkaryana）只有表示 1、2、3、4、5、10 的数词，5—10 之间没有数词。有些语言的位数词可能先于一些数值较小的零数，预设数词反映了这一点。例如第五章中提到的西部裕固语中可能先有表示位数词的 ohdə（二十）等。

当然，以上只是根据相关语言现象所作出的逻辑推测，称数法系统的实际发展状况需要通过对历史语料的分析加以论证，这种推测只能作为历史语料分析之前的一个假设，起到框架的作用作为调整的对象和进一步研究的基础。

第四节 数量认知的普遍特征

上文的第四章至第八章分别研究了基本数词和相对数表达法的类型，这些研究一定程度上反映了人类认知数量的过程和方式。

一 基本数词结构所反映的计数方式

从第四章的研究可以看出不同语言基本数词的内部结构有不同的类型，它们的整体结构有哪些特征、这些特征反映了什么计数方式将是本部分要讨论的问题。

（一）基本数词结构

从汉语基本数词的结构特征出发，朱德熙（1958）提出了"系数词""位数词""系位结构"的概念，分别用以指称"一、二、三……""百、千、万……"以及"系数词-位数词"的复合数词结构；萧国政、李英哲（1997）提出了"整零结构"的概念，用以指称"由系位构造加系位构造，系位构造加个位数，或者'十'加个位数构成的复合数词"，并指出整零结构具有"结构层次上的同层多可切分，表义上的数值分项加合，位序上的整零递降排列"等特征。

就本质而言，"系位结构"和"整零结构"是指复合数词成分的排列顺序方面的特征。前者是指当语义运算为"乘"的成分的排列顺序是"系数词×位数词"，后者是指语义运算为"加"的成分的排列顺序是"先大后小、先整后零"。

关于语义运算为"加"的数词成分的排列顺序，Comrie（2022）总结了不同语言基本数词的数值排列情况：（1）由大到小。（2）由小到大。

(3) 在数值较小的组合中, 从小到大排列; 在数值较大的组合中, 从大到小排列。(4) 在数值较小的数词中, 数值大的加数在数值小的加数之前, 在数值较大的数词中顺序相反, 而在数值不大不小的数词中, 两种顺序都可以。

按照朱德熙 (1958) 和萧国政、李英哲 (1997) 的方法, 以上结论可以表述为, 不同语言基本数词的数值结构有四种不同的类型: (1) 全部都是整零结构; (2) 全部都是零整结构; (3) 在数值较小的基本数词中为零整结构, 在数值较大的基本数词中相反; (4) 在数值较小的基本数词中为整零结构, 在数值较大的基本数词中相反, 而在数值不大不小的数词中, 两种顺序都可以。

本书第七章第一节所总结的语义运算为"乘"的成分顺序的结论表明, 在有些语言中为"系数词×位数词", 在有些语言中为"位数词×系数词", 在约鲁巴语中存在"位数词×系数词×系数词"的情况, 阿兰布拉克语存在"位数词×(系数词+系数词)"的情况。

本书第四章第三节还总结得出了"有复合数词的数词系统中必定存在加", "有位数词的数词系统中必定存在乘", "加和乘出现在大多数语言的基本数词中", 以及"只有极少数语言的数词只有简单数词而不存在不同成分从而不存在成分语义运算"等结论。

(二) 基本数词结构所反映的计数方式

基本数词是表基本数目的语言形式, 它们反映了其所在民族的计数方式。

位数词实际上是一种计数单位, 表明人们在计数时所采用的"累积"的方式。无论是"零整结构"还是"整零结构", 无论是"系位结构"还是"位系结构", 都反映了运用计数单位进行累积式计数的本质。

有些明确的语言事实能够证明这个观点。汉语中存在这样的语言事实。例如下面例句中的"有、又"表明了"整"与"零"的分界:

肇十有二州, 封十有二山。(《舜典》)
帝曰: 咨, 汝羲暨和, 期三百有六旬有六日。(《尧典》)
六百又五十又九夫。(《大盂鼎》)

在汉语整零结构基本数词中的"有、又"等词标记的是整零关系中的零数，即整数"有（又）"零数。

有些语言中标记的是整数，其中最典型的例子是阿兰布拉克语（Alamblak）。该语言的部分基本数词如表 9.6 所示。为方便观察，在此处列出部分数词如表 9.6 所示。

表 9.6　　　　　　　　　　　阿兰布拉克语数词

数值	阿兰布拉克语基本数词	字对字翻译	数值语义关系
6	tir yohtti rpat	5 整 i 1	5 + 1
7	tir yohtti hosf	5 整 i 2	5 + 2
8	tir yohtti hosfirpat	5 整 i 2i 1	5 + (2 + 1)
9	tir yohtti hosfihosf	5 整 i 2i 2	5 + (2 + 2)
11	tir hosfi rpat	5 2i 1	5 × 2 + 1
14	tir hosfi hosfihosf	5 2i 2i2	5 × 2 + (2 + 2)
15	tir hosfirpat	5 2i1	5 × (2 + 1)
18	tir hosfirpati hosfirpat	5 2i1i 2i1	5 × (2 + 1) + (2 + 1)
21	yima yohtti rpat	20 整 i 1	20 + 1
23	yima yohtti hosfirpat	20 整 i 2i 1	20 + (2 + 1)
25	yima yohtti tir yohtt	20 整 i 5 整	20 + 5
28	yima yohtti tir yohtti hosfirpat	20 整 i 5 整 i 2i 1	20 + 5 + (2 + 1)

（引自 Bruce，1979：133）

上表明显表明，当计数到达一个整数时，就用表示"整"的 yohtt 标记。而且，这种语言中只有四个基本数词，其中 rpat 和 hosf 分别表示"1"和"2"作为系数，tir 和 yima 表示"5"和"10"作为位数，这几个计数单位结合不同的数值语义关系来表达该数词系统中的所有基本数词。这也从语言角度证明了运用单位进行"累积"计数的方式。

英语中也有语言现象证明这个计数过程。eleven 的词源是 Anglo-Saxon 语中的 ainlif，其中的 ain 是 ainaz（one）的缩写，而 lif 是 liq（leave）的变体形式 leave，也就是说，就词源来看 eleven 的意义是"one left（over ten）"（满了 10 之后还剩下 1）。twelve 的词源是 Anglo-Saxon 语中的 twā-lif，其中的 twā-意为"two"，因此就词源来说 twelve 的意义是"two left（over ten）"（满了 10 之后还剩下 2）。

成分语义关系为"减"的基本数词也有形素能表明计数是个累积的过程。阿伊努语（Ainu）中的 8 表达为 tupesanp，字面意义为"2 to 10"，即"（离）10（还）差2"，表明离累积到10这个整数还差2。

联系上文所总结的两个结论，即"整零"或"零整"是世界上绝大多数语言基本数词的结构方式，以及世界上大多数语言基本数词中都有位数词，可以进一步得出如下结论：

运用计数单位进行累积式计数是世界上大多数民族所采用的计数方式。

（三）累积式计数与预设计数

本书第四章第二节指出"预设计数是一种计数方式"。那么，它与累积式计数有什么区别和联系呢？

第一，部分预设计数式基本数词的形式有一个特征：内含表序数的词或语素。例如索西语中的如下语例：

表9.7　　　　　　　　索西语的预设数词

数词	索西语基本数词	字对字翻译	数值语义关系
22	chib xcha'-vinik	2 第二 -20	2 + (2-1) ×20
23	'oxib xcha'-vinik	3 第二 -20	3 + (2-1) ×20
...	...	...	...
51	buluchib y-ox-vinik	(9 + 2) 第三 -20	(9+2) + (3-1) ×20
52	lajcheb y-ox-vinik	(10 + 2) 第三 -20	(10+2) + (3-1) ×20
53	'ox lajuneb y-ox-vinik	(3 + 10) 第三 -20	(3+10) + (3-1) ×20
62	chib xchan-vinik	2 第四- 20	2+ (4-1) ×20
82	chib svo'-vinik	2 第五- 20	2+ (5-1) ×20
...	...	...	...

（引自 Takasugi，2022）

其中的 xcha'、y-ox、xchan 和 svo' 分别表示"第二""第三""第四"和"第五"。这种格式的意义为"第 n 个计数单位中的 m"（m 指零数）。例如：表示62的 chib xchan-vinik 的意义为"第四个20的2"。

第二，从表达的计数过程来看，预设计数这种计数方式是以累积下一个单位数值为目标的计数。相当于已经设定了下一个数值，计数的过程是在通过累积的方式填满它。

与预设计数相比较而言，典型的整零结构所表达的计数过程（即堆积式累积）有点不同。例如，前面所提到的阿兰布拉克语20表达为 yima yohtt（20整），21表达为 yima yohtti rpat（20整 加1）。这说明这种计数过程是简单的累积的过程，积满了一个单位数值就继续累积下一个单位数值。零整结构所体现的计数过程也是如此，只是表述的顺序相反而已。

预设计数所体现的计数方式可以称为"填充式累积"，典型的整零结构或零整结构所体现的计数方式可以称为"堆积式累积"。

第三，胡利语的一些基本数词中这两种方式并存。

胡利语（Huli）的下列基本数词中"gonaga"表示"第"跟在系数词 tebone（3）、mane（4）和 dauni（5）的后面分别表示"第三""第四"和"第五"。具体语例见表 9.8。

表 9.8　　　　　　　　胡利语基本数词

数值	胡利语基本数词	字对字翻译	数值语义关系	说明
31	ngui ki, ngui tebone-gonaga mbira	15 2, 15 三-第 1	15×2+1	表示"第 n 个 15"的形式与前面的"位数词×系数词"结构等值
32	ngui ki, ngui tebone-gonaga kira	15 2, 15 三-第 2	15×2+2	
33	ngui ki, ngui tebone-gonaga tebira	15 2, 15 三-第 3	15×2+3	
…	…	…	…	
44	ngui ki, ngui tebone-gonaga deria	15 2, 15 三-第 14	15×2+14	
45	ngui tebo	15 × 3	15×3	
46	ngui tebo, ngui mane-gonaga mbira	15 3, 15 四-第 14	15×3+14	
62	ngui ma, ngui dauni-gonaga kira	15 4, 15 五-第 2	15×4+2	

（引自 Takasugi，2022）

从字面意义理解，胡利语基本数词中逗号后的成分表示"第 n 个计数单位中的 m"（m 指零数）。这意味着这个序数结构起修饰的作用，相当于一个定语成分，表示"下一个单位数值的第 m"。例如：上表中表示 62 的基本数词的后半部分 ngui dauni-gonaga kira 表示"第五个 15 中的第 2"。

胡利语的预设计数表达方式很特殊，因为表达预设计数方式的序数结构之前还有一个"位系结构"，就数值来看，两者等值。"位系结构+零数"是"整零结构"的典型表达方式，但是在这种语言中"整零结构"和"预设计数"并存。这意味着在胡利语中"堆积式累积"和"填充式累积"两种计数方式并存。

再结合胡利语基本数词的整体数值排列特征，可以发现它们的整体数值是由大到小、由整到零排列。亦即胡利语的基本数词属于整零结构。前面所提到的具有"填充式"计数方式的索西语的整体数值排列顺序相反，属于零整结构。

由此可见，"堆积式"和"填充式"计数都是累积式计数方式。只是前者是按部就班地计数，后者是预设计数。前者可以称为"堆积式累积"，后者可以称为"填充式累积"。

二 称数法中的身体化表达

人类认知的对象包括具体的事物和抽象的概念。不同民族在使用语言来表述抽象概念时，会以不同方式、不同程度地借用具体事物的表述形式。身体是人类认知的物质基础，也是认知的具体对象，因此身体在人类认知和表述抽象概念的过程中扮演着重要的角色。

认知语言学家的相关观点认为：抽象概念绝大多数是隐喻性的（Lakoff & Johnson，1999），"隐喻主要以人的身体或者与身体经验有关的概念域为源认知域，换句话说，这些涉身的源概念域在组织更加抽象的概念结构的过程中起着主要作用"（Rohrer，2007：32）。许多认知语言学家运用涉身性概念对数学这一高度抽象领域中的很多现象进行了研究，主要成果有 Lakoff 和 Núñez 的相关研究（Lakoff & Núñez，1998；Lakoff & Núñez，2000；Núñez et al.，2011）。这些成果运用概念隐喻和意象图式等认知语言学的理论解读数学中的诸多现象，提出了数学认知科学的概念，并把它当作认知科学的一个新的子学科，追寻的终极目标是准确描述数学概念是什么，是运用涉身思维的相关理论建立准确的、以思维为基础的数学。由此可见，Lakoff 和 Núñez 更关注身体体验对认知数学所起的作用，他们所研究论证的是数学的涉身性。就语言表述形式而言，他们所考察的是体现数学的涉身性的语言现象，而数量概念的语言表述形式——数词，被当作基本粒子，其内部结构所体现的涉身性不是其研究对象。

笔者在研究世界不同民族语言称数法系统构成的过程中发现，很多数词的语言表达形式都体现了人类对身体、物理环境和文化的体验，它们与身体或与身体经验有关概念的关联突出体现了其涉身性。因此，本书将探讨世界不同民族语言称数法系统中的涉身现象，即不同语言在以身体或者与身体经验有关的概念域为源认知域来组织更为抽象的数量概念目标域时，在表达基本数量和相对数量的语言形式中的具体表现，即这个概念隐喻过程在称数法系统中的形式表现。本章将分别介绍以与身体有关的概念以及与身体经验有关的概念为源认知域、以数量和数量范围为目标认知域的映射情况，分析相应映射机制。由于篇幅原因，本书只选用有代表性的语料作为例子。

（一）以人的身体为源认知域

不同语言的称数法系统中都存在一些数词，它们的词形与身体部位词相同或相似，所表达的数量或顺序与相关身体部位的数量、大小或位置等特征直接相关。这是由于在数量抽象概念的表达过程中，以身体为源认知域，以数概念域为目标域，源认知域中身体部位的数量、大小、位置和顺序等概念被分别映射到数概念域中的数词和称数法系统的相应特征上。

1. 身体部位的数量映射到单个数词的数值

在许多语言的称数法系统中都存在把身体部位词用作数词的情况，而且两者所表达的数量之间存在对应关系，其原因是身体源认知域中的身体部位数量被映射到数量概念域中的数值。这类映射中通常是手指和脚趾的数目映射到目标域中，因此相关数词所表达的数值通常是5、10和20。

例如，巴西亚马孙河流域的希卡利亚纳语（Hixkaryana）的数词只有几个，除了towenyxa（1），asako（2），osorwawo（3），towtinke（4）这几个表示可以目测的数量的数词之外，就只有表示5的kamorɨ ɨrakay(o) me，意为两只手的一半，以及表示10的kamothɨrɨ tkatxehkaxe ro，其意义是"两只手全部"。

墨西哥南部的汉套语（Tseltal）也是如此：5是joeb（手指），20是jun winik（一个人），更大的数值则用以上数词的组合来表达，例如，40是shawinik（第二个人），25是joeb chawinik（第二个人的五个手指）。(Méndez，2010)

日本北部的阿伊努语（Ainu）中的5是ashiknep（手），10是wan（双手），20是hotnep（整体，人）。这几个数词与表示1、2、3等数值的数词一起构成其他数词，例如，9是sinepesanpe（双手-1），11是tup ikasma wanpe（双手+1）。100表示为asikne hotnep（手 人），两个部分的数值关系是5×20。

有些语言中还存在一些数词，其当代词形看似与身体部位无关，但是其词源与身体部位相关。笔者通过统计研究数词语源的相关著作中的语料发现：在不同语言中，词源义与身体部位的数量意义相关联的有表示4、

5、8、9、10 和 100 等不同数值的数词。尽管这类现象在所属语言系统中并不具有普遍性，但是也在一定程度上体现了身体在表达数量概念的过程中所起的作用。例如：已消失的日耳曼语族语言哥特语中的 fimf（4）可能与 figgrs 一词有关，而 figgrs 的发音和意义都与英语中的 fingers（手指）非常接近（巴特沃斯，2004：66 - 7）。尼罗河流域的努比亚（Nubian）语的数词 dišši（5）源自 diK- 和 uši，这两个词源的意义都是"一只手"（Blažek，1999：20）。印欧语系中表示 8 的数词极有可能起源于 H_2oketom（除开大拇指之外的所有手指）（Méndez，2010：271），表示 9 的数词语源应为 H_1newm（其意义可能是"缺"），因此可以猜想表示 9 的数词本是"缺一个"的缩写形式（Blažek，1999：287）。北非的柏柏尔语族（Berber）中不同语言表示 10 的数词大多有（H）-r-w[①] 这个词根，它在乍岩语（Zayan）中有相应的词 uḥu（其复数形式是 uławen），其词义是"合起来的两手"（ibid：72）。另外，在印欧语诸语言中，表示 10 和"百"的数词都彼此相关，而且词源都可能是 dekmtm（双手）的某个形式（ibid：60）。

2. 身体部位的大小映射到单个数词数值的大小

在一些语言中，指称较大身体部位的词被用作数词表示较大数值，指称较小身体部位的词被用作数词表示较小数值，此时身体部位的大小映射到数量概念域中数值的大小。

这类映射的典型表现是，在巴布亚新几内亚的 38 种用身体部位词做数词的语言中，有 36 种都是用表示"小拇指"的词表示 1，只有俄克萨普明语（Oksapmin）和米安语（Mianmin）是用表示"大拇指"的词表示 1，这极有可能是源自原始社会的扳指计数。不过，当人们按一定顺序数数时，既可以从大拇指开始也可以从小拇指开始，但是大部分语言都是从小手指开始，这一定程度上证明了人们在运用身体部位计数时，通常会让身体部位的大小与数值的大小相对应。

还有很多语言的数词词源体现了这种过程。例如，尼日利亚北部的卡努里语（Kanuri）的 tiló 和卡宁布语（Kanembu）的 tulló 都是表示 1 的数词，它们与撒哈拉语（Saharan）的"手指甲"语源一致。撒哈拉西部的图布语（Tubu）中 turkano 和 trukɔme，泰达-达萨语（Teda-Daza）中的

[①] 此处括号表示或然，连字符号代表在相应的位置有不同的字母。

turkɔn，以及撒哈拉东部的扎加瓦语（Zaghawa）中的 targwi（手指甲、脚趾甲、爪子）等，都表数词1，与它们词形最近的同源词是尼罗河-撒哈拉地区的费尔语（Fur）中的 tori（手指）（ibid：3-4）。以上表示1的数词词源义都是体积较小的身体部位，而与之相对的是，印欧语系中表示6的数词最有可能起源于 ĝʰ(e)s-weks（超大的手）（ibid：242）。

值得一提的是，在巴西亚马孙河流域的皮拉罕语（Pirahā）中，只有分别表示"少数、不多"和"较少、更少"的"hói"和"hoí"这两个表示模糊数量概念的数词（Frank et al.，2008），因此该语言中"多"和"少"的概念有时也通过表示"大"和"小"概念的其他词来表达。如下面的例句：

（30）a. gáta –hai　　　　hói　hi　–i　'aba　–'á　–ígi
　　　　罐头-外国的事物　少　强调　系动词留在　-暂时　-关联
　　　　–o　'ao　　　–aagá　　　'agaoa ko　–ó
　　　　-位置　所有格　系动词（临时）独木舟内　-方向
　　　　"外国人的独木舟内有少量罐头。"
　　　b. ti'ogi –'áaga　　　　　–ó'ítii' isi　'ogi　–ó
　　　　我大　表永久存在的系动词 -方向　鱼　大　　方向
　　　　'i　kohoai –baaí, koga hói　hi　hi　–i　kohoi –hiaba
　　　　她 吃　-强调 不过 少量 强调 强调 系动词 吃　　不
　　　　"我们吃掉了大部分的鱼。"

（引自 Frank et al.，2008）

例句（1a）的字面意义是："少量罐头留在独木舟内。"其中的 hói 表示"少量"。例句（1b）的字面意义是："我大（我们）吃大的鱼（大部分的鱼），不过有小部分我们没吃。"其中 ti'ogi 的字面意义是"我大"，表第一人称复数，'ítii' isi'ogi 的字面意义是"鱼大"，表大部分鱼。尽管在例句（1b）中，数量的表达与身体无关，但是所用的表达机制与本书中所讨论的一致：用"大"表示"量多"，"小"表示"量少"。

3. 身体部位的位置映射到单个数词在系统中所处的位置

身体部位在身体中的具体位置以及从重要性程度而言的位置有时也会被映射到数量概念域中，对应着单个数词在所属称数法系统中所处的位置。

首先是身体部位的位置映射到单个数词在所属称数法系统中所处的位置。例如，印欧语系中表示 3 的数词源自"中指在手指中所处的中间位置"，因为表示 3 的词根 ter-以及大多数表示 3 的数词中都含有字母 i，而它具有表示中间位置的功能（Blažek，1999：195）。再如，埃及语中 7 的词源可能是 sabābat、sibbat 和 sabbāhat 等，它们的意义是"食指"，其语义也可能起源于既表示 3 又表示"中指"意义的数词，因为很有可能它们在某些方言中表示"食指"，而在其他方言中表示"中指"（ibid：44）。

其次是身体部位的位置映射到数量概念域中的顺序。例如，在小亚细亚的赫梯语（Hittite）和卢威语（Luwian）中，"第一"源自安那托利亚语（Anatolian）中的 hant-（前额）。（ibid：143）汉语中，表"第一"概念的"首先"，"首"为"头"，也可以用"头"表示"第一"。在皮拉罕语中也存在类似情况（Everett，2005），例如：

（31） ti 'apaí káobíi 'ahaigí hi tíohió' ío/gaaba káobíi
　　　 我 头 落下 同辈 他 朝 我/那里 落下
　　　 "我第一个出生，后来我的弟弟出生。"
　　　 （字面意义：我头落下，同胞朝我落下。）

（引自 Everett，2005）

这个例句中的 tíohió' ío 和 gaaba 在大多数语境下可以互换，都表示一系列参与者或事件中的中间点。不过在皮拉罕语中，"头"并不完全等同于"第一"，只是在表达时间或空间序列中的起始位置时与"第一"的意义相同。

4. 身体部位的顺序映射到称数法系统元素的顺序

有些语言中用一系列身体部位名称做数词，这些词按照身体部位排列的顺序与所属语言基数词系统的顺序对应，此时身体部位的顺序映射到称数法系统中元素排列的顺序。巴布亚新几内亚地区特殊的身体部位称数法系统是这类映射的典型代表。

由于被布满森林的山谷所包围，巴布亚新几内亚高地的很多小部落长期与世隔绝，部落之间联系也很少，因此形成了 800 多种互不相同而且彼此无法听懂的语言，它们又可以被大致归入 60 个不同的语系。在巴布亚新几内亚的诸多语言中，大约有 38 种语言的称数法系统地运用了表达身体部位意义的词，其中有 36 种语言的计数都是从身体一侧的小拇指开始，有些语言遵循从左至右的顺序，有些遵循从右至左的顺序，例如俄克萨普明语（Oksapmin）的基本数词有 27 个，与它们分别对应的是 27 个不同的身体部位的名称，对称的身体部位表示不同的数值，表达 27 以上的数值则继续朝反方向循环一次。该语言的数词及其意义的对应关系情况如表 9.9 和图 9.1 所示。[①]

表 9.9　　　　　　　　俄克萨普明语数词及其字面意义

数词表达	意义	数值	数词表达	意义	数值
tipʌna	大拇指	1	tan-tipʌna	另一个大拇指	23
tipnarip	食指	2	tan-tipnanp	另一个食指	24
bumnp	中指	3	tan-bumnp	另一个中指	25
hʌtdip	无名指	4	tan-hʌtdip	另一个无名指	26
hʌthʌta	小拇指	5	tan-hʌthʌta	另一个小拇指	27
dopa	手腕	6	tan-dopa	另一个手腕	22
besa	前臂	7	tan-besa	另一只前臂	21
Kir	手肘	8	tan-kir	另一个手肘	20
towʌt	上臂	9	tan-towʌt	另一个上臂	19
kata	肩	10	tan-kata	另一侧的肩	18
gwer	颈	11	tan-gwer	另一侧的颈	17
nata	耳朵	12	tan-nata	另一只耳朵	16
kma	眼睛	13	tan-kma	另一只眼睛	15
aruma	鼻子	14			

还有一些语言总体遵循某一种顺序并存在个别例外情况，例如本章第一节提到的巴鲁噶语，其总体遵循从右到中再到左的顺序，但是表示 10 的 diti（右眼）后面是表示 11 的 diti（左眼），12 才是 mendo（鼻子）。

就顺序而言，38 种语言中最特殊的是于普诺语（Yupno），该语言的 1 到 5 是从左手小拇指到大拇指，6 到 10 是从右手小拇指到大拇指，11 到 15 是从左脚的小脚趾到大脚趾，16—20 是从右脚的小脚趾到大脚趾，21 到 33 都是遵循从左到右再到中间的顺序。具体情况见图 9.2。[②]

由此可见，即使是在最特殊的巴鲁噶语和于普诺语中，身体部位在被

---

① 表 9.9 和图 9.1 引自 Saxe（1981）。
② 图 9.2 引自 Wassmann 和 Dasen（1994：84）。

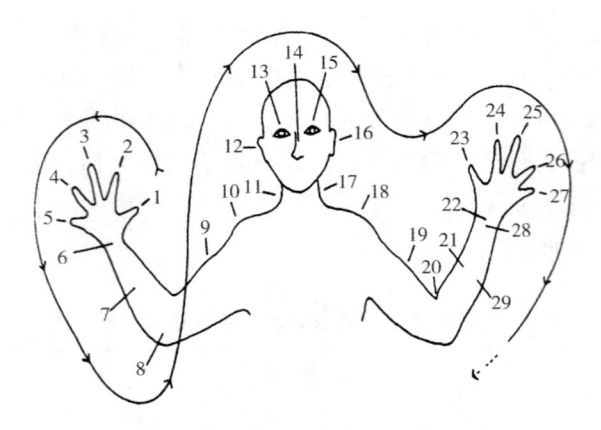

图 9.1　俄克萨普明语数词数值与身体部位的对应情况

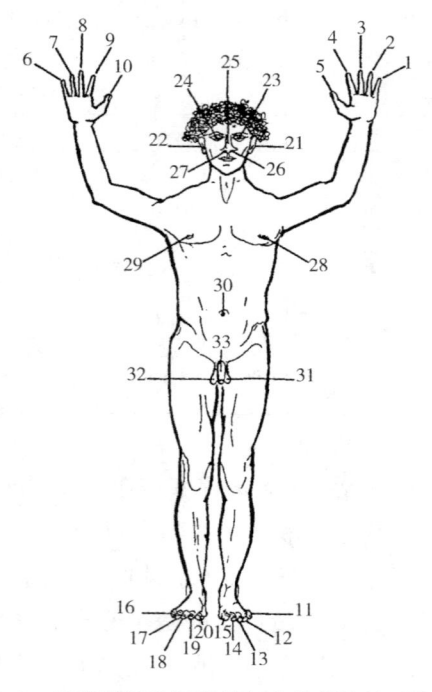

图 9.2　于普诺语数词数值与身体部位的对应情况

运用来计数时，其顺序都与数词数值由大到小的顺序总体相对应。此时有序的身体部位被用来给称数法系统中排列有序的基本数词命名。

5. 身体部位的数量映射到称数法系统的进制

随着人类社会的发展，当计量更大数目的需求开始出现时，把计数方法系统化成为了一种必然的趋势，于是数目被排列成便于计量的基本群，群的大小由所用的匹配方式决定。简而言之就是：选取某一数 b 作为计数的基（base）［也叫作记数根（radix）或进位制（scale）］并定出数目 1、2、3……b 的名称，大于 b 的数目则用已选定名称的数目的组合表示（Hurford，2007；伊夫斯，2009）。

很多语言称数法系统的进制体现了身体部位数量的影响。Comrie（2022）提出了一个假设：称数法系统的位数词要么源自借用与身体相关的数量，要么源自商品交换。数值较小的位数词通常属于前一类，数值较大的通常属于后一类。他认为：位数词 10 源自一个人的手指总数；位数词 20 源自一个人的手指和脚趾的总数，或是每个手指数两遍；位数词 8 源自指蹼的数目（加利福尼亚的一些语言就是如此）；位数词 12 源自一只手的大拇指之外的指骨的总数。

本书前面所提到的 38 种语言也体现了这种映射，它们用身体部位词做数词的语言所使用的进制通常是所运用的身体部位的数量。据统计，这些语言的进制分别是 12、14、18、19、22、23、25、26、27、28、29、30、31、32、33、35、37、47、68 和 74，它们的位数词通常是表示"人"的名词。例如安戈语（Anggor）的最大基本数词是 23，23 以上的数词用"一个人和－"表示。在其他的语言中，位数词既有表示"手"和"双手"的词也有表示"人"的词，例如上文所提到的阿伊努语。

称数法系统进制的涉身性还体现在数词形式的一个普遍性表现上，那就是不同语言的称数法系统中数词形式发生改变的转折点大多都很相似：3、5、10 以及 20。简写汉语数词从"一、二、三"到"四"在形式上明显有很大变化。英语的序数词由特称表达 first（第一）、second（第二）、third（第三）跳到"基数词/基数词变体+th"的形式 forth（第四）、fifth（第五）、sixth（第六）……，变化的转折点也是 3。哈卢艾语的 1、2 分别是 pa 和 mos，是简单数词，3 开始表达为 mos paŋ（2＋1），形式的转折点是 3。曼格拉里语只有三个数词：(ŋa) wumbawa（1）、ŋabaranwa（2）、ŋabaḷawa（3）。伊帝尼语（Yidiny）只有五个数词：guman（1）、jambul（2）、dagul（3）、yunggan. gunyjii 或者 mugungabi（4）、mala（5）。后两种语言只有有限的几个数词，而且数目是 3 或 5。这些语言实例表明 3 以及与之相邻的几个数是数词形式发生变化的一个转折点（主要是 3、4、5，其中以 4 作为形式转折点的语言较少），这是因为这几个数是"可以通过目测直接识别的数量（最多是5）"（Comrie，2022），这是人类视觉认知能力方面的特征在称数法系统中的直接体现。

数词形式发生变化的另外几个转折点是5、10和20。例如：汉语中"一"到"十"是简单数词，"十一"以上就是复合数词，"十"介于两者之间，既可以表达为简单数词"十"又可以表达为复合数词"一十"，这证明了"十"作为形式转折点的特征。英语中也是如此：one到ten是简单数词，thirteen以上都是复合数词，中间的eleven和twelve是特例①，因此仍然可以认为ten是转折点。20也是英语数词形式的转折点——从"简单数词/简单数词变体+teen"的形式转变为"简单数词/简单数词变体-ty（+简单数词）"的形式。墨西哥南部和中美洲印第安各族所说的那瓦特语（Nahuatl）在5之后开始有形式变化，例如，6表达为chicuacë（5+1）。10表达为简单数词mahtlactli，10之后又是表达为加法"10+n（n<5）"，例如，11表达为mahtlactli-on-cë（10+1）。15表达为简单数词caxtölli，15之后又是表达为加法"15+n（n<5）"，例如，16表达为caxtölli-on-cë（15+1）。在该语言中20也是一个转折点：从20之后数词内部成分之间关系开始有乘法。例如，20表达为cem-pöhualli，21表达为cem-pöhualli-on-cë［（1×20）+1］。事实上，该语言以5为一个阶段采用不同的词作为位数词［如：chicuacë（5），mahtlactli-on-cë（10），caxtölli-on-cë（15），cem-pöhualli（20）］。

从直接原因来分析，5、10和20之所以成为一些语言数词的形式转折点是因为它们的称数法系统是五进制、十进制或二十进制，这三个数值正好是从简单数词变成复合数词的转折点。究其深层次原因，则是因为在语言产生之初以及计数的初始阶段，人们用手指或脚趾计数，或者用两者一起计数，直至后来这些数成为计量的单位。

（二）以与身体经验有关的概念域为源认知域

以与身体经验有关的概念域为源认知域，以数量概念域为目标域的涉身现象，是指与身体的方位、内外和运动方向等相关的体验被运用到数量概念域来组织数目的语言表达方式。在这类映射中，身体没有在字面上体

---

① eleven的词源是Anglo-Saxon语中的ainlif，其中的ain是ainaz（one）的缩写，而lif是liq（leave）的变体形式，因此eleven的词源意义是"one left（over ten）"（满了10之后还剩下1）。twelve的词源是Anglo-Saxon语中的twā-lif，其中的twā-意为"two"，因此twelve的词源义是"two left（over ten）"（满了10之后还剩下2）。

现出来，而是隐藏在幕后作为参照点，外物与身体的相对方位、外部世界与身体的物我分界、外物相对于身体的位置改变等基本认知体验，与对数量、数量范围和相对数量关系的感知进行类比。相应地，与这些身体体验相关的语言表达形式则被用来表达数值语义关系、数量范围和相对数量关系等。

1. 方位和运动方向等身体体验映射到复合数词成分间的数值语义关系

如本书第四章的研究结论所示，不同语言复合数词中的成分之间具有不同的数值语义运算，例如：加、减、乘、幂和预设计数。这些数值语义关系大多有不同的形式表现，其中有些形式体现了涉身性。这类形式通常是表示加或减关系的，尽管不太常见，但是分布仍然很广。

有些语言把表示"在……之上"这一身体方位体验的词或词缀用在复合数词中做连接成分，表示"加"的含义。古代教会斯拉夫语（old Church Slavic）中的 na 和苏丹中部的罗格巴拉语（Logbara）中的 dri-就是这样的词或词缀，例如，前者的 11 表达为 jedinū na desete（1 na 10，即"1 在 10 之上"），后者的 11 表达为 moodri dri-ni alo（10 dri- 1，即"在 10 之上有 1"）。约鲁巴语（Yoruba）的 lé 也是如此，例如，21 是 oókàn lé lógún（1+20），215 是 okòó léerúgba ódín márń（20+200-5）。

有些语言把表示身体运动方向的词或词缀用在复合数词中表示"减"的连接成分。例如贝宁语（Benin）的 ovb 和 iro vb 表示"从……出来"，它们用在复合数词中表示减法关系，16 表示为 ener-ovb-ugie（4-ovb-20），19 表示为 okpa iro vb-ugie（1-iro vb-20）。约鲁巴语中也有这样的词 dín（从……出来），例如，38 是 eéjì dín lógójì（2 dín 2 20）。

2. 方位、内外、运动方向等身体体验映射到数值范围

在这类映射中，表达数值范围的一般是做概数的短语，由于其句法功能与基本数词相差无几，传统语法把它们纳入广义的数词范围。它们的结构一般是"(x)+基本数词+(y)"，其中的 x 和 y 是表示方位、内外和运动方向的词。①

Lakoff 和 Johnson 曾提到过相关映射："上"为多，"下"为少（Lakoff & Johnson, 1980：16）。其后学界很多研究也曾讨论过相关问题，

---

① x 和 y 在此处指与基本数词结合一起表概数概念的语言表达形式，例如"左右"、"上下"等。括号表或然，在大多数语言中，x 和 y 必然而且只能出现一个。

但是并未对不同语言中的相关映射进行具体分类。笔者通过对多种语言的观察发现，相关映射大体可以分为三类：（1）上、下、左、右等方位概念映射到数量范围。其中，"上、高、右"（在一些语言中不用"左"和"右"表"少于"和"多于"的概念，例如英语）表"多于"，"下、低、左"表"少于"，并用"左右、上下"等表示约量。（2）内、外等空间概念映射到数量范围。其中，"内"表"少于"，"外"表"多于"。（3）运动的相对位置映射到数量范围。其中，"超过、超出、出头儿"表"多于"，"接近、不到、将近"表"少于"。这些映射的机制为："上"为多，"下"为少；"高"为多，"低"为少；"外"为多，"内"为少；"超出"为多，"不到"或"近"为少。具体语例见表9.10。

表 9.10　　　　　　　　　　不同语言概数表达法中的涉身现象

映射类型	方位→数量范围			内外→数量范围		相对位置→数量范围	
	大约某一数量	少于某一数量	多于某一数量	少于某一数量	多于某一数量	少于某一数量	多于某一数量
汉语	三十左右/上下	三十以下，低于三十	三十以上，高于三十	三十以内	三十开外	不到/将近/接近三十	超过/超出三十，三十出头儿
日语	30ぐらい	30以下，30より低い	30以上，30より高い，30を上回る	30以内	30をオーバーする	30に近い	30を超す，30を超える
韩语	30 대	30 대 이하	30 세 이상	30 세 이내	30 대 이상	30 세 가까이	30 대 초반
英语	around thirty	below/under thirty	above/over thirty	within thirty	beyond thirty	close to thirty	in excess of thirty
法语	trentaine	en dessous de/inférieur à tren	en dessus de/supérieur à tren	en deçà de tren	au-delà de tren	vers tren	dépasser/ surpasser/ excéder trente
德语	etwa dreißig	unter dreißig	über dreißig	innerhab von dreißig	dreißig entfernt	in der Nähe von dreißig	mehr als dreißig

Corver 和 Zwarts（2006）指出，尽管许多语言中都有含介词的概数表达法，但是不同语言中这类结构的数量有不同，荷兰语中有十多个，而俄语中的就少得多。由于数量概念中的空间远比物理空间简单，只有线性关系和距离关系，因此只有部分表达空间的介词被借用到数词中，被借用的这些词还失去了与数量概念无关的语义成分。他还指出，由于数词的计量与垂直维度之间的隐喻关联（Lakoff & Johnson, 1980），因此在表达数目的结构中可以发现表示垂直空间关系的介词，如 boven, over（在……

上）和 onder（在……下），而不会看到表示水平空间关系的介词，如 voor（在……前）或 naast（在……旁）。他的观点太绝对，汉语及我国境内的少数民族语言中所出现的表示"左右"的词就表示水平空间关系。例如：

(32) a. 10 天他们就完成了这个月百分之四十左右的工作任务。（汉语）

  b. ŋua^{31} kho^{42} ga^{42} lɛ^{42} ga^{42} dʒi^{33} （傈僳语）①
   五 年   左   右
   "五年左右"

  c. na：1^3 tsan^6 ma：1^2 pjei^1 tim^3 tsoŋ^1 tsai^5 bja：u^6 a^3（瑶语）②
   这 时 有 四 点 钟 左 右 了
   "现在有四点钟左右了"

  d. saek haj aen （壮语）③
   左右 五 个
   "五个左右"

还有一些表示非垂直维度关系的介词也可以用于表达数量概念。以下例句除了汉语之外都引自 Corver 和 Zwarts（2006），其中的斜体部分分别表示"在周围、在……之间、在附近、在……之中"等，都是表达非垂直维度关系的介词。

(33) a. 参加晚会的人数大约是二十到三十之间。（汉语）

  b. *Rond de twintig gasten* kwamen er op het feest（荷兰语）
   在周围 20 客人 来那里 在 晚会
   "晚会上约有二十个客人。"

  c. Er waren *tussen de twintig en de veertig* mensen uitgenodigd voor het
   存在 在…之间 二十 和 四十 人 被邀请 为

---

① 语料引自孙宏开（2007）。
② 语料引自舒化龙、肖淑琴（1984）。
③ 语料引自曾曼丽（2013）。

feest（荷兰语）

晚会

"晚会邀请了二十到四十人。"

d. Au fost *în jur de* 20 de copii la petrecere（罗马尼亚语）
　　曾　在附近　20　孩子　在晚会

"晚会上约有二十个孩子。"

e. Au fost *între*　20　*şi*　30 de copii　la petrecere（罗马尼亚语）
　　曾　在…之间 20　和　30　孩子　在晚会

"晚会上约有二十到三十个孩子。"

f. En la　fiesta había *entre*　20　*y*　30　niños（西班牙语）
　在晚会 存在 在…之间　20　和　30　孩子

"晚会上有二十到三十个孩子。"

g. Ipirxan　*jiro*　*sta*　20　pedhja　sto　parti（希腊语）
　存在　在…周围　20　孩子　来　晚会

"晚会上约有二十个孩子。"

h. hayu　*be-svivot* 20 yeladim ba-mesiba（希伯来语）
　存在　在附近 20　孩子　在晚会

"晚会上大约有二十个孩子。"

i. hayu　*beyn*　20　*le/ve-beyn*　30　yeladim　ba-mesiba（希伯来语）
　存在 在…之中 20　到/和 在…之中 30 孩子　在晚会

"晚会上有二十到三十个孩子。"

由此可见，表示上下、左右、内外和运动方向等身体体验的词都可以用来表达数值范围，只是每一种语言用于辅助表达数量范围的体验类型不同。

3. 方位、内外、运动方向等身体体验映射到相对数量关系

在这类涉身现象中，表示方位、内外和方向等身体体验的语言表达方式被用来表达分数和倍数等相对数量关系。笔者所掌握的语料中有两类这样的映射，一类是表示方位和内外等身体体验的语言形式用于分数表达形式中。例如，波兰语中的 na（在……上），门巴语中的 ko√ neŋ┐ ki√（里面），彝语的弥勒话中的 bo┤ ku┤ ɛ┤（当中、里面）。

(34) a. Dziewięciu na każdych stu Polaków lubi jazz.
（波兰语）①
　　　9　　在…上　每　　百　　Poles　喜欢　爵士乐
Poles 喜欢百分之九的爵士乐。
b. kha˥ liY koˇ neŋ˥ kiˇ leˇŋeY   （门巴语）②
　　二十　　　里面　　　　五
　　二十分之五
c. tsh˥ po˥ bo˥ ku˥ ɛ˥ si˥ po˥   （弥勒话）③
　　十　分　当中　　　三　分
　　十分之三

还有一类则是表示方位概念的语言形式被用于倍数表达形式中表示成倍的概念。例如，基诺语中的倍数可以用在重复数量词中加 tha¹（上）表示，"一倍"可以表示为：④

(35) thi² pø² tha¹ thi² pø²
　　　一　 份　（上） 一　 份

（三）称数法系统中的涉身现象小结

目前相关研究所探讨的多数是以数词作为始源域，以其具体的使用所涉及的认知域作为目标域的现象。本书研究称数法系统中以数量概念作为目标域、以身体及对身体的体验为始源域的涉身现象，探讨涉身现象在语言形式上的体现并根据映射机制对它们进行分类。本书发现，当以人的身体为源认知域时，身体部位的数量、大小、位置、顺序被分别映射到数词的数值、称数法系统的进制、数值的大小、单个数词在系统中所处的位置以及称数法系统元素的顺序；当以与身体经验有关的概念为源认知域时，上、下、高、低、右、左、外、内、超过、接近等方位、空间、相对位置概念被映射到复合数词成分间的数值语义关系、数量范围和相对数量关

---

① 语料引自 Rutkowski 和 Maliszewska（2007）。
② 语料引自陆绍尊（1984）。
③ 语料引自武自立、纪嘉发（1982）。
④ 语料引自孙宏开等（2007：336）。

系，具体映射情况见表 9.11。

表 9.11　　　　　　　　　称数法系统中的涉身现象

	身体	身体经验
简单数词	身体部位数量→单个数词的数值 身体部位大小→单个数词数值的大小 身体部位位置→单个数词在系统的位置	
复合数词		方位、运动方向→复合数词成分间的数值语义关系
相对数表达方式		方位、内外、运动方向→数值范围 方位、内外、运动方向→相对数量关系
进制	身体部位数量→称数法系统的进制	
称数法系统特征	身体部位顺序→称数法系统元素的顺序	

由表 9.11 可以看出，涉身现象存在于不同语言称数法系统的各个层级。一种语言的称数法系统中可能同时出现几类映射，例如在蒙古语族语言的基数词中，*ta-b（5）的词根是*ta-，早期阿尔泰语中指"手"，*dirəgo（6）的词源是肢体部位计数法中的"拳头"，*dolo-n（7）原本可能指"肩"，*niman/ŋ（8）的词源是"额"，*ʔidə（9）指"头顶"，*qarab（10）指"全体"（吴安其，2012）。其中，*ta-b（5）和*qarab（10）的词源反映了把身体部位数量映射到单个数词数值的过程，从 5—10 这几个数词词源意义的顺序又反映了把身体部位的顺序映射到称数法系统元素的顺序这一过程。也有极少数语言的称数法系统可能不存在涉身现象，例如只有表示 1、2、3 这三个数值的数词的曼格拉里语。

第五节　本章小结

本章以本书前几章的比较和类型学考察为基础，总结了不同语言称数法系统的类型、结构特征、历时演变的阶段性，以及人类对数量认知的普遍特征。

根据基本数词系统的差异，世界语言称数法系统可以分为无基本数词、身体部位计数、有限基本数词、进位制基本数词四类。

称数法系统的总体结构表现出有序性和层级性的特征，一些特殊的数词形式和结构——例如成分语义关系为"减"的基本数词和计数方式为预设计数的基本数词——并未影响这两个总体特征。

不同语言称数法系统的共时特征体现了其历时演变的阶段性。大多数语言的历时发展都经历了由模糊至确定、由小数到大数、由基本数到相对数的发展阶段。

基本数词结构表明人类的计数方式有"堆积式累积"和"填充式累积"两种较常用的方式。同时，数词表达运用了很多与身体相关的概念，其运用体现在个体基本数词的词形以及位数词的数量意义上。另有一种不太常用的标记式计数方式，一些语言用身体部位或实物标记数量。

第十章

结　　语

第一节　本书的主要结论

本书在为区分相关概念的基础上建构了面向普遍语言特征研究的称数法系统，系统地比较了不同语言的基本数词以及相对数表达法，总结它们所表现出来的不同语言数词的共性和差异以及称数法系统的普遍特征。本书的主要研究结论如下：

1. 称数法是表达数目的语言表达法，即称数的语言形式和方法，是语言形式及其结构方式的总和。面向普遍语言特征研究的称数法系统由基本数词和相对数表达法构成，后者包括概数表达法、分数表达法和倍数表达法。这个系统中不包括序数表达法、小数、负数、频次数词、集合数词和数词的异读等。

2. 不同语言基本数词的成分语义运算类型根据成分关系类型的不同而不同。

（1）只有少数语言的基数词系统中仅存在简单数词而不存在任何一种语义运算关系。无语义运算的情况有三种：无数词系统；没有大数值的数词；运用身体部位计数法。由于世界经济和文化交流的日益增多，数词的相互影响也逐渐增多，有些语言的称数法系统完全受到其他语言的影响。

（2）有基本数词系统的语言中总有一些数表达为简单的词。

（3）相邻元素之间的语义运算方式有加、乘、减和乘方四种。它们的运用频率从高到低排列分别为：加—乘—减—乘方，而且加和乘出现在大多数语言的基本数词中，它们的运用率远远高于其他两类，是构成绝大多数语言复合数词的语义运算方式。

(4) 有减的基本数词系统中必有加和乘。

(5) 有乘方的基本数词系统中必有加和乘。

(6) 除极个别语言外，绝大多数有复合数词的基本数词系统中有加；除极个别语言外，绝大多数有乘的基本数词系统中有加。这个例外是上文提到的阿山宁卡语。

3. 位数词是由基数通过语义运算构成，其方式有两种：乘方和乘。乘方的运用率远大于乘。两者之间有一定共存倾向。

(1) 有基数的基本数词系统必然会用乘或乘方构成位数词。

(2) 十进制的基本数词系统必然会用乘方构成位数词。

(3) 仅用乘的方式构成位数词的基本数词系统必不是十进制。

4. 位数词的相邻倍数之间的零数运用的语义运算有两种：循序和预设。循序的运用率远大于预设，只用循序而不用预设的语言占世界语言的绝大多数。两者之间有一定共存倾向。

(1) 有位数词的基本数词系统必有循序计数和/或预设计数。

(2) 循序计数与预设计数一起构造了不同语言基本数词系统中位数词的相邻倍数之间的所有数词，它们可以单独存在于一种语言中，也可以共存于同一个基本数词系统，甚至可以共存于同一个数词。

5. 基本数词系统中所有语义运算方式之间也存在一定蕴涵关系。

(1) 有循序计数或预设计数的基本数词系统必有加和乘。

(2) 无加的基本数词系统必无循序计数和预设计数。

(3) 无乘的基本数词系统必无循序计数和预设计数。

(4) 循序计数必与加和乘共存于同一个基本数词系统，还可以与加、乘或减并存于同一个数词。

(5) 预设计数必与加和乘共存于同一个基本数词系统，还可以与加和/或乘并存于同一个数词。

(6) 预设计数可以与减共存于同一个基本数词系统，但是预设计数不会与减并存于同一个数词。

6. 预设数词的地理和谱系分布具有一定集中性。不同语言预设数词的形成有五种不同的动因，其组合语义既有共性也有个性，预设数词内部成分语序与它所在语言的基本语序存在一定关联倾向，循序数词与预设数词的历时发展有四种不同的模式。

7. 不同语言中语义运算为加、乘、减的复合数词成分语序分别有四种、三种和五种类型，这些类型的数量分布并不平衡，一些语言的成分语序因四个影响因素而发生了历时变化，不同语义关系成分语序在一些语言中存在密切关联。经过详细介绍和分析 Greenberg（1978）的关于加的成分语序的共性 26 和共性 27 以及关于乘的成分语序以及与外部语序关系的共性 28 和共性 29，根据对所建语种库相关语料的分析和统计后发现，共性 26 和共性 27 并非如 Comrie（2020）所说的没有依据，只是这两个共性都存在少量反例，因此需要由绝对共性改为倾向共性，同样，共性 28 和共性 29 也存在一些反例，它们也都是倾向共性而非绝对共性。

8. 加、乘、减和乘方等数值语义运算是复合数词的深层构成方式，而语音和语形方式是语义方式的表层形式表达，其中深层方式是必需的，表层形式表达即为显性标记，它们是可选择性的，有些语言的复合数词有显性标记形式，有些没有。显性标记有不同形式，除开现有研究所发现的显性标记之外，有些语言中还分别采用了在不同语义运算中运用不同的词形这种特殊的显性标记以及运用不同停顿时长来辅助标记语义运算顺序。显性标记与语义运算之间存在着一定对应关系，有些语言中存在用两个或多个显性标记标示同一种语义运算关系的情况，有些语言则存在有些数词运用显性标记有些不用的情况，其具体选择存在 4 种制约因素，不同语言显性标记的位置存在 5 个共性特征，其中 1 个是绝对共性，4 个是倾向共性。

9. 汉英概数表达法、分数表达法和倍数表达法的系统的共性和差异一定程度上反映了不同语言相对数表达法的结构特征。在深入系统比较两种使用范围广、发展成熟并有很大代表性的语言的基础上对其他语言相对数表达法的结构特征可以作一些不完全归纳推理，这是对类型研究思路的一种新的尝试。

10. 数词系统整体表现出成员排列的有序性和总体结构的层级性，同时也存在结构和历时变化的差异性。根据基本数词系统的差异，世界语言称数法系统可以分为无基本数词、身体部位计数、有限基本数词、进位制基本数词四类。这些共性和差异反映了人类数量概念发展可能经历了四个阶段：相对数量感知阶段，数量与实物捆绑阶段，有限抽象数量阶段，集群数量阶段。也反映了数词系统发展的由简到繁再由繁到简的总体发展历程。基本数词结构表明人类的计数方式有"堆积式累积"和"填充式累积"两种较常用的方式。此外，数词表达运用了很多与身体相关的概念，其运用体现在个体基本数词的词形以及位数词的数量意义上。世界不同民族语言数词系统中存在着涉身现象。当以人的身体为源认知域时，身体部位的数量、大小、位置、顺序被分别映射到数词的数值、数词系统的进制、数值的大小、单个数词在系统中所处的位置以及数词系统元素的顺序；当以与身体经验有关的概念为源认知域时，上、下、高、低、右、左、外、内、超过、接近等方位、空间、相对位置概念被映射到复合数词成分间的数值语义关系、数量范围和相对数量关系。

第二节 本书的局限和有待研究的问题

称数法结构类型学研究是一个工程浩大且意义重大的工作，但是由于研究能力、语料搜集难度和篇幅的限制，本书只对基本数词做了较全面系统的分析，而对相对数表达法只选取了汉语和英语作为主要比较对象，研究结论的准确性和全面性有待提高，因此存在着一系列有待进一步研究的问题。

1. 分别对分数表达法、倍数表达法和概数表达法进行类型学考察。可以从本书所作的不完全归纳推理结论出发，通过放在更多语言中验证和调整的方式继续下一步的研究。

2. 进一步区分表达实体的量、特征的量、行为的量和程度的量的语言形式。本书及目前绝大部分相关研究都只涉及表达实体的量以及其他三种量的量化计数形式，而未涉及其他的量的表达形式。例如，"亮"和"暗"中涉及了特征的量，"快"和"慢"涉及了行为的量。这类研究能拓展对数量表达方式的理解，从而了解人类表达不同量的方式，并在此基础上得出量的表达方式的总体特征。

3. 通过考察称数法的特称考察人类认识和表达数的特征。哲学理论认为，人类是先认识外物再认识自己，可是表达时是从自我本身出发。数的认识是始于对群体的认识，对群体的分解才有了数。数词的一些特征能为人类认识数的一些特征提供语言佐证。这个研究课题很有意义，但本书只涉及了皮毛，还需作系统、全面、深入的研究。

4. 考察称数法系统特征所反映的语言系统、符号系统和人类思维认知的特征。作为语言系统的子系统，称数法系统的特征在一定程度上反映了整个语言系统以及语言系统中其他同级别子系统的一些特征，进而反映了其他符号系统的一些特征。同时，作为人类认识的成果和表达认识的方式，称数法系统的一些现象和特征反映了人类的思维和认知特征。因此，对称数法系统的特征进行这方面的考察有利于进一步认识语言系统、符号系统和整个人类的思维和认知特征。

5. 考察称数法系统所反映的人类的生活史和文化发展史。数的概念在社会生活中很常用，而且在原始社会也就是在语言文字产生之初，数以及与数相关的语言是最初产生的语言要素之一，因此，称数法较多地反映了一种语言产生之际的社会生活状况和文化状况。同时，称数法的发展大多是由于社会生活交流和文化发展的要求。因此，对称数法进行历时考察，以及对共时考察中所体现出的发展阶段性进行考察，能够反映整个人类以及不同民族的生活史和文化发展史。

附录 I

语种库中 365 种语言数词的基本情况

序号	语系名称	语种数	语言名称	进制	相邻成分间	位数词间	预设/循序	语序	加的连接	乘的连接	减的连接
1	阿布哈兹-阿迪格语系 Abkhaz-Adyghe	1	乌比克语 Ubykh	20	加、乘	乘、乘方	循序	系-位-零	包围	中间	无
2	亚非语系 Afro-Asiatic	14	西瓦语 Siwi	10	加、乘	乘方	循序	零-系-位	中间	熔合	无
3			塔哈加特-塔马哈克语 Tahaggart Tamahaq	10	加、乘	乘方	循序	系-位-零	中间	中间	无
4			泽纳加语 Zenaga	10	加、乘	乘方	循序	系-位-零	中间	中间	无
5			特拉语 Tera	10	加、乘、减	乘方	循序	位-系-零	中间	无	无
6			吉达尔语 Gidar	10	加、乘	乘方	循序	系-位-零	中间	无	头部
7			贝扎语 Bedawi	10	加、乘	乘方	循序	系-位-零	中间	音变	无

续表

序号	语系名称	语种数	语言名称	进制	相邻成分间	位数词间	预设/循序	语序	加的连接	乘的连接	减的连接
8	亚非语系 Afro-Asiatic	14	阿拉巴语 Alaba-K'abeena	10	加、乘	乘方	循序	系-位-零	熔合	音变	无
9			加瓦达语 Gawwada	10	加、乘	乘方	循序	位-系-零	中间	中间	无
10			迪津语 Dizin	10	加、乘	乘方	循序	系-位-零	尾部	无	无
11			阿里语 Aari	10	加、乘、减	乘方	循序	零-系-零	中间	尾部	变音
12			乍得阿拉伯语 Chadian Arabic	10	加、乘	乘方	循序	系-位-位	中间	删音	无
13			亚述新阿拉迈克语 Neo-Aramaic Assyrian	10	加、乘	乘方	循序	系-位-零	中间	音变	无
14			蒂格里亚语 Tigrigna	10	加、乘	乘方	循序	系-位-零	中间	尾部	无
15			翁戈塔语 Ongota	10	加、乘	乘方	循序	位-系-零	无	无	无
16	阿尔吉克语系 Algic	2	奥吉布瓦语 Ojibwa	10	加、乘	乘方	循序	系-位-零	中间	熔合	无
17			尤罗克语 Yurok	10	加、乘	乘方	循序	系-位-零	中间	无	无
18	安达-穆三语系 Amto-Musan	1	西亚维语（穆散语）Siawi	5	加、乘	乘	循序	位-系-零	中间	删音	无
19	安达曼语系 Andamanese	1	大安达曼语 Great Andamanese	无	无	无	无	无	无	无	无
20	奥拉夫迪语系 Arafundi	1	阿维亚凯语 Awiakay	无	加、乘	无	无	无	无	无	无
21	艾雷语系 Arai (Left May)	1	奥维尼加语 Owininga	无	无	无	无	无	中间	无	无
22	阿拉瓦语系 Arauan	1	库利纳语 Culina	无	无	无	无	无	无	无	无

续表

序号	语系名称	语种数	语言名称	进制	相邻成分间	位数词间	预设/循序	语序	加的连接	乘的连接	减的连接
23	澳大利亚语系 Australian	17	布纳巴语 Bunaba	无	无	无	无	无	无	无	无
24			马特恩格勒语 Matngele	无	加	无	无	无	无	无	无
25			贾明琼语 Jaminjung	无	无	无	无	无	无	无	无
26			米里温语 Miriwung	无	加	无	无	无	无	无	无
27			加拉瓦语 Garrawa	无	无	无	无	无	无	无	无
28			贾万语 Djauan	无	加	无	无	无	无	无	无
29			布拉拉语 Burarra	2	无	无	无	无	无	无	无
30			阿宁迪尔雅夸语 Anindilyakwa	20	无	无	无	无	无	无	无
31			阿拉瓦语 Alawa	无	无	无	无	无	无	无	无
32			贡温古语 Gunwinggu	无	加	无	无	无	无	无	无
33			蒂维语 Tiwi	无	无	无	无	无	无	无	无
34			马翁语 Maung	无	加	无	无	无	中间	无	无
35			阿利亚瓦拉语 Alyawarr	无	无	无	无	无	无	无	无
36			凯特提额语 Kaytetye	无	加	无	无	无	音变	无	无
37			塔约雷语 Thayore	无	无	无	无	无	无	无	无
38			尼扬古马尔达语 Nyangumarta	无	加	无	无	无	中间	无	无
39			古帕普伊古语 Gupapuyngu	无	无	无	无	无	无	无	无

续表

序号	语系名称	语种数	语言名称	进制	相邻成分间	位数词间	预设/循序	语序	加的连接	乘的连接	减的连接
40	南亚语系 Austro-Asiatic	9	贾胡特语 Jah Hut	10	加	乘方	循序	系-位-零	无	无	无
41			夸语 Cua	10	加、乘	乘方	循序	系-位-零	无	无	无
42			尼亚库尔语 Nyahkur	10	加、乘	乘方	循序	系-位-零	无	无	无
43			卡尔尼科巴语 Car	10	加、乘	乘方	循序	系-位-零	无	无	无
44			卡西语 Khasi	10	加、乘	乘方	循序	系-位-零	无	无	无
45			布干语（布赓语）Bugan	10	加、乘	乘方	循序	系-位-零	无	无	无
46			越南语 Vietnamese	10	加、乘	乘方	循序	系-位-零	无	无	无
47			霍语 Ho	20	加、乘	乘	循序	系-位-零	无	无	无
48			索拉语 Sora	12/10	加、乘	乘方	循序	系-位-零	无	熔合	无
49	南岛语系 Austronesian	44	泰雅语 Atayal	10	加、乘、减	乘方	循序	系-位-零	熔合	熔合	熔合
50			猫雾捒语 Babuza	10	加、乘	乘方	循序	系-位-零	中间	中间	无
51			噶玛兰语 Kavalan	10	加、乘、减	乘方	循序	系-位-零	无	熔合	无
52			噶哈巫语 Kaxabu	5	加、乘、减	乘	循序	系-位-零	中间	中间	无
53			赛夏语（南部方言）Saisiyat	10	加、乘	乘方	循序	系-位-零	中间	熔合	头部
54			查莫罗语 Chamorro	10	加、乘	乘方	循序	位-系-零/系-位-零	中间	熔合	无
55			帕劳语 Palauan	10	加、乘	乘方	循序	零-系-位-零	中间	熔合	无
56			雅美语 Yami	10	加、乘	乘方	预设	系-位-零	中间	无	无

续表

序号	语系名称	语种数	语言名称	进制	相邻成分间	位数词间	预设/循序	语序	加的连接	乘的连接	减的连接
57	南岛语系 Austronesian	44	雷蒙拖语 Remontado Dumagat	10	加、乘	乘方	循序	系-位-零	中间	中间	无
58			阿古桑-马诺布语 Agusan Manobo	10	加、乘	乘方	循序	位-系-零	中间	无	无
59			东部陶布伊德语 Eastern Tawbuid	10	加、乘	乘方	循序	系-位-零	无	中间	无
60			他加禄语 Tagalog	10	加、乘	乘方	循序、预设	系-位-零	中间	中间	无
61			巴戈博-克拉塔语 Bagobo-Klata	10	加、乘	乘方	循序	系-位-零	无	熔合	无
62			雅坎语 Yakan	10	加、乘	乘方	循序	系-位-零	中间	无	无
63			爪哇语 Javanese	10	加、乘	乘方	循序	系-位-零	无	熔合	熔合
64			印尼语 Indonesian	10	加、乘、乘	乘方	循序	系-位-零	熔合	熔合	熔合
65			马尔加什语 Plateau Malagasy	10	加、乘	乘方	循序	零-系-位	中间	音变	无
66			布吉语 Bugis	10	加、乘	乘方	循序	系-位-零	无	熔合	无
67			巴图雷语 Batuley	105	加、乘、减	乘方	循序	位-系-零	加中	无	中间
68			达伊语 Dai	10	加、乘	乘方	循序	位-系-零	中间	熔合	中间
69			恩德语 Ende	5	加、乘	乘	循序	位-系-零	中间	熔合	无
70			布鲁语 Buru	10	加、乘	乘、乘方	循序	位-系-零	中间	无	无
71			阿马拉斯语 Amarasi	10	加、乘	乘方	循序	位-系-零	中间	熔合	语序
72			伊拉胡图语 Irahutu	10	加、乘、减	乘方	循序	位-系-零	中间	熔合	无
73			乌卢昂尼林语 Uruangnirin	10	加、乘、减	乘方	循序	系-位-零	中间	无	语序
74			雅浦语 Yapese	10	加、乘、减	乘方	循序	系-位-零	中间	中间	头部

续表

序号	语系名称	语种数	语言名称	进制	相邻成分间	位数词间	预设/循序	语序	加的连接	乘的连接	减的连接
75	南岛语系 Austronesian	44	奥尔穆语 Ormu	4	加	乘	循序	位-系-零	中间	无	无
76			巴姆语 Biem	4/20	加	乘	循序	整-零/位-系-零	中间	无	无
77			麻里语 Mari	2	加	乘	循序	无	中间	无	无
78			那姆巴米语 Numbami	5/10	加	乘	循序	位-系-零	中间	无	无
79			基里维纳语 Kilivila	5/10	加	乘	循序	位-系-零	无	无	无
80			博拉语 Bola	5/10	加	乘	循序	位-系-零	中间	中间	无
81			芒森语 Mangseng	5/10	加	乘	循序	位-系-零	中间	中间	无
82			巴罗克语 Barok	5/10	加、减	乘	循序	系-位-零	中间	熔合	头部
83			帕克-同语 Pak-Tong	20	加	乘	循序	系-位-零	中间	删音	无
84			哈洪语 Hahon	5/10	加	乘	循序	位-系-零	无	中间	无
85			巴巴塔纳语 Babatana	10	加	乘方	循序	位-系-零	中间	无	无
86			艾沃语 Aiwoo	5/10	加	乘方	循序	系-位-零	中间	无	无
87			西埃语 Sie	10	加	乘、乘方	循序	系-位-零	中间	熔合	无
88			努美语 Numèe	5/20	加	乘、乘方	循序	系-位-零	中间	熔合	无
89			德内胡语（德胡语）Drehu (Dehu)	5/20	加	乘方	循序	系-位-零	中间	音变	无
90			汤加语 Tongan	10	加	乘方	循序	系-位-零	中间	熔合	无
91			基里巴斯语 Kiribati	10	加	乘方	循序	系-位-零	中间	熔合	无
92			夏威夷语 Hawaiian	10	加	乘方	循序	位-系-零	中间	熔合	无

附录 I

续表

序号	语系名称	语种数	语言名称	进制	相邻成分间	位数词间	预设循序	语序	加的连接	乘的连接	减的连接
93	艾玛拉语系 Aymaran	1	艾玛拉语 Aymara	10	加、乘	乘方	循序	系-位-零	词尾	无	无
94	巴尔巴科语系 Barbacoan	1	科洛拉多语 Colorado	10	加、乘	乘方	循序	系-位-零	无	无	无
95	贝亚诺-奥邦诺语系 Bayono-Awbono	1	巴尤诺语 Bayono	23	tally	无	无	无	无	无	无
96	博德语系 Border	1	瓦里斯语 Waris	2	加	无	无	无	无	无	无
97	博罗罗语系 Bororoan	1	博罗罗语 Bororo	无	加、乘	无	无	无	无	无	无
98	博托库多语系 Botocudoan	1	克雷纳克语 Krenak	无	无	无	无	无	无	无	无
99	加多语系 Caddoan	1	阿里卡拉语 Arikara	20	加、乘、减	乘、乘方	循序	系-位-零	中间	熔合	尾部
100	加胡阿班语系 Cahuapanan	1	赫维罗语 Jebero	10	加、乘	乘方	循序	系-位-零	无	无	无
101	加勒比语系 Cariban	3	加勒比语 Galibi	10	加、乘	乘方	循序	系-位-零	中间	无	无
102			帕拉-阿帕拉语 Paró Arára	无	加	无	无	无	无	无	无
103			尤克帕语 Yukpa	无	加、乘	无	无	无	无	无	无
104	中间部所罗门语门语系 Central Solomons	1	比卢亚语 Bilua	10	加、乘	乘方	循序	系-位-零	无	无	无
105	查帕库拉-万汗姆语系 Chapacura	1	奥罗温语 Oro Win	无	无	无	无	无	无	无	无

续表

序号	语系名称	语种数	语言名称	进制	相邻成分间	位数词间	预设/循序	语序	加的连接	乘的连接	减的连接
106	奇布恰语系 Chibchan	3	特里贝语 Teribe	10	加	乘方	循序	位-系-零	中间	无	无
107			佩茨语 Pech	10/20	加、乘	乘、乘方	循序	位-系-零	熔合	中间	无
108			瓜图索语 Maléku Jaíka	5	加、乘	乘、乘方	循序	系-位-零	无	无	无
109	奇玛库语系 Chimakuan	1	基卢特语 Quileute	10	加、乘、减	乘方	循序	系-位-零	中间	中间	尾部
110	奇帕亚-乌拉主语系 Chipaya–Uru	1	奇帕亚语 Chipaya	无	无	无	无	无	无	无	无
111	乔科语系 Chocoan	2	塔多语 Emberá–Tadó	5	加、乘	乘、乘方	循序	位-系-零	中间	无	无
112			沃纳纳语 Waunana	5/20	加、乘	乘、乘方	循序	位-系-零	中间	熔合	无
113	琼恩语系 Chon	1	特维尔切语 Tehuelche	10	加、乘	乘方	循序	系-位-零	词尾	无	无
114	楚科奇-堪察加语系 Chukoko–Kamchatkan	1	楚克奇语 Chukchi	5	加、乘	乘	循序	零-整-整-零-系-位-零	尾部	熔合	熔合
115	尤马语系 Cochimí–Yuman	1	基利瓦语 Kiliwa	10	加、乘、减	乘方	循序	位-系-零	词尾	中间	尾部
116	库斯语系 Coosan	1	库斯语 Coos	10	加、乘、减	乘方	循序	系-位-零	加	无	尾部
117	德拉威语系 Dravidian	3	马尔托语 Sauria Paharia (Malto)	20	加、乘	乘、乘方	循序	系-位-零	无	无	无
118			纳塔卡尼尼语 Nathakani	20	加、乘、减	乘、乘方	循序	系-位-零	中间	尾部	尾部
119			巴达加语 Badaga	10	加、乘	乘	循序	系-位-零	无	熔合	无
120	东鸟首语系 East Bird's Head	1	莫斯科那语 Moskona	5/20	加、乘	乘、乘方	循序	位-系-零	尾部	中间	无

附录 I 241

续表

序号	语系名称	语种数	语言名称	进制	相邻成分间	位数词间	预设循序	语序	加的连接	乘的连接	减的连接
121	海尔芬克湾语系 East Geelvink Bay	3	巴拉帕斯语 Barapasi	20	加、乘	乘、乘方	循序	位-系-零	中间	无	无
122			鲍兹语 Bauzi	10	加、乘	乘方	循序	位-系-零	尾部	无	无
123			沃利亚语 Woria	无	无	无	无	无	无	无	无
124	东部新不列颠语系 East New Britain	1	凯拉克语 Kairak	20	加、乘	乘	循序	系-位-零	中间	中间	无
125	东部弗莱语系 Eastern Trans-Fly	1	梅里安-米尔语 Meriam Mir	无	加	无	无	无	中间	无	无
126	埃雅克-阿萨巴斯卡语 Eyak-thabaskan	2	特林吉特语 Tlingit	5/20	加、乘、减	乘、乘方	循序	系-位-零	中间	无	尾部
127			巴宾语 Babine	10	加、乘、减	乘方	循序	系-位-零	中间	熔合	尾部
128	爱斯基摩-阿留申语系 Eskimo-Aleut	1	西北部伊努皮亚屯语 Northwest Alaska Inupiatun	20	加、乘、减	乘、乘方	循序	系-位-零	无	熔合	不同被减数
129	法斯语系 Fas	1	莫穆语（法斯语）Momu / Fas	2	加	无	无	无	无	无	无
130	瓜希博语系 Guajiboan	1	瓜雅贝罗语 Guayabero	无	无	无	循序	无	无	无	无
131	圭库伦奥语系 Guaykuruan	1	卡迪维奥语 Kadiwéu	5/20	加、乘	乘	循序	位-系-零	中间	尾部	无
132	海达语系 Haida	1	南部海达语 Southern Haida	10	加、乘、减	乘方	循序	位-系-零	中间	中间	中间
133	哈拉布语系 Harakmbut	1	阿马拉凯里语 Amarakaeri	无	加、乘	无	无	无	后	无	无

续表

序号	语系名称	语种数	语言名称	进制	相邻成分间	位数词间	预设/循序	语序	加的连接	乘的连接	减的连接
134	苗瑶语系 Hmong-Mien	2	布诺瑶语 Pu No	10	加、乘	乘方	循序	系-位-零	无	无	无
135			畲语（陈湖方言）She (Chenhu dialect)	10	加、乘	乘方	循序	系-位-零	无	无	无
136	华维语系 Huavean	1	瓦维语 San Mateo del Mar Huave	20	加、乘	乘、乘方	循序	系-位-零	无	熔合	无
137	印欧语系 Indo-European	17	亚美尼亚语 Armenian	10	加、乘	乘方	循序	系-位-零	熔合	熔合	无
138			马尔代夫语 Maldivian	10	加、乘、减	乘方	循序	零-系-位	熔合	熔合	不同被减数
139			印地语 Hindi	10	乘、减	乘方	循序	零-系-位	熔合/词尾部	无	不同被减数
140			阿什昆语 Ashkun	20	加、乘	乘、乘方	循序	零-整/系-整-零	熔合/	无	无
141			库曼吉语 Kurmanji	10	加、乘	乘方	循序	零-整/整-零	熔合/	无	无
142			盖格阿尔巴尼亚语 Gheg Albanian	10	加、乘	乘方	循序	零-整/系-位-零	中间	无	无
143			希腊语 Greek	10	加、乘	乘方	循序、预设	零-整/整-零/系-位-零	无	熔合	无
144			传统威尔士语 Welsh (Traditional)	20	加、乘	乘、乘方	循序	零-整/系-位	中间	熔合/音变	无
145			丹麦语 Danish	20	加、乘	乘、乘方	循序、预设	零-系-位	中间	中间	无

附录Ⅰ

续表

序号	语系名称	语种数	语言名称	进制	相邻成分间	位数词间	预设/循序	语序	加的连接	乘的连接	减的连接
146	印欧语系 Indo-European	17	德语 German	10	加、乘、乘方	乘方	循序、预设	零-系-位	熔合、中间	熔合	无
147			英语 English	10	加、乘、乘方	乘方	循序	零-系-位/系-位-零	熔合、中间	熔合	无
148			拉丁语 Latin	10	加、乘、减	乘方	循序、预设	零-整/系-位-零	熔合	熔合	中间
149			意大利语 Italian	10	加、乘	乘方	循序	零-整-整/系-位-零	熔合	熔合	无
150			法语	10	加、乘、乘方	乘方	循序	零-整-整/整-位-零	熔合	熔合	无
151			科西嘉语 Corsican	10	加、乘	乘方	循序	零-整-整/系-位-零	熔合	熔合	无
152			罗马尼亚语 Rumanian	10	加、乘	乘方	循序	零-整-整/系-位-零	中间	熔合	无
153			拉特加莱语 Latgalian	10	加、乘	乘方	循序	零-整-整/系-位-零	中间	熔合	无
154			俄语 Russian	10	加、乘	乘方	循序、预设	零-整-整/系-位-零	中间	无	无
155	伊洛魁语系 Iroquoian	1	切罗基语 Cherokee	10	加、乘	乘方	循序	零-整-整/系-位-零	熔合	熔合	无
156	雅布迪语系 Jabutian	1	哈武蒂语 Jabuti	无	加、乘	无	无	无	无	无	无
157	日语 Japonic	1	日语 Japanese	10	加、乘	乘方	循序	系-位-零	无	无	无
158	吉恩语系 Jean	1	沙万特语 Xavánte	无	加、乘	无	无	无	无	无	无
159	希瓦罗语系 Jivaroan	1	阿瓜鲁纳语 Aguaruna	无	加、乘	无	无	无	尾部	无	无

续表

序号	语系名称	语种数	语言名称	进制	相邻成分间	位数词间	预设/循序	语序	加的连接	乘的连接	减的连接
160	卡拉雅语系 Karajá	1	卡拉雅语 Karajá	无	加	无	无	无	无	无	无
161	卡维利亚语系 Kartvelian	1	格鲁吉亚语 Georgian	20	乘	乘、乘方	循序	零-整/系-位-零	缩减	糅合	无
162	考雷语系 Kaure	1	考雷语 Kaure	2	加	无	无	无	无	无	无
163	卡瓦斯卡尔语系 Kaweskaran	1	卡瓦斯卡尔语 Qawasqar	无	加	无	无	无	无	无	无
164	凯端斯雷语系 Keresan	1	东部兑雷斯语 Eastern Keres	10	加、乘	乘方	循序	系-位-零	中间	中间	无
165	科尔−库迪语 Khoe−Kwadi	1	阿尼语 Ani	无	乘	无	无	无	中间	尾部	无
166	韩语 Koreanic	1	韩语 Korean	10	加、乘	乘方	循序	系-位-零	无	无	无
167	壮侗语系 Kra−Dai	3	泰语 Thai	10	加、乘	乘方	循序	系-位-零	循序	无	无
168			黑土黎语 Bouhin Li（Heitu）	10	加、乘	乘方	循序	系-位-零	循序	无	无
169			普定仡佬语 Aqao Gelao	10	加、乘	乘方	循序	系-位-零	中间	无	无
170	吉萨语 Kx'a	2	曼格蒂沙丘−昆语 Mangetti Dune ǃKung	无	加	无	无	无	中间	无	无
171			朱洪语 Juǀ'hoansi	无	加	无	无	无	中间	无	无
172	基欧瓦−塔诺安语系 Kiowa−Tanoan	1	基奥瓦语 Kiowa	10	加、乘、减	乘方	循序	零-整/系-位-零	尾部	无	尾部
173	库翁塔利−百堡语系 Kwomtari	1	孔姆里语 Kwomtari	6	加	未知	循序	未知	无	无	无

续表

序号	语系名称	语种数	语言名称	进制	相邻成分间	位数词间	预设循序	语序	加的连接	乘的连接	减的连接
174	湖区平原语 Lakes Plain	2	迪厄布鲁德语 Diebroud	无	加	无	无	无	包围	无	无
175			杜夫勒语 Duvle	无	加	无	无	无	包围	无	无
176	各种孤立语 Language Isolates	1	阿依努语 Ainu	20	加、减	乘方	循序、预设	零-系-位	中间	熔合	熔合
177	曼伯拉莫语系 Lower Mamberamo	1	约科语 Yoke	10	无	无	无	无	无	无	无
178			帕利库尔语 Palikúr	10	加、乘	乘方	循序	系-位-零	包围	无	无
179	迈普伦语系 Maipurean	4	雷西赫罗语 Resígaro	无	加	无	无	无	无	无	无
180			阿山宁卡语 Ashéninka	无	乘	乘方	无	无	无	无	无
181			阿梅萨语 Yanesha'	10	加、乘	乘方	循序	系-位-零	中间	中间	无
182	迈拉斯语系 Mairasi	1	迈拉西语 Mairasi	5/20	加、乘	乘、乘方	循序	位-系-零	中间	熔合	无
183	马普切语系 Mapudungu	1	马普切语 Mapudungun	10	加、乘	乘方	循序	系-位-零	无	无	无
184	马塔科-贵埃固鲁语系 Mascoyan	1	安盖特语 Angaité	无	加	无	无	无	熔合	无	无
185	马塔科-贵埃固鲁语系 /Matacoan	1	尼瓦克勒语 Nivaclé	无	加	无	无	无	无	无	无
186	马萨卡利语/Maxakalian	1	马萨卡利语 Maxakalí	无	加	无	无	无	中间	无	无
187	玛雅语系 Mayan	3	索西语 Tzotzil	20	加、乘	乘方	预设	零-系-位	中间	无	无
188			西帕卡潘语 Sipakapense	20	加、乘	乘、乘方	预设	零-系-位	中间	熔合	无
189			瓦斯特克语 Huastec	20	加、乘	乘、乘方	循序	系-位-零	无	无	无

续表

序号	语系名称	语种数	语言名称	进制	相邻成分间	位数词间	预设/循序	语序	加的连接	乘的连接	减的连接
190	迈布拉特语系 Maybrat	1	迈布拉特语 Maybrat	20	加	乘	循序	位-系-零	中间	中间	无
191	米苏马尔帕语系 Misumalpan	1	米斯基托语 Miskito	20	加	乘、乘方	循序	位-系-零	中间	无	无
192	米沃克-康斯坦诺语系 Miwok–Costanoan	1	湖区米沃克语 Lake Miwok	10	加、乘、减	乘方	循序	系-位-零	尾部、中间	无	尾部
193	米塞-索克语系 Mixe–Zoque	1	索克语 Copainalá Zoque	20	加、乘	乘、乘方	循序	系-位-零	中间	熔合	无
194	蒙格尔-兰甘语系 Mongol–Langam	1	乌尔瓦语 Ulwa	5	加、乘	乘、乘方	循序	位-系-零	后	无	无
195	蒙古语系 Mongolic	1	莫戈里语 Mogholi	10/20	加、乘、减	乘、乘方	循序	系-位-零	熔合	熔合	尾部
196	摩赛特那语系 Mosetenan	1	齐马内语 Tsimané	10	加、乘	乘方	循序	系-位-零	后	中间	无
197	穆兰语系 Muran	1	皮拉罕语 Pirahã	无	无	无	无	无	无	无	无
198	穆斯科格语系 Muskogean	1	夸萨蒂语 Koasati	10	加、乘	乘方	循序	位-系-零	中间	无	无
199	纳霍-达吉斯坦语系 Nakh–Daghestanian	1	阿尔钦语 Archi	10	加、乘	乘方	循序	系-位-零	变音	熔合	无
200	南比夸拉语系 Nambikwara	1	南部南比夸拉语 Southern Nambikuára	无	无	无	无	无	无	无	无

续表

序号	语系名称	语种数	语言名称	进制	相邻成分间	位数词间	预设循序	语序	加的连接	乘的连接	减的连接
201	尼日-刚果语系 Niger-Congo	35	比贾戈语 Bidyogo	5/10/20	加	乘	循序	位-系-零	中间	中间	无
202			姆布伦吉斯语 Mbulungish	5/10	加	乘	循序	位-系-零	中间	中间	无
203			曼索安卡语 Mansoanka	5/10	加	乘	循序	位-系-零	中间,重叠	中间	无
204			德法卡语 Defaka	20	加、减	乘	循序	系-位-零	包围	中间	中间
205			伊巴尼语 Ibani	20	加、减	乘	循序	加:系-零-位;零-减:零-系-位	尾部	中间	中间
206			阿克佩斯语 Akpes	20	加、乘	乘	循序	零-位-系	中间	熔合	中间
207			姜巴达克语 Samba Daka	20	乘	乘	循序	位-系-零	中间	无	无
208			贝夸拉语 Bekwarra	20	加	乘	循序	位-系-零	中间	中间	中间
209			阿里吉蒂语 Arigidi	20	加、减	乘	循序	位-系-零	中间	熔合	无
210			德格马语 Degema	20	加	乘	循序	加:位-系-零;减:零-系-位	中间	无	中间
211			埃罗伊语 Eloyi	12/10	加、乘	乘	循序	位-系-零	中间	熔合	无
212			伊格博语 Igbo	20	加	乘	循序	位-系-零	中间	无	无
213			贝珍语 Beezen	5/20	加	乘	循序	位-系-零	中间	中间	无
214			伊古塔语 Iguta	12	加	乘	循序	位-系-零	中间	无	无
215			努佩语 Nupe-Nupe-Tako	5	加、乘	乘	循序	位-系-零	包围	熔合	中间
216			奥科-埃尼-奥萨因语 Oko-Eni-Osayen	5/20	加、减	乘	循序	位-系-零	中间	熔合	词头部
217			阿鲁穆-特苏语 Alumu-Tesu (Arum)	10	加、乘	乘方	循序	位-系-零	中间	中间	无

续表

序号	语系名称	语种数	语言名称	进制	相邻成分间	位数词间	预设/循序	语序	加的连接	乘的连接	减的连接
218	尼日-刚果语系 Niger-Congo	35	乌卡安语 Ukaan	10	加、乘	乘方	循序	位-系-零	中间	中间	包围
219			菲菲语 Fe'fe'	10	加、乘	乘方	循序	零-位-系	前包	无	无
220			巴班基语 Babanki	10	加、乘、减	乘方	循序	零-位-系	前包	中间	头部
221			巴菲亚语 Bafia	20	加、乘	乘	循序	位-系-零	中间	中间	无
222			夸姆巴语 Amba	20	加、乘	乘	循序	位-系-零/位-系	中间	无	无
223			托莫坎-多贡语 Tomo-Kan	10	加、乘	乘方	循序	位-系-零	尾部	无	无
224			塞梅语 Seme	20	加、乘	乘	循序	位-系-零	中间	无	无
225			阿瓦蒂梅语 Avatime	10	加、乘	乘方	循序	位-系-零	中间	熔合	无
226			阿贝语 Abé	10	加、乘	乘	循序	位-系-零	中间	熔合	无
227			克瓦语 Kwa	20	加、乘、减	乘方	循序	位-系-零	熔合	中间	中间
228			洛比语 Lobi	20	加、乘、减	乘方	循序	位-系-零	中间	中间	无
229			蒂拉语 Tira	20	加、乘	乘方	循序	位-系-零	中间	无	无
230			卡特拉语 Katla	10	加、乘	乘方	循序	位-系-零	中间	中间	无
231			塔加利语 Tegali	10	加、乘	乘	循序	位-系-零	中间	中间	无
232			托乔语 Tocho	10	加、乘	乘	循序	位-系-零	无	无	无
233			特格姆语 Tegem	10	加、乘	乘	循序	系-位-零	尾部	无	无
234			博科语 Boko	20	加、乘、减	乘	循序	位-系-零	中间	熔合	尾部
235			宗固语 Dzùùngoo	20	加、乘	乘方	循序	位-系-零	中间	无	无

附录 I   249

续表

语系名称	语种数	语言名称	进制	相邻成分间	位数词间	预设/循序	语序	加的连接	乘的连接	减的连接	序号
尼罗-撒哈拉语系 Nilo-Saharan	12	贝尔塔语 Berta	5/20	加、乘	乘、乘方	循序	位-系-零	中间	中间	无	236
		巴卡语 Baka	5/20	加、乘	乘、乘方	循序	位-系-零	中间	中间		237
		加赫姆格语 Gaahmg	20	加、乘	乘、乘方	循序	位-系-零	中间	中间	无	238
		巴利语 Bari	5/10	加、乘	乘、乘方	循序	位-系-零	中间	无	无	239
		利古里达末语 Logorik	20	加、乘	乘、乘方	循序	位-系-零	中间	屈折	无	240
		奥普欧语 Opuuo	5/20	加、乘	乘、乘方	循序	位-系-零	中间	缩减	尾部	241
		库纳马语 Kunama	5/10	加、乘、减	乘方	循序	位-系-零	熔合	无	无	242
		马萨利特语 Masalit	10	加、乘	乘、乘方	循序	位-系-零	中间	无	无	243
		扎加瓦语 Zaghawa	20	加、乘	乘、乘方	循序	位-系-零	中间	无	无	244
		科兰杰语 Korandje	10	加、乘	乘方	循序	零-系-位	中间	熔合	无	245
未分类语系 Unclassified	2	卡杜格利语 Katcha-Kadugli-Miri	20	加、乘	乘、乘方	循序	位-系-零	中间	中间	无	246
		富尔语 Fur	10	加、乘	乘方	循序	位-系-零	中间	中间	无	247
宁博兰语系 Nimboran	1	宁博兰语 Nimboran	无	加、乘	乘	循序	无	中间	无	无	248
北部布干维尔语系 North Bougainville	1	罗托卡斯语 Rotokas	10	加、乘	乘方	循序	系-位-零	无	无	无	249

续表

序号	语系名称	语种数	语言名称	进制	相邻成分间	位数词间	预设/循序	语序	加的连接	乘的连接	减的连接
250	奥托-曼格语系 OtoManguean	6	格雷罗州-阿穆兹戈语 Guerrero Amuzgo	10/20	加、乘	乘、乘方	循序	系-位-零	中间	无	无
251			奇南特克语 Lalana Chinantec	20	加、乘	乘、乘方	循序	系-位-零	中间	无	无
252			米斯特克语 Amoltepec Mixtec	20	加、乘	乘、乘方	循序	系-位-零	无	熔合	无
253			萨波特克语 Zoogocho Zapotec	20	加、乘、减	乘、乘方	循序	零-系-位	熔合	熔合	不同位数词
254			特拉帕内克语 Azoyú Tlapanec	20	加、乘、减	乘、乘方	循序	系-位-零	尾部	无	头部
255			马特拉尔辛卡语 San Francisco Matlatzinca	20	加、乘、减	乘、乘方	循序	系-位-零	中间	熔合	头部
256	帕埃斯语系 Paezan	1	帕埃斯语 Páez	10	加、乘	乘方	循序	系-位-零	无	无	无
257	帕莱尼汉语系 Palaihnihan	1	阿丘马维语 Achumawi	5	加	未知	未知	无	后	无	无
258	帕诺语系 Panoan	3	卡沙拉里语 Kaxarari	无	加	无	无	大-小	无	无	无
			卡希纳瓦语 Kashinawa/Cashinahua	无	加	无	无	大-小	中间	无	无
260			马蒂斯语 Matis	无	无	无	无	无	无	无	无
261	帕瓦斯语系 Pauwasi	1	卡尔卡尔-尤里语 Karkar-Yuri	23	加、乘	乘方	循序	位-系-零	中间	无	无
262	派维语系 Piawi	1	皮奈-哈加海语 Pinai-Hagahai	10	加、乘、减	乘、乘方	循序	系-位-零	中间	熔合	尾部
263	帕曼语系 Pomoan	1	卡沙亚语 Kashaya	40	加乘	无	无	无	无	无	无
264	皮纳维尔语系 Puinavean	1	卡夸 Cacua	无	加、乘	乘方	循序	系-位-零	词尾	无	无
265	克丘亚语系 Quechuan	1	克丘亚语 Cuzco Quechua	10							

附录 I   251

续表

序号	语系名称	语种数	语言名称	进制	相邻成分间	位数词间	预设循序	语序	加的连接	乘的连接	减的连接
266	萨哈普廷语系 Sahaptin	1	内兹佩尔塞语 Nez Perce	10	加	乘方	循序	系-位-零	中间	熔合	无
267	萨利希语系 Salishan	2	贝拉库拉语 Bella Coola	20	加、乘	乘、乘方	循序	系-位-零	中间	熔合	头部
268			利卢埃特语 Lillooet	10	加、减	乘方	循序	系-位-零	中间	包围	尾部
269	萨利孚语系 Salivan	1	萨利瓦语 Sáliba	无	无	无	无	无	无	无	无
270	塞皮克-拉穆语系 Ramu-Lower Sepik	3	阿普-马语 Ap Ma	5	加、乘	乘、乘方	循序	无	中间	无	无
271			姆博雷语 Mbore	无	加、乘	无	无	无	熔合	熔合	无
272			昌布里语 Chambri	20	加、减	乘、乘方	循序	系-位-零	中间	无	无
273			阿鲍语 Abau	20	加、乘	乘、乘方	循序	无	词尾	屈折'	尾部
274			安布拉斯语 Ambulas	5	加、乘	乘	循序	无	无	无	无
275			克万加语 Kwanga	无	加、乘	乘	无	无	无	无	无
276	塞皮克语系 Sepik	7	阿兰布拉克语 Alamblak	5	加、乘	乘	循序	系-位-零	中间	无	无
277			图瓦里语 Tuwari	无	无	无	无	无	无	无	无
278			波耶语 Pouye	5/20	加、乘	乘	循序	位-系-零	中间	无	无
279			纳米亚语 Namia	10	加、乘	乘方	循序	位-系-零	中间	无	无
280	塞纳吉语系 Senagi	1	安戈尔语 Anggor	无	无	无	无	无	无	无	无

续表

序号	语系名称	语种数	语言名称	进制	相邻成分间	位数词间	预设/循序	语序	加的连接	乘的连接	减的连接
281	汉藏语系 Sino-Tibetan	10	汉语 Mandarin	10	加、乘	乘方	循序	系-位-零	无	无	无
282			达让僜语 Digaro-Mishmi	10	加、乘	乘方	循序	系-位-零/位-系-零	无	无	无
283			格巴克伦语 Geba Karen	10	加、乘	乘方	循序	系-位-零	无	熔合	无
284			山苏彝语 Hlersu	10	加、乘	乘方	循序	系-位-零	无	无	无
285			阿昌语 Achang	10	加、乘	乘方	循序	系-位-零	尾部	无	无
286			波丘里那加语 Pochuri Naga	20	加、乘	乘方	循序、预设	整-零	中间	熔合	无
287			昌那加语 Chang Naga	10	加、乘	乘、乘方	循序	位-系-零	中间	无	无
288			艾莫尔语 Aimol	20	加、乘	乘方	循序	位-系-零	中间	熔合	无
289			宗卡语 Dzongkha	20	加、乘	乘	循序、预设	整-零	无	无	无
290			错那门巴语 Tawang Monpa	20	加、乘、减	乘、乘方	循序	位-系-零	中间	无	无
291	苏语系 Siouan-Catawban	2	达科塔语 Dakota	10	加、乘	乘方	循序	位-系-零	熔合	无	尾部
292			克劳语 Crow	10	加、乘	乘方	循序	系-位-零	中间	音变	无
293	斯可语系 Skou	1	杜莫语 Dumo / Vanimo	4	加	乘	循序	位-系-零	无	无	无
294	索马哈语系 Somahai	1	莫穆纳语 Momuna	2	加	无	无	无	无	无	无
295	南部布干维尔语系 South Bougainville	1	乌伊塞语 Uisai	10	加、乘	乘方	循序、预设	零-系-位	中间	乘、熔合	无

附录 I 253

续表

序号	语系名称	语种数	语言名称	进制	相邻成分间	位数词间	预设循序	语序	加的连接	乘的连接	减的连接
296	中间南部巴布亚语系 South–Central Papuan	2	那马语 Nama	6	加、乘	乘方	循序	系-位-零	无	无	无
297			马克莱语 Maklew	无	加	无	无	无	无	无	无
298	塔加纳语系 Tacanan	1	卡维内纳语 Cavineña	10	加、乘	乘方	循序	系-位-零	词尾	无	无
299	塔拉斯坎语系 Tarascan	1	塔拉斯坎语 Purepecha	20	乘	乘、乘方	循序	系-位-零	无	无	无
300	特奎斯特拉特语系 Tequistlatecan	1	高地琼塔尔语 Highland Oaxaca Chontal	20	乘	乘、乘方	循序	系-位-零	删减	熔合	无
301	托尔卡维巴语系 Tor–Kwerba	2	伊斯拉瓦语 Isirawa	无	加	无	无	无	无	无	无
302			奥尔雅语 Orya	无	加、乘	无	无	无	中间	尾部	无
303	托里切利语系 Torricelli	3	本比塔–阿拉帕佩什语 Bumbita Arapesh	无	加	无	无	无	中间	无	无
304			朱瓦尔语 Juwal	2	加、乘	乘	循序	位-系-零	中间	无	无
305			乌林语 Urim	无	加、乘	乘、乘方	循序	系-位-零	无	无	无
306	托托纳克语系 Totonacan	1	特佩瓦语 Huehuetla Tepehua	20	加、乘	乘、乘方	循序	无	头部	熔合	无
307	跨新几内亚语系 Trans–New Guinea	27	安卡维语 Ankave	5	加、乘	乘、乘方	循序	无	中间	无	无
308			西塔克语 Citak	无	加、乘	无	无	系-位-零	中间	无	无
309			古胡–萨马内语 Guhu–Samane	5/20	加、乘	乘方	循序	无	中间	无	无
310			卡卢里语 Kaluli	无	加	无	循序	系-位-零	中间	无	无
311			翁布–翁古语 Umbu–Ungu	4	加、乘	乘、乘方	预设	系-位-零	中间	无	无
312			达马尔语 Damal	5/10	加、乘	乘、乘方	循序	位-系-零	中间	无	无

续表

语系名称	语种数	语言名称	序号	进制	相邻成分间	位数词间	预设/循序	语序	加的连接	乘的连接	减的连接
跨新几内亚语系 Trans-New Guinea	27	杜纳语 Duna	313	14	加、乘	乘	无	位-系-零	中间	无	无
		芬贝语 Fembe	314	28	无	无	无	无	无	无	无
		奥保语 Opao	315	无	加	无	无	无	中间	无	无
		胡利语 Huli	316	15	加、乘	乘、乘方	循序、预设	位-系-零	中间	无	无
		德杜亚语 Dedua	317	无	加、乘	无	无	无	中间	无	无
		苏基语 Suki	318	无	加	无	循序	无	无	无	无
		伊皮科语 Ipiko	319	无	无	乘	无	无	无	无	无
		比努马连语 Binumarien	320	5/20	加、乘	乘	循序	无	包围	尾部	无
		卡穆拉语 Kamula	321	无	加	无	无	无	无	无	无
		塔马加里奥语 Tamagario	322	无	加	乘方	循序	无	无	无	无
		东北塞瓦伊语 Northeast Kiwai	323	10	加、乘	乘、乘方	循序	系-位-零	无	无	无
		恩多姆语 Ndom	324	6	加、乘	乘	循序	位-系-零	中间	中间	无
		桑语 Sam	325	5	加	乘方	无	位-系-零/系-位-系	无	无	无
		沿岸马林德语 Marind	326	无	加	无	循序	无	无	无	无
		乌纳语 Una	327	27	无	无	无	无	无	无	无
		中间部奥尤语 Central Awyu	328	5/20	加、乘	乘、乘方	循序	无	中间	无	无
		俄克萨普明语（高地方言）Oksapmin	329	无	无	无	循序	无	无	无	无
		比安盖语 Biangai	330	5	加、减	乘、乘方	循序	位-系-零	中间	无	中间
		达迪比语 Dadibi	331	无	加、乘	无	无	无	中间	无	无

续表

序号	语系名称	语种数	语言名称	进制	相邻成分间	位数词间	预设/循序	语序	加的连接	乘的连接	减的连接
332	跨新几内亚语系 Trans-New Guinea	27	阿博姆语 Abom	无	加	无	无	无	中间	无	无
333			韦尔辛语 Wersing	10	加、乘	乘方	循序	位-系-零	中间	中间	无
334	钦西安语系 Tsimshian	1	钦西安语 Tsimshian	10	加、乘	乘方	循序	系-位-零	中间	中间	无
335	图卡诺安语系 Tucanoan	2	马库纳语 Macuna	5/20	加、乘	乘、乘方	循序	零-系-位	熔合	熔合	无
336			图卡诺语 Tucano	无	加	无	无	无	中间	无	无
337	通古斯语系 Tungusic	1	埃文语 Even	10	加、乘	乘方	循序	无	无	无	无
338	图皮语系 Tupi	4	佐埃语 Zo'é	无	无	无	无	无	无	无	无
339			苏鲁伊语 Suruí	无	加乘、减	乘方	循序	无	中间	屈折	中间
340			瓜亚基语 Aché	10	加、乘	无	循序	系-位-零	无	无	无
341			瓜拉尤语 Guarayu	无	乘、加	乘方	无	无	无	无	无
342	突厥语系 Turkic	4	北部阿尔泰语 Northern Altai	10	加、乘	乘方	循序	整-零/系-位-零	无	无	无
343			乌鲁姆语 Urum	10	加、乘	乘方	循序	整-整/系-位-零	无	无	无
344			西部裕固语 West Yugur	10	加、乘	乘方	预设	零-整/系-位-零	无	无	无
345			撒拉语 Salar	10/50	加、乘	乘、乘方	循序	整-整/系-位-零	无	无	无
346	图乌语系 Tuu	1	科奥语 ǃXóõ	无	无	无	无	无	无	无	无

续表

序号	语系名称	语种数	语言名称	进制	相邻成分间	位数词间	预设/循序	语序	加的连接	乘的连接	减的连接
347	乌拉尔语系 Uralic	2	曼西语 Mansi	10	加	乘方	循序	系-位-零	中间	无	无
348			谢尔库普语 Selkup	10	加、乘	乘方	循序、预设	系-位-零/零-整	中间/词尾	熔合	中间
349	犹他-阿兹提克语系 Uto-Aztecan	3	霍皮语 Hopi	10	加	乘方	循序	系-位-零	词尾	无	无
350			纳瓦特语 Guerrero Nahuatl	15	加、乘	乘	循序	系-位-零	中间	熔合	无
351			塔拉乌马拉语 Central Tarahumara	10	加、乘、减	乘方	循序	系-位-零	中间	中间	词头部
352	瓦卡山语系 Wakashan	1	努特卡语 Nooka	20	加、乘、减	乘方	循序	系-位-零	中间	熔合	尾部
353	西巴布亚语系 West Papuan	2	特希特语 Tehit	5/20	加、乘	乘	循序	系-位-零	中间	尾部	无
354			加莱拉语 Galela	10	加、乘	乘方	循序	位-系-零	中间	熔合	无
355	温图语系 Wintuan	1	温图语 Wintu	10	加、乘	乘方	循序	系-位-零	无	无	无
356	瓦托托语系 Witotoan	1	博拉语 Bora	10	加、乘	乘方	循序	位-系-零	中间	无	无
357	雅瓜语系 Yaguan	1	雅瓜语 Yagua	5/10	加、乘	乘方	循序	系-位-零	中间	无	无
358	亚曼纳语系 Yanomam	1	雅努马米语 Yanomámi	无	加、乘、减	乘方	循序	无	中间	无	无
359	雅乐-西部不列颠语系 Yele-West New Britain	1	佩勒-阿塔语 Pele-Ata	5/10	加、乘	乘方	循序	位-系-零	中间	无	无
360	叶尼塞-奥斯提亚克语系 Yenisei Ostyak	1	凯特语 Ket	10	加、乘、减	乘方	循序	零-系-位	中间	中间	中间
361	约库特语系 Yokutsan	1	维克昌尼语 Yokuts	10	加、乘	乘方	循序	系-位-零	中间	无	无
362	约特语系 Yuat	1	比瓦特语 Biwat	无	加、乘	乘	循序	无	无	后	无

续表

序号	语系名称	语种数	语言名称	进制	相邻成分间	位数词间	预设/循序	语序	加的连接	乘的连接	减的连接
363	尤卡吉尔语系 Yukaghir	1	北部尤卡吉亚语 Northern Yukaghir	10	加、乘	乘方	循序	系-位-零	无	无	无
364	萨穆科阿语系 Zamucoan	1	阿约勒奥语 Ayoreo	无	加、乘	无	无	无	尾部	头部	无
365	萨帕洛语系 Zaparoan	1	伊基托语 Iquito	无	加、乘	无	无	无	无	无	无

附录 Ⅱ

65 种语言的基本语序以及预设数词基本情况

宏语区	所属语系	语言名称	古/现	预设数词语序	进制	并行结构	"+"的形式	数段	序数标记	成分语序	动词-名词	介-名	形名结构	指名结构	数名结构
Eurasia	印欧	丹麦语 Danish	古/现	小~大	二十	无	无	(n-1) b 到 nb 间的½	有	分-序-位	vo	pre	A-N	D-N	Q-N
		法罗语 Faroese	古/现	小~大	二十	有	无	(n-1) b 到 nb 间的½	有	分-序-位	vo	pre	A-N	D-N	Q-N
		冰岛语 Icelandic	古	小~大	十	无	无	(n-1) b 到 nb 间的½	有	分-序-位	vo	pre	A-N	D-N	Q-N
		古挪威语 Old Norse	古	小~大	十	无	无	(n-1) b 到 nb 间的½	有	零-序-位	vo	post	A-N	D-N	Q-N
		北部萨米语 North Saami	古/现	小~大	十	无	无	(n-1) b 到 nb 间的½	有	分-序-位	vo	pre	A-N	D-N	Q-N
		古瑞典语 Old Swedish	古	小~大	十	无	无	(n-1) b 到 nb 间的½	有	分-序	mix	pre	A-N	D-N	Q-N
		荷兰语 Dutch	古	小~大	十	无	无	(n-1) b 到 nb 间的½	有	分-序-位	mix	pre	A-N	D-N	Q-N
		德语 German	古/现	小~大	十	无	无	(n-1) b 到 nb 间的½	有	分-序-位	vo	pre	A-N	D-N	Q-N
		俄语 Russian	古/现	小~大	十	无	无	(n-1) b 到 nb 间的½	有	分-序-位	mix	mix	A-N	D-N	Q-N
		拉丁语 Latin	古	小~大	十	无	无	(n-1) b 到 nb 间的½	有	分-序	vo	pre	A-N	D-N	Q-N
		古希腊语 Ancient Greek	古	小~大	十	无	无	(n-1) b 到 nb 间的½	有	分-序	vo	pre	A-N	D-N	Q-N

续表

宏语区	所属语系	语言名称	古/现	预设数词语序	进制	并行结构	"+"的形式	数段	序数标记	成分语序	动词-名词	介-名	形名结构	指名结构	数名结构
Eurasia	乌拉尔	芬兰语 Finnish	古/现	小-大	+	无	无	古: nb+m/现: 11-19	有	零-系-位	vo	post	A-N	D-N	Q-N
		托尔讷-芬兰语 Tornedalen Finnish	古/现	小-大	+	无	无	古: nb+m/现: 11-19	有	零-系-位	vo	post	A-N	D-N	Q-N
		克文芬兰语 Kven Finnish	古/现	小-大	+	无	无	古: nb+m/现: 11-19	有	零-序-位	vo	post	A-N	D-N	Q-N
		爱沙尼亚语 Estonian	古/现	小-大	+	无	无	古: nb+m/现: 11-19	有	零-序-位	vo	post	A-N	D-N	Q-N
		因格利亚语 Ingrian	古/现	小-大	+	无	无	古: nb+m/现: 11-19	有	零-序-位	vo	post	A-N	D-N	Q-N
		卡累利亚语 Karelian	古/现	小-大	+	无	无	古: nb+m/现: 11-19	有	零-序-位	vo	post	A-N	D-N	Q-N
		里维-卡累利亚语 Livvi-Karelian	古/现	小-大	+	无	无	古: nb+m/现: 11-19	有	零-序-位	vo	post	A-N	D-N	Q-N
		立沃尼亚语 Livonian	古/现	小-大	+	无	无	古: nb+m/现: 11-19	有	零-序-位	vo	post	A-N	D-N	Q-N
		鲁迪亚语 Ludian	古/现	小-大	+	无	无	古: nb+m/现: 11-19	有	零-序位	mix	post	A-N	D-N	Q-N
		维普斯语 Vepsian	古/现	小-大	+	无	无	古: nb+m/现: 11-19	有	分序	vo	post	A-N	D-N	Q-N
		沃提语 Votian	古/现	大-小	+	无	无	(n-1) b 到 nb 间的½	无	整零	ov	post	A-N	D-N	Q-N
		匈牙利语 Hungarian	古/现	大-小	+	无	向	nb+m (n≥3)	无	零-整	ov	post	A-N	D-N	Q-N
		曼西语 Mansi	古/现	大-小	+	无	向	古: nb+m/现: 零星	有	零-整					
		汉特语 Khanty													

续表

宏语区	所属语系	语言名称	古/现	预设数词语序	进制	并行结构	"+"的形式	数段	序数标记	成分语序	动词-名词	介-名	形名结构	指名结构	数名结构
Eurasia	汉藏语系 西部藏缅语族	波丘里语 Pochuri	古/现	大-小	十	无	未完/不到	11-19	无	整-零	ov	post	N-A	mix	N-Q
		阿沃那加语 Ao	古	大-小	十	无	未完/不到	nb+m (m≥6)	无	整-零	ov	post	N-A	N-D	N-Q
		昂尕米那加语 Angami	古	大-小	十	无	未完/不到	nb+m (m≥6)	无	整-零	ov	post	N-A	N-D	N-Q
		洛塔那加语 Lotha	古	大-小	十	有	未完/不到	古: nb+m/ 现: nb+1	无	整-零	ov	post	N-A	N-D	N-Q
		伦马那加语 Rengma	古	大-小	十	无	未完/不到	nb+m (m≥6)	无	整-零	ov	post	N-A	N-D	N-Q
		桑坦那加语 Sangtam	古	大-小	十	无	未完/不到	nb+m (m≥7)	无	整-零	ov	post	N-A	N-D	N-Q
		色玛那加语 Sema	古	大-小	十	有	未完/不到	nb+m (m≥7)	无	整-零	ov	post	N-A	N-D	N-Q
		帕拉那加语 Para Naga	古/现	大-小	十	无	无	nb+m (b=10)	无	系-位-零	ov	post	mix	D-N	N-Q
	汉藏语系 东北藏缅语族	墨脱门巴语 Tshangla	古	大-小	二十	无	无	(n-1) b 到 nb 间的½	无	位-分-系	ov	post	A-N	D-N	N-Q
		尤霧穆语 Yohlmo	古/现	大-小	二十	无	和	(n-1) b 到 nb 间的½	无	位-分-系	ov	post	N-A	N-D	N-Q
		宗卡语 Dzongkha	古/现	大-小	二十	有 10/20	和	(n-1) b 到 nb 间的½ 或¾	无	位-分-系	ov	post	A-N	mix	N-Q
		布姆唐语 Bumthang	古/现	大-小	二十	无	无	(n-1) b 到 nb 间的½	无	分-位-系	ov	post	A-N	D-N	N-Q
		凯克语 Kaike	古/现	大-小	二十	有	无	(n-1) b 到 nb 间的½	无	位-分-系	ov	post	A-N	D-N	N-Q
		贡噶语 Gongar	古/现	大-小	二十	否	无	(n-1) b 到 nb 间的½	无	分-位-系	ov	post	A-N	D-N	N-Q
		雷布查语 Lepcha	古/现	大-小	二十	有	无	(n-1) b 到 nb 间的½	无	位-分-系-零	ov	post	A-N	D-N	N-Q
	阿尔泰	西部裕固语 Western Yugur	古/现	小-大	十	有	无	古: nb+m (b=10) 现: 11-19, 21-29	无	零-整	ov	post	A-N	D-N	Q-N

附录 Ⅱ 261

续表

宏语区	所属语系	语言名称	古/现	预设数词语序	进制	并行结构	"+"的形式	数段	序数标记	成分布序	动词-名词	介-名	形名结构	指名结构	数名结构
Eurasia	孤立	阿依努语 Ainu	古/现	小-大	二十	否	向	nb+m	无	零-系-位	ov	post	A-N	D-N	Q-N
	壮侗	阿含语 Ahom	古/现	大-小	二十	有	无	11-19	无	整	vo	pre	N-A	N-D	Q-N
		乔尔语 Chol	古/现	小-大	二十	有	向	nb+m	无	零-系-位	vo	pre	A-N	mix	Q-N
		泽套语 Tzeltal	古/现	小-大	二十	有	无	nb+m	无	零-系-位	vo	pre	A-N	mix	Q-N
		索西语 Tzotzil	古/现	小-大	二十	有	无	nb+m	无	零-系-位	vo	pre	A-N	D-N	Q-N
		基切语 K'iche	古/现	小-大	二十	有	无	nb+m	无	零-系-位	vo	pre	A-N	D-N	N-Q
North America	玛雅	乔尔蒂语 Ch'orti'	古	小-大	二十	无	无	nb+m	无	零-系-位	vo	pre	A-N	D-N	N-Q
		西帕卡帕语 Sipakapenese	古	小-大	二十	无	无	nb+m	无	零-系-位	vo	pre	A-N	D-N	N-Q
		萨卡普尔特克语 Sakapultek	古	小-大	二十	无	无	nb+m	无	零-系-位	vo	pre	A-N	D-N	N-Q
		卡奇克尔语 Kaqchikel	古	小-大	二十	无	无	nb+m	无	零-系-位	vo	pre	A-N	D-N	N-Q
		波孔奇语 Poqomchi'	古	小-大	二十	无	无	nb+m	无	零-系-位	vo	pre	A-N	D-N	N-Q
		特克提克语 Tektitek	古	小-大	二十	无	无	nb+m	无	零-系-位	vo	pre	A-N	D-N	N-Q
		奴霍瓦尔语 Q'anjob'al	古	小-大	二十	无	无	nb+m	无	零-系-位	vo	pre	A-N	D-N	N-Q
Papunesia	南岛	阿眉斯语 Amis	古	小-大	十	无	无	nb+m (b=10)	有	零-序	vo	pre	A-N	D-N	Q-N
		排湾语 Paiwan	古	大-小	十	无	无	nb+m (b=10)	有	序-位-零	vo	pre	N-A	D-N	Q-N
		他加禄语 Tagalog	古	小-小	十	无	无	nb+m (b=10)	有	序-位-零	vo	pre	mix	mix	mix
		雅美语 Yami	古/现	小-大	十	无	无	nb+m (b=10)	有	零-序	vo	pre	mix	mix	mix
		伊巴丹语 Ivatan	古	小-大	十	无	无	nb+m (b=10)	有	零-序	vo	pre	mix	mix	mix

续表

宏语区	所属语系	语言名称	古/现	预设数词语序	进制	并行结构	"+"的形式	数段	序数标记	成分语序	动词-名词	介-名	形名结构	指名结构	数名结构
Papunesia	跨新几内亚	胡利语 Huli	古/现	大-小	十五	无	无	nb+m (b≥3)	有	位-序-零	ov	post	A-N	D-N	N-Q
		翁布-翁古语 Umbu Ungu	古/现	大-小	四	无	无	nb+m	无	位-序-零	ov	post	N-A	N-D	N-Q
	南布干维尔	乌伊塞语 Uisai	古/现	小-大	十	有	无	nb+m	无	零-系-位	ov	post	N-A	D-N	N-Q
		布因语 Terei	古/现	小-大	十	有	无	nb+m	无	零-系-位	ov	post	N-A	D-N	Q-N
		莫图纳语 Motuna	古/现	小-大	十	有	无	nb+m	无	零-系-位	ov	post	N-A	D-N	N-Q
		西贝语 Sibe	古/现	小-大	十	有	无	nb+m	无	零-系-位	ov	post	mix	D-N	Q-N

参考文献

一 中文文献

（一）著作类（含译著）

［英］巴特沃斯：《数学脑》，吴辉译，东方出版中心 2004 年版。

戴庆厦、汪锋：《语言类型学的基本方法与理论框架》，商务印书馆 2014 年版。

丁声树：《现代汉语语法讲话》，商务印书馆 1968 年版。

郭攀：《汉语涉数问题研究》，中华书局 2004 年版。

郭先珍：《现代汉语量词用法词典》，语文出版社 2002 年版。

贺川生：《数词的句法语义界面研究》，上海教育出版社 2021 年版。

何汝芬、曾思奇、田中山、林登仙：《高山族语言简志（阿眉斯语）》，民族出版社 1986 年版。

洪堡特：《论人类语言结构的差异及其对人类精神发展的影响》，商务印书馆 1997 年版。

胡附：《数词和量词》，上海教育出版社 1984 年版。

胡裕树：《现代汉语》，上海教育出版社 2005 年版。

黄伯荣、廖序东：《现代汉语》，高等教育出版社 1983 年版。

江天：《现代汉语语法通解》，辽宁人民出版社 1980 年版。

黎锦熙：《新著国语文法》，商务印书馆 1998 年版。

李景源：《史前认识研究》，湖南教育出版社 1989 年版。

李荣、刘丹青主编：《现代汉语方言大词典》，江苏教育出版社 2002 年版。

李伟明：《多元描述统计方法》，华东师范大学出版社 2001 年版。

廖振佑：《古代汉语特殊语法》，内蒙古人民出版社 1979 年版。

刘诚、王大年：《语法学》，湖南人民出版社1986年版。

刘丹青：《语序类型学与介词理论》，商务印书馆2003年版。

刘仰民：《古汉语语法》，河南大学出版社1988年版。

刘宇红：《认知语言学：理论与应用》，中国社会科学出版社2009年版。

刘月华、潘文娱、故韡：《实用现代汉语语法》，外语教学与研究出版社1983年版。

刘月华、潘文娱等：《实用现代汉语语法（增订本）》，商务印书馆2001年版。

刘月华：《实用现代汉语语法》，商务印书馆2004年版。

吕冀平：《汉语语法基础》，商务印书馆2000年版。

吕叔湘：《现代汉语八百词》，商务印书馆1980年版。

吕叔湘：《语法学习》，复旦大学出版社2006年版。

马建忠：《马氏文通》，商务印书馆1983年版。

彭聃龄：《汉语认知研究》，山东教育出版社1997年版。

彭茹：《汉藏语系语言基数词研究》，中国社会科学出版社2017年版。

任常侠选注：《佛经文学故事选》，上海古籍出版社1958年版。

孙宏开、胡增益、黄行：《中国的语言》，商务印书馆2007年版。

王力：《王力文集（第一卷）》，山东教育出版社1984年版。

王力：《王力语言学词典》，山东教育出版社1995年版。

王力：《中国语法理论》，商务印书馆1944年版。

王力：《中国现代语法》，商务印书馆1985年版。

王霞：《汉语序数范畴研究》，社会科学文献出版社2017年版。

吴慧颖：《中国数文化》，岳麓书社1996年版。

萧国政：《汉语语法研究论——汉语语法研究之研究》，华中师范大学出版社2001年版。

邢福义：《汉语语法三百问》，商务印书馆2002年版。

邢福义：《汉语语法学》，东北师范大学出版社1997年版。

邢福义：《现代汉语》，高等教育出版社1991年版。

徐立吾：《当代英语实用语法》，湖南教育出版社1980年版。

许高渝、张建理等：《20世纪汉外语言对比研究》，高等教育出版社

2006年版。

许仰民：《古汉语语法》，河南大学出版社1988年版。

杨树达：《杨树达文集（十三）》，上海古籍出版社1991年版。

叶蜚声、徐通锵：《语言学纲要》，北京大学出版社1997年版。

叶舒宪、田大宪：《中国古代神秘数字》，社会科学文献出版社1996年版。

伊夫斯：《数学史概论》，欧阳绛译，哈尔滨工业大学出版社2009年版。

张斌：《现代汉语》，复旦大学出版社2002年版。

张德鑫：《数里乾坤》，北京大学出版社1999年版。

张谦亨、顾振彪：《标准汉语字典》，吉林人民出版社2000年版。

张乔：《模糊语言学论集》，大连出版社1998年版。

张志公：《现代汉语》，人民教育出版社1982年版。

张志公：《张志公文集（1）：汉语语法》，广东教育出版社1991年版。

张中行：《文言和白话》，中华书局2007年版。

赵世开：《汉英对比语法论集》，上海外语教育出版社1999年版。

中国科学院少数民族语言研究所：《中国少数民族语言简志（第三分册）》，民族出版社1959年版。

朱德熙：《语法讲义》，商务印书馆1982年版。

（二）论文类

陈丽：《汉语和西班牙语数词比较》，《北极光》2019年第8期。

成维明：《法文的"个、十、百、千、万"》，《法语学习》1998年第1期。

道如娜：《蒙古语和朝鲜语数词"一""二"比较研究》，《满语研究》2022年第1期。

丁加勇：《现代汉语数名结构的篇章功能》，《语言研究》2005年第1期。

董为光：《从〈初刻拍案惊奇〉看概数词"把"的来源》，《语言研究》2006年第2期。

董祖祺：《数词与惯用语》，《德语学习》1996年第1期。

方文一：《也谈古汉语中的分数表示的结构层次》，《古汉语研究》

1992年第1期。

高久见：《汉英确数和概数表达方式比较研究》，《太原教育学院学报》2003年第2期。

古珺·莫迪：《现代汉语与印地语数词比较》，《学术交流》2018年第8期。

韩陈其：《谈谈古汉语中的分数表示法》，《中国语文通讯》1984年第2期。

贺川生：《西部裕固语、古代突厥语的逆序数词及其组合语义》，《中央民族大学学报》（哲学社会科学版）2018年第6期。

胡长青：《先秦分数表示法及其发展》，《古汉语研究》1996年第3期。

蒋跃、于群：《英汉约数的比较与翻译》，《解放军外国语学院学报》2007年第4期。

金立鑫、于秀金：《从与OV-VO相关和不相关参项考察普通话的语序类型》，《外国语》（上海外国语大学学报）2012年第2期。

黎东良：《数词在汉德语成语中的运用——汉德语言文化异同管窥》，《德国研究》1995年第4期。

李明晓：《试析上古时期分数的产生与发展》，《达县师范高等专科学校学报》（社会科学版）2002年第1期。

李宇明：《量词与数词、名词的扭结》，《语言教学与研究》2000年第3期。

李宇明：《数学语言初见（连载）数量词语的语法特点》，《语文教学与研究》1986年第Z2期。

李宇明：《数学语言初见（三）》，《语文教学与研究》1986年第7期。

刘海生、李瑞琴：《欧洲语言比较的聚类分析法》，《华北科技学院学报》2002年第3期。

刘宁生：《汉语偏正结构的认知基础及其在语言类型学上的意义》，《中国语文》1995年第2期。

刘泽农：《颠倒词序构成约数的几种情况》，《俄语学习》1999年第5期。

陆丙甫：《语序优势的认知解释：论可别度对语序的普遍影响》，《当代语言学》2005 年第 1 期、第 2 期。

陆绍尊：《门巴语数词的构成方法和使用方法》，《语言研究》1984 年第 1 期。

陆应飞：《汉法数词差异浅谈》，《法语学习》1996 年第 2 期。

路伟、杨文伟：《汉英基数词的比较研究》，《红河学院学报》2007 年第 6 期。

罗美珍：《谈谈我国民族语言的数量词》，《民族语文》1996 年第 2 期。

骆晓平：《"大数冠小数"约数表示法源流略考》，《中国语文》1996 年第 5 期。

沈家煊：《类型学中的标记模式》，《外语教学与研究》1997 年第 1 期。

石毓智：《自然数"1"语法化为有定性标记的认知基础》，《民族语文》2004 年第 1 期。

舒化龙、肖淑琴：《瑶语数词初探》，《广西民族学院学报》（哲学社会科学版）1984 年第 2 期。

覃小航：《壮侗语"数量名结构"的源流》，《现代语言学理论与中国少数民族语言研究》2003 年版。

田有成、曾鹿平：《近代汉语数词表示法》，《延安大学学报》（社会科学版）2000 年第 9 期。

完玛冷智：《安多藏语简单复合数词的语流音变》，载福建省语言学会编《第 38 届国际汉藏语会议论文提要》，2005 年。

王德春：《论数词、数字及其翻译借用——在香港数词现代化研讨会上的发言》，《外国语》（上海外国语大学学报）1998 年第 5 期。

王恒杰：《质疑：英语的分数表达法中含有序数词吗?》，《文教资料》2006 年第 18 期。

王莉娟：《汉俄语中数量名词与数量数词的分析与比较》，《齐齐哈尔大学学报》（哲学社会科学版）2001 年第 1 期。

王敏、黄锦荣：《现代英语数词单独分类初探》，《台州师专学报》1998 年第 1 期。

王楠：《基于语料库的汉语二语习得研究——以表疑问的"几"和"多少"为例》，《现代语文》2010 年第 5 期。

王青建：《古代的分数记法》，《辽宁师范大学学报》（自然科学版）1990 年第 2 期。

王鑫：《现代汉语的数与数系统的表达策略》，《安徽师大学报》（哲学社会科学版）1998 年第 1 期。

王远新：《突厥民族数观念、计数方式的发展变化与突厥原始文化》，《中央民族学院学报》1992 年第 6 期。

王远新：《突厥语族语言基数词的历史演变——兼论现代突厥诸语言与古代碑铭文献语言的关系》，《语言研究》1989 年第 2 期。

王远新：《突厥语族语言十位数基数词词源诠释》，《语言与翻译》1990 年第 4 期。

魏荣华：《俄汉约数表示法的对比》，《俄语学习》1997 年第 6 期。

闻宥：《论若干数词的特例》，《中央民族大学学报》（哲学社会科学版）1983 年第 1 期。

吴安其：《阿尔泰语的数词》，《语言研究》2012 年第 3 期。

武自立、纪嘉发：《彝语数词的构成和用法》，《民族语文》1982 年第 6 期。

项志强：《英语分数词表示法与译法》，《中国翻译》1995 年第 1 期。

萧国政、李英哲：《汉语确数词的系统构成、使用特点和历史演进》，《武汉教育学院学报》1997 年第 1 期，人大复印报刊资料《汉语言文字学》1997 年第 7 期。

邢福义：《"半"的词性判别和词性规范》，《语文建设通讯》1993 年第 4 期。

邢福义：《从海南黄流话的"一、二、三"看现代汉语数词系统》，《方言》1995 年第 3 期。

邢福义：《现代汉语数量词系统中的"半"和"双"》，《语言教学与研究》1993 年第 4 期。

邢福义：《"半"的词性判别和词性规范》，《语文建设通讯》1993 年第 4 期。

徐国洋：《古汉语分数的表示法》，《语文教学与研究》1982 年第 4 期。

袁毓林：《词类范畴的家族相似性》，《中国社会科学》1995 年第 1 期。

曾曼丽：《壮汉语数词对比分析》，《现代语文》2013年第8期。

张笑梅：《日语数词及其与汉语数词的异同》，《沈阳师范学院学报》（社会科学版）1997年第2期。

赵博源：《汉日语整数的表示法》，《日语知识》1999年第6期。

赵淑贤：《俄汉语大约数量意义的表达形式和手段对比》，《佳木斯大学社会科学学报》2005年第2期。

周毛草：《藏语复合数词中的连接成分》，《民族语文》1998年第2期。

朱德熙：《数词和数词结构》，《中国语文》1958年第4期。

庄正容：《〈世说新语〉中的数词》，《中国语文》1980年第3期。

蔡维天：《一、二、三》，载《汉语研究的类型学视角——第一届肯特岗国际汉语语言学圆桌会议论文集》，北京语言大学出版社2005年版。

冯孟钦：《从壮侗语族的数词系统看其数概念及其亲缘关系——兼论黎族不属壮侗语族》，载《百越文化研究——中国百越民族史学会第十二次年会暨百越文化国际学术研讨会论文集》，中国百越民族史学会2004年版。

周小婕：《数词研究综述》，载《江西省语言学会2006年年会论文集》，江西省语言学会2006年版。

二 英文文献

（一）著作类

Albert Sydney Hornby, *Oxford Advanced Learner's Dictionary of Current English*, *Seventh edition*, Oxford: Oxford University Press. 2005.

Andreas Blank and Peter Koch, eds., *Historical Semantics and Cognition*, Berlin/ New York: Mouton de Gruyter, 1999.

Bernard Comrie, *Language Universals and Linguistic Typology*, Chicago: The University of Chicago Press, 1989.

Ethelbert E. Kari, *Degema*, München, Newcastle: Lincom Europa, 1997.

Eve Sweetser, *From Etymology to Pragmatics: Metaphorical and Cultural Aspects of Semantic Structure*, Cambridge: Cambridge University Press, 1990.

Ferdinand von Mengden, *Cardinal Numerals: Old English from a Cross-Linguistic Perspective*, Berlin: Walter de Gruyter GmbH and Co. KG, 2010.

George Lakoff and Mark Johnson. *Metaphors We Live by*, Chicago: The University of Chicago Press, 1980.

——*Philosophy in the Flesh—The Embodied Mind and Its Challenge to Western Thought*, New York: Basic Books, 1999.

——*Where Mathematics Comes From: How the Embodied Mind Brings Mathematics into Being*, New York: Basic Books, 2000.

Glendon A. Lean, *Counting Systems of Papua New Guinea*, 2nd edition, Volumes 1 to 17, Lae: Papua New Guinea University of Technology, 1991.

Greville G Corbett, *Number*, London: Cambridge University Press, 2000.

Gyula Décsy, *A Select Catalog of Language Universals Bloomington*, Indiana: Eurolingua, 1987.

H. Brandt Corstius, *Grammars for Number Names* (*Foundation of Language Supplementary Series*), Berlin: Springer, 1968.

Hadumod Bussmann, *A Dictionary of Language and Linguistics*, Translated and edited by Gregory P. Trauth and Kerstin Kazzazi. Routledge Dictionary of Language and Linguistics. London: Routledge, 1996.

Jack Richards, John Platt, and Heidi Weber, *Longman Dictionary of Applied Linguistics*, Harlow: Longman, 1985.

Jadranka Gvozdanović, eds., *Indo-European Numerals*, Berlin: Mouton de Gruyter, 1992.

——*Numeral Types and Changes Worldwide*, Berlin: Mouton de Gruyter, 1999.

Jamal Ali, *Using Numbers in Arabic*, Washington DC: Georgetown University Press, 2013.

James A. Matisoff, Sino-Tibetan Numeral Systems: Prefixes, Proto-forms, Problems, Canberra: Pacific Linguistics, 1997.

James Philip Mills, *The Lotha Nagas*, London: Mac Millan, 1922.

James R. Hurford, *Language and Number: The Emergence of a Cognitive System*, New Jersey: Blackwell, 1987.

——*The Linguistic Theory of Numerals*, Cambridge: Cambridge University Press, 1975.

Joanna Channell, *Vague Language*, Shanghai: Shanghai Foreign

Language Education Press, 2000.

Joseph Harold Greenberg, *Universals of Human Language*, Vol. 3 – *Word Structures Stanford*, CA: Stanford University Press, 1978.

——*Universals of language*, Cambridge: MIT Press, 1966.

Karl Menninger, *Number Words and Number Symbols*, Cambridge, Massachusetts: The M. I. T. Press, 1969.

Karl von den Steinen, *Unter den Naturvölkern Zentral–Brasiliens. Reiseschilderung und Ergebnisse der zweiten Schingú – Expedition*, 1887 – 1888, Berlin: Dietrich Reimer, 1894.

Katti Panduranga Acharya, *Lotha Grammar*, Mysore, India: CIIL, 1983.

Kerstin Fischer, *From Cognitive Semantics to Lexical Pragmatics*, Berlin: Mouton de Gruyter, 2000.

Midhat Gazale, *Number: From Ahmes to Cantor New Jersey*, New Jersey: Princeton University Press, 1999.

Peter H. Matthews, *The Concise Oxford English Dictionary*, Eleventh edition, revised, Oxford: Oxford University Press, 2006.

Petra M. Vogel and Bernard Comrie, *Approaches to the typology of word classes (Empirical Approaches to Language Typology 23)*, Berlin & New York: Mouton de Gruyter, 2000.

Reinhard Hartman and Francis Stork, *Dictionary of Language and Linguistics*, London: Applied Science Publishers Ltd., 1972.

Robert Barnhart, eds., *The Barnhart Dictionary of Etymology*, New York: The H. W. Wilson Co. 1988.

Ruth McLeod and Valerie Mitchell, *Aspectos da língua xavante*, SIL, 2003.

T. F Hoad, *The Concise Oxford Dictionary of English Etymology*, Oxford: Oxford University Press, 1996.

Thomas Hanke, *Bildungsweisen von Numeralia. Eine typologische Untersuchung*, Berlin: Weissensee Verlag, 2005.

Timothy Riese, *Vogul (Mansi)*, LINCOM Europa, 2001.

Václav Blažek, *Numerals: Comparative–etymological Analyses of Numeral Systems and Their Implications (Saharan, Nubian, Egyptian, Berber, Kartvelian, Uralic, Altaic and Indo–European languages)*. Brno: Masarykova Univerzita，1999.

W. E. Witter，*Outline Grammar of the Lhōtā Nāgā Language*：*With Vocabulary and Illustrative Sentences*，Calcutta：Superintendent of Government Printing，1888.

William C. Kneale，*Numbers and Numerals*，British：J. Phil，1972.

William Croft，*Typology and Universals*，Cambridge：Cambridge University Press，1990.

（二）论文类

Alexander R. Coupe，"Overcounting numeral systems and their relevance to sub-grouping in the Tibeto-Burman languages of Nagaland"，*Language and linguistics*，Vol. 13，No. 1，2012.

Andreea S. Calude and Annemarie Verkerk，"The typology and diachrony of higher numerals in Indo–European：A phylogenetic comparative study"，*Journal of Language Evolution*，Vol. 1，No. 2，2016.

Antoinette Schapper and Marian Klamer，"Numeral systems in the Alor-Pantar languages"，in Marian Klamer（eds.），*The Alor-Pantar Languages——History and Typology*，Berlin：Language Science Press，2014.

Ayotunde S. Ekundayo，"Vigesimal numeral derivational morphology：Yoruba grammatical competence epitomized"，*Anthropological Linguistics*，Vol. 19，No. 9，1977.

Bernard Comrie，"Balto-Slavonic"，in Jadranka Gvozdanović（eds.），*Indo-European Numerals*，Berlin：Mouton de Gruyter，1992.

—— "Revisiting Greenberg's 'Generalizations about Numeral Systems'（1978）"，*Journal of Universal Language*，Vol. 21，No. 2，2020.

—— "The Arithmetic of Natural Language：Toward a typology of numeral systems"，*Macrolinguistics*，Vol. 16，No. 1，2022.

Chuansheng He，"On the discovery and interpretation of overcounting in Orkhon Inscriptions"，*Journal of the Royal Asiatic Society*，Vol. 33，No. 2，2023.

Chuansheng He，One-Soon Her，Xiaoshi Hu and Weijing Zhu，"Overt coordination in additive numerals of minority languages in South China"，*Syntax*，Vol. 20，No. 3，2017.

D. Terence Langendoen, "Disjunctive Numerals of Estimation", *Style*, Vol. 40, Nos. 1 and 2, 2006.

Daniel Everett, "Cultural Constraints on Grammar and Cognition in Pirahã: Another Look at the Design Features of Human Language", *Current Anthropology*, No. 46, 2005.

David Stampe, "Cardinal number systems", *Chicago Linguistic Society*, No. 12, 1976.

Geoffrey B. Saxe, "Body parts as numerals: A developmental analysis of numeration among the Oksapmin in Papua New Guinea", *Child Development*, Vol. 52, No. 1, 1981.

Gideon Sunday Omachonu, "Derivational processes in Igala numeral system: Some universal considerations", *Journal of Universal Language*, Vol. 12, No. 2, 2011.

Greville G. Corbett, "Universals in the syntax of Cardinal numerals", *Lingua*, No. 46, 1978.

James Hurford, "A performed practice explains a linguistic universal: counting gives the Packing Strategy", *Lingua*, Vol. 117, No. 5, 2007.

Jan Rijkhoff and Dik Bakker, "Language sampling", *Linguistic Typology*, Vol. 2, No. 3, 1998.

Larry Clark, "The early Turkic and Sarig Yugur counting system", in R. E. Emmerick et al. (eds.), *Khotan und Dunhuang Turfan*, Berlin: Akademie-Verlag, 1996.

Martine Mazaudon, "Number building in Tibeto-Burman languages", in S. Morey and M. W. Post (eds.), *North East Indian Linguistics*, Vol. 2, New Delhi: Cambridge University Press India, 2009.

Mary Amaechi, "The syntax of Po Tangle numerals", *Journal of Universal Language*, Vol. 15, No. 2, 2014.

Michael C. Frank, Daniel L. Everett, Evelina Fedorenko and Edward Gibson, "Number as a cognitive technology: Evidence from Pirahã language and cognition", *Cognition*, Vol. 108, No. 3, 2008.

Miriam M. M. Méndez, "The vigesimal numerical system in the communities practices of the maya´s culture", *Procedia Social and Behavioral Science*,

Vol. 2, No. 2, 2010.

Norbert Corver and Joost Zwarts, "Prepositional numerals", *Lingua*, Vol. 116, No. 6, 2006.

Olusanmi Babarinde, "Linguistic analysis of the structure of Yoruba numerals", *Language Matters*, Vol. 45, No. 1, 2014.

Pau Jen-kuei Li, "Numerals in Formosan Languages", *Oceanic Linguistics*, Vol. 45, No. 1, 2006.

Paweł Rutkowski and Hanna Maliszewska, "On Prepositional Phrases inside numeral expressions in Polish", *Lingua*, Vol. 117, No. 5, 2007.

Pierre Pica, C. Lemer, V. Izard and S. Dehaene, "Exact and Approximate Arithmetic in an Amazonian Indigene Group", *Science*, No. 306, 2004.

Rafael Núñez, D. Doan, and A. Nikoulina. "Squeezing, Striking, and Vocalizing: Is Number Representation Fundamentally Spatial?" *Cognition*, Vol. 120, No. 2, 2011.

Sung-Ho G. Ahn, "On the Compound Nature of Numerals in English", *Korean Journal of English Language and Linguistics*, Vol. 17, No. 2, 2017.

Tania Ionin and Ora Matushansky, "The composition of complex cardinals", *Journal of Semantics*, Vol. 23, No. 4, 2006.

Tim Rohrer, "Embodiment and experientialism", in D. Geeraerts and H. Cuyckens (eds.), *The Oxford Hand book of Cognitive Linguistics*, New York: Oxford University Press, 2007.

Wilbur Aulie, "High-layered numerals in Chol (Mayan)", *International Journal of American Linguistics*, Vol. 23, No. 4, 1957.

三 学位论文

陈勇:《汉语数量范畴及其非范畴化研究》,博士学位论文,暨南大学,2011年。

古丽江:《汉语和哈萨克语数词文化比较研究》,硕士学位论文,大连理工大学,2015年。

黄杨春:《俄汉语表达数量意义的手段及功能对比》,硕士学位论文,东北师范大学,2005年。

蒋仁萍:《基数词和序数词的类型学研究》,硕士学位论文,南昌大学，2007年。

李湘平：《现代汉语序数的考察与分析》，硕士学位论文，广西师范大学，2006年。

刘承峰：《现代汉语"语用数"范畴研究》，博士学位论文，复旦大学，2007年。

梅轶洁：《〈祖堂集〉数词的语法研究》，硕士学位论文，上海师范大学，2005年。

宋丽萍：《量词的类型学考察》，硕士学位论文，北京大学，2006年。

于晶晶：《数量模糊表达方式的研究》，硕士学位论文，华中科技大学，2006年。

周彩莲：《现代汉语数词研究》，硕士学位论文，黑龙江大学，2002年。

Bruce Dwayne Cain, *Dhivehi (Maldivian)*: *A Synchronic and Diachronic Study*, PhD diss., Cornell University, 2000.

Hans Magnus Olsson, *Swedish Numerals in an International Perspective*, PhD diss., Sweden: Lunds Universitet, 1997.

Heleen Plaisier, *A Grammar of Lepcha*, PhD diss., University of Leiden, 2006.

Leslie P. Bruce, A Grammar of Alamblak, PhD diss., Australian National University, 1979.

Mohssen Esseesy, *Morphological and Syntactic Features of Arabic Numerals as Evidence of Their Diachronic Evolution*, PhD diss., Washington D. C.: Georgetown University, 2000.

四 网络文献

David M. Eberhard, Gary F. Simons and Charles D. Fennig, *Ethnologue*: *Languages of the World*, *Twenty-fifth edition*, Dallas, Texas: SIL International, http: //www. ethnologue. com.

Eugene Chan, *Numeral Systems of the World's Languages*, https: //lingweb. eva. mpg. de/channumerals/index. html.

Matthew S. Dryer and Martin Haspelmath, *The World Atlas of Language Structures Online*, Leipzig: Max Planck Institute for Evolutionary Anthropology,

2013, http: //wals. info.

Shinji Takasugi, *Number Systems of the World*, http: //www. sf. airnet. ne. jp/~ts/language/number. html.

Simon Ager, *Omniglot (The Online Encyclopedia of Writing Systems and Languages)*, https: //omniglot. com.

后　　记

这本书是在我的博士学位论文基础上修改而成的。修改的部分主要是考察语种范围的扩大，不同类型称数法现象的发现，以及理论解释的拓展。

从博士学位论文选题到撰写再到本书最后定稿，我得到了很多人的帮助、支持和鼓励，在此我要向他们表示衷心的感谢！

首先我要感谢我的博士导师萧国政教授，从论文选题、内容研究、写作，萧老师都给了精心指导和可能的帮助，出版前老师还给拙作赐序。我也要感谢师母常老师，每次去老师家请教的热情款待、嘘寒问暖、诸多关心与鼓励。

其次感谢武汉大学卢烈红、万献初、赵世举、冯学峰、张延成、周保国、翟汛、赫琳和黄晓春等老师，在课程学习或博士论文写作、资料收集中给予的建议和支持，感谢同门胡惮、郭婷婷、李圃、李春玲、龙又珍、欧阳晓芳等学兄学姐，肖珊、赵玲、伍莹、冯丽、屠爱萍、熊苇渡、万菁、双文庭以及其他很多同学对我的学习和生活的帮助。

感谢素未谋面的同行专家。在我写作本书的过程中经历了两个非常艰难的阶段，在这两个阶段我都深深受益于这些专家。世界语言种属繁多，以诸多语言的称数法系统为对象进行研究，最难的部分是语料的获取、整理和分析。我一度望而生畏、踟蹰不前，直到偶然发现了陈西林先生设立的数词语料收集网站。看到世界各地那么多语言学家贡献语料，感佩于他们对语言学的热爱和慷慨分享学术资源的无私，我才重拾勇气和动力继续后面的研究工作。

在做了大量分析之后我对相关现象进行了分类和整理并开始投稿单篇

文章，审稿专家们肯定了我的选题却对理论分析部分提出了很多意见，此时我才清醒地意识到自己的理论知识的匮乏和语言现象分析能力的欠缺。在本书定稿之前，我着力相关知识的学习，努力从语言事实出发找规律找动因，才终于完成了书稿最后的攻坚阶段。

感谢中南民族大学外语学院易立新教授和李敏杰教授等领导对我的工作和学业的帮助、支持。感谢中南民族大学学术团队项目"英语语言学及应用语言学研究"团队负责人吕万英教授对我的指导和帮助。感谢李春能、翁义明、刘雪梅和陈兰芳等同事与我分享学术信息，帮助我解决写作过程中遇到的困难。

感谢中国社会科学出版社责任编辑宫京蕾老师反复督促、细心润色加工，为本书的出版付出了辛勤的劳动。

最后感谢我的家人给予了我一如既往的支持和关爱。感谢丈夫不仅给我精神上的支持和鼓励还给我学术方法上的指导。感谢婆婆帮我照顾孩子，她不适应城市生活却因为我要写作博士论文而在武汉一呆就是几年。感谢母亲远离家乡帮我分担家务，在本书定稿前的这段时间鼓励我。感谢两个女儿懂事体贴，以她们的方式支持着我。

虽然我努力想把这本书写得更好，但还是有很多不尽人意的地方。我将加强学习，提高学术水平，期待今后能把相关问题解决得更为深透。不足和不妥之处，敬请学界前辈和同仁不吝赐教！

刘　苹

2023 年 5 月于武昌东湖